AUTOR*INNENKOLLEKTIV

Wege durch die Wüste

EIN ANTIREPRESSIONS-HANDBUCH FÜR DIE POLITISCHE PRAXIS

edition assemblage

Das Buch

Was tun, wenn die Repression uns in Form von Ermittlungen, Platzverweisen, Festnahmen, Überwachung, Durchsuchungen, Vorladungen usw. trifft?
Grundlegend überarbeitet bietet der Ratgeber nicht nur einen schnellen Überblick. Er vermittelt zu allen Themen auch die weitergehenden Zusammenhänge, verweist auf Erfahrungen aus der politischen Praxis und Diskussionen, die für einen Umgang mit Repression unverzichtbar sind.

*Die Autor*innen*

Bundesweites Redaktionsteam unabhängiger Antirepressionsgruppen.

AUTOR*INNENKOLLEKTIV

WEGE DURCH DIE WÜSTE

EIN ANTIREPRESSIONS-HANDBUCH FÜR DIE POLITISCHE PRAXIS

edition assemblage

Bibliografische Information der Deutschen Bibliothek
Die Deutsche Bibliothek verzeichnet diese Publikation in der Deutschen Nationalbibliografie; detaillierte bibliografische Daten sind im Internet über http://dnb.ddb.de abrufbar.

AUTOR*INNENKOLLEKTIV

Wege durch die Wüste

Ein Antirepressions-Handbuch für die politische Praxis

überarbeitete Neuauflage 2016
ISBN 978-3-942885-81-2

Eigentumsvorbehalt:
Dieses Buch bleibt Eigentum des Verlages, bis es der gefangenen Person direkt ausgehändigt wurde.
Zur-Habe-Nahme ist keine Aushändigung im Sinne dieses Vorbehalts.
Bei Nichtaushändigung ist es unter Mitteilung des Grundes zurückzusenden.

edition assemblage
Postfach 27 46
D-48014 Münster
info@edition-assemblage.de | www.edition-assemblage.de

Mitglied der Kooperation *book:fair*

Umschlag: kv, Berlin
Satz: Carina Büker | edition assemblage
Druck: Interpress

Inhalt

Vorwort

In den Händen hältst du die dritte Überarbeitung des Antirepressionsbuchs „Wege durch die Wüste“, das erstmals im Jahre 1989 – damals noch unter dem Titel „Durch die Wüste“ – erschien.
Neu ist nicht nur dieses Buch, neu ist auch, dass du „Wege durch die Wüste“ erstmalig im Netz unter www.ermittlungsausschuss.eu nachlesen kannst. Dort findest du zudem Infos zu Rechtshilfestrukturen wie den Ermittlungsausschüssen (EAs), Bunten Hilfen, Schwarz-Roten Hilfen und Roten Hilfen.
Die Aktualisierung war aus unserer Sicht notwendig, da die staatlichen Repressionsorgane – Justiz, Bullen und Geheimdienste – ihre Überwachungs- und Verfolgungsmethoden, die uns davon abhalten sollen, unseren Widerstand auf die Straße zu tragen, immer weiter verschärft haben. „Straße“ umfasst für uns alle Formen, mit denen du und deine politischen Zusammenhänge versuchen, sich spektrenübergreifend gegen Repression und antiemanzipatorische Bevormundung öffentlich zur Wehr zu setzen. Dabei müssen wir permanent damit rechnen, überwacht und verfolgt zu werden.
Mit dieser Neuausgabe von „Wege durch die Wüste“ tragen wir die Auseinandersetzung mit staatlicher Repression erneut in unsere Politzusammenhänge. Wir möchten über Möglichkeiten des Schutzes aufklären und euch Anregungen geben. Wir möchten dazu ermutigen, gemeinsam und solidarisch mit konkret Betroffenen umzugehen und uns auf das, was uns von staatlicher Seite entgegenkommt, einzustellen.

Die konkrete Auseinandersetzung mit Themen wie Festnahme, Aussageverweigerung und Überwachung und das Wissen über die Mittel des Repressionsapparates sind eine wichtige Hilfe dabei, uns mit klarem Kopf auf alltägliche Repression, eigene Politaktionen oder konkrete Angriffe, Verhöre und Prozesse vorzubereiten. Diese Auseinandersetzung hilft auch bei der sich anschließenden Bewältigung von repressiven bzw. bedrohlichen Situationen.

Das Geschriebene hat keinen Anspruch auf Vollständigkeit und bedarf immer wieder Diskussionen in politischen Zusammenhängen sowie der Auseinandersetzung mit konkreten Vorkommnissen und Konstellationen. Gerade beim Thema „Überwachung" finden die Veränderungen in Bezug auf technische Möglichkeiten oder gesetzliche Regelungen so rasant statt, dass einige Inhalte dieses Buches schon wieder veraltet sein können.
Wir, als Autor*innenkollektiv, waren uns bei der Erarbeitung nicht immer an jedem Punkt einig und doch sind wir bei allen anstehenden Entwicklungen überzeugt, einen alltagstauglichen Ratgeber für dich und euch produziert zu haben.
Es ist aber auch klar, dass nicht jede*r unter allen Umständen die vorgeschlagenen Verhaltensweisen umsetzen kann und will. Überlegt also gemeinsam und lasst euch nicht spalten.

Im Anhang findet ihr ein alphabetisch geordnetes Glossar. Dort erklären wir eine Anzahl wichtiger (Fach-)Begriffe, die im Text vorkommen.

Solidarität ist unsere Waffe!

1_0_Über Repression

1_1_Repression

*„Wer sich mit dem Tiger anlegt, kann später nicht behaupten, sie*er wollte nur mit der Katze spielen!“*

Jede*r von uns kann von staatlicher Repression getroffen werden. Um in einer solchen Situation möglichst wenige Fehler zu machen und sich selbst und andere zu schützen, ist eine gewissenhafte Vorbereitung sinnvoll. Es lassen sich nie alle Eventualitäten im Voraus durchspielen. Aber eine Auseinandersetzung mit dem, was jeder*jedem, die*der politisch aktiv ist, passieren kann, ist wichtig. Es ist eine Hilfe, um angesichts einer solchen Repression nicht den Kopf zu verlieren.

Am besten läuft eine solche Auseinandersetzung erfahrungsgemäß in der Gruppe, mit der du auf eine Demo fährst, Aktionen machst oder dich in einem politischen Kontext triffst. Aber auch mit deinen Mitbewohner*innen solltest du darüber sprechen, selbst wenn du dich und die Leute, mit denen du wohnst, erst einmal nicht als Objekt polizeilicher Begierde wähnst. Wenn dabei Fragen auftreten, wende dich einfach an eine Rechtshilfegruppe in deiner Nähe.

Rage against the machine

Uns geht es hier in erster Linie nicht darum, herauszustellen, wie schlimm dieses System ist, wie „gemein“ es mit seinen Feind*innen oder Gegner*innen umgeht. Es geht uns vielmehr darum, dass du das System der polizeilichen und juristischen Arbeit kennen solltest und dich dadurch nicht mehr einer „fremden Macht“ ausgesetzt fühlst, wenn du dich gegen die herrschenden Verhältnisse wehrst oder auflehnst. Von daher ist eine Auseinandersetzung mit dem, was an Repression über dich hereinbrechen kann, ein wichtiger Teilbereich in deinen Widerstandshandlungen. Damit gewinnst du ein Basiswissen (z.B. Wann darf ich mit wem telefonieren? Wie lange können sie mich „drin behalten“?), das dir in bestimmten Situationen mehr Sicherheit gibt.

Wir begreifen Repression nicht nur als gegen konkrete Personen, sondern gegen das politische Handeln und gegen unsere politische Identität gerichtet. Deswegen sollte klar sein, dass ein Umgehen mit Repression nicht

Sache einzelner, sondern aller ist. Dazu gehört auch, dass die Verfolgten nicht allein gelassen werden.
Die Art und Weise der Repression sowie der Grad ihrer Schärfe hängen von vielerlei Umständen ab. Deswegen ist sie auch keine von uns exakt vorhersehbare Größe, etwa im Sinne: „Wenn du dies oder jenes machst, kriegst du, wenn es schief geht, so und so viel dafür“ oder: „Wenn du nur bei einer Sitzblockade mitmachst, passiert schon nichts“. Je nach Richter*in, Staatsanwält*in, politischer Großwetterlage und Ort deines Verfahrens kann das Strafmaß unterschiedlich ausfallen. Es macht dennoch Sinn, sich mit dem Thema auseinanderzusetzen und dabei nicht den Mut zu verlieren.

Was ist staatliche Repression?
Oder: „Es gibt viele Arten zu töten.“
(B. Brecht)

Es gibt bis jetzt keine Gesellschaft frei von Macht und Verteilungskämpfen. Diese werden durch die bestehenden Herrschaftsverhältnisse mit unterschiedlichen Unterdrückungsmechanismen strukturiert und entschieden.
Es gibt kein neutrales, für alle Zeiten allgemeingültiges Recht. Jede Verfassung eines Staates und damit das gesetzlich geregelte Normengefüge ist immer Ausdruck der gesellschaftlichen Machtverhältnisse und des politischen Willens. Die herrschende Ordnung ist die Ordnung der Herrschenden. Da die BRD eine unter anderem kapitalistische, rassistische und patriarchale Gesellschaft ist, haben Normen und damit das Rechtssystem auch einen daran orientierten Charakter.
Jede herrschende Ordnung unterliegt dem Selbsterhaltungsprinzip – sie will sich vor tiefgreifendem strukturellen Wandel schützen. Dabei stehen ihr zwei Möglichkeiten zur Verfügung:

- die Integration bestimmter Bevölkerungsteile durch materielle und/oder politische Partizipation (Beteiligung),
- die Ausgrenzung von Teilen der Bevölkerung – sowohl auf ideologischer, materieller, bürokratischer oder repressiver Ebene.

Auch die herrschende Ordnung in der BRD und ähnlich strukturierten Staaten unterliegt per se dem Prinzip der Selbsterhaltung. Und weil diese Ordnung auf Unterdrückung und Ausbeutung aufgebaut ist, ist sie repressiv und gewalttätig. Die Repression trifft nicht nur diejenigen, die sich aktiv gegen diese Gesellschaftsordnung stellen. Die Linke vergisst in Fällen einer repressionsbedingten Nabelschau allzu gern, dass auch andere Teile der Gesellschaft – und diese oft noch viel stärker – von alltäglicher Unter-

drückung betroffen sind. Diese Art der Repression muss von den Betroffenen noch nicht einmal als solche wahrgenommen werden. Sie ist dennoch in Form von Rassismus, Kapitalismus, Sexismus etc. vorhanden. Allerdings ist für uns eine Eingrenzung des Begriffes Repression notwendig.
Repression hat viele Gesichter: Die Arbeitsdisziplin, die Lernfabrik Schule, die bürgerliche Kleinfamilie, der Zwang zum Konsum und die Ideologie der Freizeitgesellschaft – aber eben auch der Polizeiknüppel, der Strafprozess und der Knast.
Wir wollen uns hier mit dem Begriff der „staatlichen Repression" beschäftigen, also mit all den Mitteln und Instrumenten, die das Gewaltmonopol des Staates ausmachen. Ziel dieser Repression sind alle diejenigen, die Gesetze übertreten oder übertreten könnten, weil sie unter Umständen aufgrund bestimmter gesellschaftlicher Zugehörigkeit oder äußerer Merkmale von vornherein in Verdacht stehen. Das Gesetz gilt zwar für alle, aber vor dem Gesetz sind nicht alle gleich.
Zum Glück gibt es noch Leute, die in der politischen Auseinandersetzung Normbrüche begehen – von zivilem Ungehorsam bis zum militanten Angriff. Sie bekommen die Wucht staatlicher Gewalt nicht nur aufgrund ihres Handelns, sondern auch aufgrund ihrer Motivation zu spüren.

Staatliche Repression agiert mit den Mitteln Abschreckung, Vorbeugung, Konfrontation und Vergeltung

Zu ABSCHRECKUNG und VORBEUGUNG zählen beispielsweise Demoverbote, die permanente Bullenpräsenz im Wendland, kilometerweite Absperrungen vor der betroffenen Stadt bei Antifa-Aktionen oder Kontrollen und Festsetzung von Bussen mit Aktivist*innen. Diese Aktionen dienen vornehmlich dem Zweck, politischen Protest und Widerstand schon im Vorfeld oder noch im Entstehungsprozess zu behindern. Im offiziellen Sprachgebrauch heißt das dann: „Präventive Maßnahmen gegen kriminelle Tätigkeit".
Weitere abschreckende Maßnahmen, die dazu dienen, Widerstand zu bekämpfen, sind:

- Erstellung von Bewegungsprofilen durch gezieltes Filmen bei Demos und Aktionen,
- sogenannte „Gefährder*innenanschreiben" an einzelne Aktivist*innen im Vorfeld von größeren Aktionen oder Demonstrationen,
- Datensammlung und Erstellung entsprechender Dateien (z.B. „Gewalttäter links"),

- Verbesserung und Ausweitung polizeilicher Datenverarbeitungssysteme, beobachtende Fahndung und Rasterfahndung (vgl. Kap. 5_0_Europa),
- Ausweitung der Befugnisse der Bundespolizei, z.B. deren extrem restriktiver Umgang mit Geflüchteten.

KONFRONTATION bezieht sich auf die unmittelbaren Versuche, Aktionen, Demos, Kundgebungen und Veranstaltungen zu beeinträchtigen und zu zerschlagen, einzelne Leute herauszugreifen und unsere politischen Zusammenhänge anzugreifen. Zivile Greiftrupps, Bullenprovokateur*innen, die bei uns mitlaufen, der Bullenknüppel und die Wasserwerfer oder ein einschüchterndes übermächtiges Bullenaufgebot gehören unter anderem dazu.
Dass die Cops keine neutrale Kraft sind, die die „fehlgeleitete Politik“ der Herrschenden auszubaden haben, muss jeder*jedem klar sein, die*der schon einmal gezielte und geplante Übergriffe miterlebt oder davon gehört hat. Immer wieder lösen sich einzelne Einheiten oder einzelne Cops aus dem Gesamteinsatzkonzept heraus und toben sich mit Prügelorgien und Massenfestnahmen aus. Klar ist, dass dieses eigenständige Agieren der Schergen politisch durchaus gewollt bzw. zumindest gebilligt wird.
Unter VERGELTUNG fallen für uns unter anderem die Maßnahmen der Strafverfolgung: Festnahmen, Verhöre, Strafbefehle, Bußgelder, Verfahren, Prozesse, Urteile und Knast.
Natürlich sind Abschreckung/Vorbeugung, Konfrontation und Vergeltung oft nicht voneinander zu trennen; sie sind miteinander verzahnt und überlappen sich. So bedeuten Massenfestnahmen für alle Betroffenen nicht nur ätzende Freiheitsberaubung (Konfrontation), sondern haben häufig in Form von Bußgeldbescheiden auch ein finanzielles Nachspiel (Vergeltung). Alles in allem wirken sie aber auch abschreckend und damit „vorbeugend“: Wer damit rechnen muss, bei einer Protestaktion Stunden oder Tage eingekesselt oder weggesperrt zu werden und danach auch noch viel Kohle abdrücken zu müssen, wird sich zweimal überlegen, ob sie*er zu dieser Aktion geht. Die Schärfe der Auseinandersetzung wird in diesem Beispiel von der Gegenseite bestimmt. Ständige Kontrollen, Hausdurchsuchungen und Bespitzelungen sind weitere solcher präventiven Maßnahmen. Mit dem Ziel, weiteren Widerstand zu verhindern, transportieren sie ganz klar die Botschaft: „Das ist der Preis, den ihr zahlen müsst, wenn ihr euch nicht ruhig verhaltet!“

Ziele staatlicher Repression

Von Repression sind konkret Einzelne betroffen, gemeint aber sind in der Regel die politischen Auffassungen einer Strömung, Bewegung, Partei oder Organisation. Grundlegendes Ziel staatlicher Repression ist die Machterhaltung, die durch Spaltung, Isolation und Entpolitisierung der politischen Gegner*innen durchgesetzt wird.

1. Spaltung: Bewegungen werden über den Hebel der Repression in „friedliche" und „gewalttätige" Teile auseinander dividiert. Beispielsweise, wenn auf einer Demo die Cops gezielt einen Block einkesseln und der übrigen Demo die Möglichkeit lassen, weiter zu gehen. Diese Spaltung kann sich weiter fortsetzen, wenn wir bei Auseinandersetzungen über die Gewaltfrage unsere gemeinsamen Inhalte aus den Augen verlieren. Ist die Spaltung in „Friedliebende" und „Chaot*innen" erst mal erreicht, dann können über verschärfte Repressionsmaßnahmen ganze politische Zusammenhänge kriminalisiert werden: zum Beispiel mit Anklagen wegen Bildung oder Mitgliedschaft in einer sogenannten „kriminellen", „terroristischen" oder „ausländischen terroristischen" Vereinigung nach § 129, § 129a oder § 129b Strafgesetzbuch (StGB).
2. Isolation und Aussonderung: Eng verknüpft mit dem Konzept der Spaltung ist der Versuch, durch Festnahme, Verhaftung und U-Haft Menschen von ihren sozialen Zusammenhängen zu isolieren. Die Gefangenen stehen zwar im besten Fall für eine ganze Bewegung, müssen jetzt aber erst mal mit der eskalierten politischen Konfrontation – und nichts anderes ist justizielle Repression – allein umgehen. Beabsichtigt ist, angesichts der scheinbaren Übermacht des Staates und der Ohnmacht der*des Einzelnen, den Willen und die Fähigkeit zum Widerstand zu brechen und Gefangene zur Resignation zu zwingen. Die schärfste Form dieser Aussonderung ist die Isolationshaft: Durch das Abschneiden der Kontakte zum politischen Umfeld oder zu anderen Menschen (abgesehen von den Schließer*innen) bis hin zum weitgehenden Entzug von Sinnesreizen und anderen Umwelteinflüssen soll die politische Identität der*des Gefangenen und ihre*seine Haltung als kämpfender Mensch gebrochen werden.
3. Entpolitisierung: Grundlage staatlicher Repression ist es, politischen Gegner*innen die politische Motivation und Zielsetzung ihres Handelns abzusprechen, indem sie als Kriminelle diffamiert werden. So sollen politische Konfrontationen innerhalb der Gesellschaft – wie z.B. in dem Konflikt zwischen sozialen Bewegungen gegen das Atompro-

gramm einerseits, staatlichem und kapitalistischem Durchsetzungsinteresse andererseits – entschärft werden. Ihnen soll der Charakter des Politischen und damit ihre potentielle Sprengkraft genommen werden, indem das eigentlich politische und gesellschaftliche Problem auf strafrechtlicher Ebene abgehandelt wird. Über die Diffamierung der politischen Gegner*innen als „Berufsdemonstranten", „Chaoten" und „Terroristen" wird durch die Medien Angst und Stimmung gegen linke außerparlamentarische Aktionsformen gemacht. Die Inhalte der dahinterstehenden Politik werden verschwiegen und die öffentliche Debatte auf die Gewaltfrage reduziert. „Chaos" und „Terror" suggerieren Aktionismus ohne Sinn, Verstand und Ziel und stellen somit eine scheinbar unkalkulierbare Gefahr für die Allgemeinheit dar. Zweck dieser Kriminalisierung ist es, Solidarisierung zu verhindern und politisch noch Unbeteiligte auf die Seite der Machtträger*innen/ Machtstrukturen zu ziehen. Umso wichtiger ist es, dass wir bei unseren Aktionen immer wieder die politische Dimension unseres Handelns, unsere Ziele, aber auch unsere moralischen/ethischen Grundsätze transparent machen.

Repression ist nicht gleich Repression

Zwar ist es das bestimmende Moment jeder Repression, die Interessen des Staates möglichst wirksam durchzusetzen, doch wird Repression dabei nicht unterschiedslos und immer gleich gegen jede politische Bewegung eingesetzt.

Der Verfolgungsdruck durch die Behörden richtet sich beispielsweise auch danach, in welcher Form und mit welcher Entschiedenheit Widerstand geleistet wird: Ob gegen das Atomprogramm demonstriert wird oder Militärdepots blockiert werden, Versorgungsleitungen sabotiert, Bauplätze besetzt oder Gebäude (wie der Knastneubau Weiterstadt im Jahr 1993) zerstört werden. Das Vorgehen des Staates hängt auch davon ab, inwieweit es ihm gelingt, der Mehrheit der Bevölkerung seine Interessen zu verkaufen. Z.B. wurde in Zeiten der RAF durch die Diffamierung des bewaffneten Kampfes als „Terrorismus" und die dazugehörigen Medienkampagnen das nötige Klima geschaffen, um die staatlichen Befugnisse weit über die verfassungsrechtlich abgesicherten Spielregeln hinaus auszuweiten und Persönlichkeitsrechte einzuschränken. Das veränderte Klima zeigte sich besonders an den Meinungsumfragen zur Todesstrafe: 1972 waren 27 Prozent der Westdeutschen für die Todesstrafe, 1977 befürworteten 77 Prozent die Todesstrafe für „Terroristen". Aber auch an der Debatte um die „organisierte Kriminalität" und der anschließenden Einführung von frei-

heitseinschränkenden, repressiven Maßnahmen wie dem großen Lauschangriff, die weitgehend protestfrei verlief (vgl. Kap. 4_0_Überwachung), wird deutlich, dass der Ausbau des Repressionsapparates propagandistisch begleitet wird.
Bestimmend für das Ausmaß der Repression können aber auch übergeordnete politische und ökonomische Interessen sein. So sind diese nämlich dafür verantwortlich gewesen, dass französische LKW-Fahrer*innen im Jahr 2000 bei ihrer Blockade deutscher Autobahnen geduldet wurden und sogar ministeriellen Besuch erhielten. Gleichzeitig kann das politische und ökonomische Interesse an guten Regierungs-, Militär- und Wirtschaftsbeziehungen zur Türkei die brutalen Einsätze der deutschen Polizei gegen Kurd*innen in den 1990er Jahren erklären. Diese hielten Autobahnen besetzt, um gegen das Verbot der PKK sowie das Vorgehen gegen kurdische Vereine zu demonstrieren. Innerparteiliche Machtkämpfe, unklare behördliche Zuständigkeiten, Konkurrenz zwischen einzelnen Funktionsträger*innen, Profilierungsbedürfnisse, persönliche Machtinteressen o.ä. können ebenfalls Ursachen dafür sein, warum der Machtapparat/Staat auf politischen Widerstand unterschiedlich reagiert.
Auch das eigene Verhalten in einem Prozess kann den Verlauf der Repression, z.B. die Höhe der Strafe, beeinflussen. Die Höhe der Strafe hängt nicht selten z.B. auch davon ab, ob mensch sich vor Gericht zu einer Aktionsform und deren Inhalten bekennt oder sich davon distanziert, vor allem, wenn damit Politik gemacht werden kann.
Zusammenfassend lässt sich festhalten: Staatliche Repression ist keine vorhersehbare Größe! Sie ist aber auch nichts völlig Zufälliges, Wahlloses und Unberechenbares, sondern sie folgt einer bestimmten Logik, die zu verstehen unter Umständen sehr hilfreich sein kann.

Also, was tun?

Wir haben versucht, Wesen, Form und Ziel von Repression zu beschreiben und zuzuordnen, weil wir es für unerlässlich halten, sich im Rahmen unseres politischen Engagements mit ihr grundsätzlich auseinanderzusetzen. In unserer eigenen täglichen Praxis stellen wir immer wieder fest, dass auch wir unser Verhältnis zum Herrschaftssystem häufig nicht ausreichend geklärt haben. Daraus resultieren dann oft fatale Entwicklungen und Fehler. Hier findest du ein paar Fragen zu unserem Verhalten, die wir uns immer wieder stellen sollten:

- warum machen wir z.B. eine Aktion und wundern uns dann über die Konsequenzen, wenn wir geschnappt werden?

- warum kommt spontane Freude auf, wenn Nazis staatliche Repression in Form von Reisebeschränkungen, Meldeauflagen und Bullenknüppel zu spüren bekommen?
- wie kommen wir dazu, Verbote von rechtsextremen Parteien und Organisationen zu fordern?
- warum werden vor den Bullen Aussagen gemacht und damit andere belastet?
- warum werden Straf- und Zwangsgelder eher bezahlt, als sich in gemeinsam geführten Prozessen dagegen zu wehren?
- warum wird es nicht als seltsam empfunden, wenn wir bei Auseinandersetzungen in unseren sozialen Zusammenhängen, z.B. einer Schlägerei in „unserer" Kneipe, die Cops zu Hilfe rufen?
- warum ziehen sich Menschen aus ihren politischen Aktivitäten zurück, nachdem sie sich vor Gericht auf einen strafmildernden Deal mit dem Zugeständnis auf „Besserung" eingelassen haben, der in den politischen Zusammenhängen als strategisches Verhalten verkauft und diskutiert wurde?
- warum ziehen wir uns häufig ab einem bestimmten Alter zugunsten von (nicht politischem) Privatleben und Beruf gänzlich aus unseren politischen Zusammenhängen heraus?
- warum ziehen wir bestimmte illegale Aktionen und Geldbeschaffungsformen gar nicht mehr in Erwägung?
- warum finden sich herrschende Ausgrenzungs- und Unterdrückungsmechanismen auch in unseren Reihen wieder, z.B. in Form von Mackerverhalten oder Rassismen?

In zahlreichen linken Zusammenhängen werden diese Fragen nicht gestellt und die entsprechenden Auseinandersetzungen nicht geführt. Doch warum fällt es so schwer, diese zu führen und ein antagonistisches Verhältnis zum herrschenden gesellschaftlichen System zu entwickeln? Liegt es daran, dass:

- wir Teil dieser Gesellschaft sind und von ihren Unterdrückungsmechanismen teilweise selbst profitieren?
- wir nicht darauf bauen können, von unseren Strukturen aufgefangen zu werden, wenn wir von Repression – im härtesten Fall von Knast – betroffen sind?
- es immer weniger alternative Zusammenhänge gibt, in denen wir leben und arbeiten können, um uns ein klein wenig „Freiraum" von den Bedingungen und Regularien des Kapitalismus zu schaffen?

- die Bedingungen zur Schaffung solcher Freiräume immer schlechter geworden sind und wir einfach aufgegeben haben, um sie zu kämpfen?
- wir denken, dass die weltweiten Entwicklungen zu wenig Hoffnung auf baldige, elementare Umwälzung der Verhältnisse zulassen?
- keine Kontinuität militanter Praxis mehr existiert?
- Militanz zu einem Fetisch geworden ist?
- sich in ein antagonistisches Verhältnis zu setzen, gleichgestellt wird mit Militanz, nach dem Motto: Antagonismus = Militanz?

*Angeklagt ist eine*r,*
gemeint sind wir alle

Diese Fragen lassen sich nur in mitunter anstrengenden Auseinandersetzungen und intensiven Diskussionen in den Gruppen und Strukturen beantworten. Trotz der vielfältigen Fragen und Unzulänglichkeiten wartet der Staat nicht, bis wir unser Verhältnis zu ihm geklärt haben, sondern Repression trifft manchmal ganz unerwartet und oft auch unvorbereitet ein. Dann aber gibt es zwei Reaktionen, die wir für grundlegend falsch halten:

- die eine ist, aufzugeben, nach Vogel-Strauß-Manier den Kopf in den Sand zu stecken und mit dem Widerstand aufzuhören. Das würde bedeuten, staatliche Repression hätte eines ihrer Ziele – den Widerstand zu brechen – erreicht;
- die andere ist, Repression großspurig zu ignorieren. Wer nach dem Motto: „mir doch egal“ keine Vorsichtsmaßnahmen trifft, gefährdet nicht nur sich selbst. Sie*Er nimmt nicht zur Kenntnis, dass Repression Teil der politischen Bedingungen ist, in denen wir mit unserem Widerstand agieren.

Auch wenn vom Staat ein anderer Eindruck erweckt werden soll, gilt nach wie vor: *„Angeklagt ist eine*r, gemeint sind wir alle!“* Dass alle gemeint sind, heißt gerade nicht, dass sich um die Einzelnen nun nicht mehr gekümmert werden muss. Wer in die Mühlen von Polizei und Justiz gerät, ist zunächst einmal isoliert und zu Recht verunsichert, ängstlich und ratlos. Sie*Er braucht in diesem Moment unsere spürbare Solidarität, die auf ganz verschiedenen Ebenen sichtbar werden muss.
Wenn eher „alltägliche“ Formen von Repression beobachtet werden, wie schikanöse Fahrzeugkontrollen, willkürliches Herausgegriffenwerden aus Demos, lästige Personalienfeststellungen, Bußgeldverfahren, Anquatschversuche etc., dann heißt das: Hier ist unsere Solidarität gefragt! Also hingehen, fragen, ob wir helfen können, und zeigen, dass es welche gibt,

die nicht einverstanden sind! Der Extremfall ist, dass es eine*n von uns in den Knast verschlägt. Sie*Er darf auf keinen Fall vergessen werden! Gerade in dieser Situation ist die Aufrechterhaltung des Kontakts zu den Genoss*innen nach draußen fast „lebensnotwendig". Darüber hinaus sind folgende Punkte wichtig:

- materielle Unterstützung leisten, d.h. Geld sammeln, Post in den Knast schicken, Anwält*innen besorgen usw.,
- Öffentlichkeit herstellen, z.B. durch Flugblätter, Veranstaltungen, Knastdemos, Prozessbegleitung,
- Anträge auf Knastbesuche bei der*dem zuständigen Ermittlungsrichter*in stellen und Kontakt über Briefverkehr von draußen nach drinnen organisieren,
- den Widerstand für die Genoss*innen, die eingeknastet sind, weiterführen.

Es bringt nichts, die Heftigkeit der Repression zu beklagen. Unsere Diskussionen müssen sich darum bemühen, herauszustellen, welche Inhalte wie und warum kriminalisiert werden und wie kurzfristig ein Kräfteverhältnis erreicht werden kann, das die staatliche Repression erschwert.

Darüber hinaus können wir die Repression dazu nutzen, unsere politische Arbeit weiter zu entwickeln und zu reflektieren. Das Nachdenken und der Kampf gegen Repression dürfen das Nachdenken und den Kampf um die eigenen politischen Inhalte nicht verdrängen. Die individuellen Ängste, Ohnmachtsgefühle und die Verunsicherung, die durch staatliche Repression ausgelöst werden (sollen!), müssen in diesem Prozess kollektiv aufgefangen und konstruktiv verändert werden. All dies ist Teil einer offensiven, kollektiven und auch individuellen Entwicklung. All dies lässt die realen Probleme, die Repression verursacht, natürlich nicht verschwinden: Geldstrafe bleibt Geldstrafe und Knast bleibt Knast!

Wir wollen und müssen dem System der Repression, dem Versuch der Entpolitisierung und der Vereinzelung die Entwicklung unserer kollektiven Strukturen und politischen Organisierung – denn nur die ermöglichen uns ein gemeinsames Handeln – entgegenstellen. Dies gilt nicht nur für unseren Umgang mit Repression, sondern grundsätzlich für unseren Kampf um die Aneignung des ganzen Lebens!

1_2_Aussageverweigerung

Aussage verweigern??
Aussage verweigern!!

„ich verstehe mich hier als zeuge der staatsanwaltschaft, d.h. der anklage. die staatsanwältin hat seit beginn des ermittlungsverfahrens deutlich gemacht, dass sie nur ein interesse hat, nämlich ralf und knud in den knast zu bringen. […] es ist also nur logisch und richtig, davon auszugehen, dass sie alles was ich hier sagen würde, umdrehen und zu einem teil des konstruktes machen würde. ich kann zur sache weiter nichts sagen und werde mich hier aus meiner persönlichen und politischen idendität heraus nicht in die erwartete rolle bringen lassen, mich über mich, meine freunde und freundinnen, genossen und genossinnen ausfragen zu lassen. [...]
als zeuge bin ich hier nicht als sozusagen wertneutrale person geladen, sondern als teil des autonomen, antiimperialistischen widerstands in der brd. ganz klar gehöre ich damit zum feindbild von staatsschutz und staatsanwaltschaft [...] nichts was unseren alltag, unser zusammenleben und arbeiten betrifft, geht hier jemanden etwas an. natürlich haben staatsschutz und politische justiz immer ein wesentliches interesse, informationen über uns zu sammeln, um sie bei gelegenheit in ihrem sinne zu benutzen, wenn nicht hier im prozess, dann wahrscheinlich woanders. [...] in ihrem alltäglichen bespitzelungsinteresse werde ich keine rolle spielen.“
(aus der Erklärung zur Aussageverweigerung eines Zeugen im Prozess gegen Ralf und Knud, Januar 1993)

Im Folgenden gehen wir näher auf die Situation von Beschuldigten (vgl. Kap. 2_11_Vorladungen) und insbesondere von Zeug*innen ein. Gemeint sind hierbei Zeug*innen, die von der Staatsanwaltschaft herangezogen werden, Freund*innen, Bekannte und/oder Genoss*innen von Angeklagten sind und die dementsprechend in eine Mühle geraten, die sie gar nicht oder kaum überblicken können. Denn mit dem vermeintlichen Zwang, Aussagen machen zu müssen, geht es dem staatlichen Repressionsapparat natürlich nicht um entlastende Aussagen, sondern um Aussagen, die ihr Verfolgungsinteresse gegenüber linksradikalen Bewegungen unterstützen. Und wer will schon dabei helfen?

In den letzten Jahren hat sich gezeigt, dass die Parole *„Anna und Arthur halten das Maul!“* ohne eine genauere inhaltliche Auseinandersetzung mit dem Thema Aussageverweigerung zu kurz greift. Aussageverweigerung ist eine politische Praxis, die auf kollektivem Bewusstsein basiert, eine Praxis gegenseitigen Vertrauens und gemeinsamer politischer Bestimmung. Wo Aussagen gemacht worden sind, fehlte es oft nicht an individueller Stärke oder persönlichem Mut, sondern an politischen und persönlichen Strukturen, die in der Lage sind, die Bedrohungen der Repression aufzufangen. Das Vertrauen in eine eigene politische Stärke entwickelt sich nur in gemeinsamen Diskussionen.

Aussageverweigerung ist emanzipatorische Praxis

Aussageverweigerung ist mehr als ein taktisches Mittel in der Konfrontation zwischen radikaler Linker und dem Repressionsapparat. Die Praxis, jede Zusammenarbeit mit Polizei, Geheimdiensten und Staatsschutzjustiz zu verweigern, ist vor allem auch ein offensiver Ausdruck linksradikaler Ablehnung des staatlichen Systems und seiner Autorität. Das Verhältnis linker emanzipatorischer Politik gegenüber diesem Staat kann nur ein antagonistisches sein, ein Verhältnis des vollkommenen Widerspruchs.

Linke emanzipatorische Bewegungen befinden sich genau in dieser grundsätzlichen Konfrontation zum Staat, zu einem Staat, der einer der Hauptakteure des globalen kapitalistischen Regimes ist. Der Repressionsapparat mit seiner Absicht, emanzipatorische Bewegungen anzugreifen und zu zerschlagen, ist staatliches Instrument innerhalb dieser grundsätzlichen Konfrontation.

Das „Skandalisieren“ staatlicher Repression, das immer wiederkehrende Betonen der eigenen Ungefährlichkeit und Unschuld oder das Beklagen der eigenen Opferrolle angesichts von Repression sind sowohl Zeichen einer Fehleinschätzung eben dieses Konfrontationsverhältnisses als auch eine Unterschätzung der eigenen Rolle als politische Bewegung. Staatliche Repression ist kein Skandal, sondern eine logische Konsequenz. Es kann nicht darum gehen, uns immer wieder als Opfer staatlicher Maßnahmen zu begreifen, sondern darum, uns auf staatliche Angriffe einzustellen und Strukturen zu entwickeln, die auf diese Angriffe reagieren können. Es kann nicht darum gehen einen imaginären Rechtsstaat zu beschwören – das hier ist der Rechtsstaat!

Aussagen?

Warum sollen wir uns von denen, die uns bekämpfen, also von Bullen oder Staatsanwält*innen über Genoss*innen, Freund*innen, politische Strukturen oder unser Lebensumfeld ausfragen lassen? Warum sollen wir einer staatlich erzwungenen Denunziationspflicht nachkommen, die sich einzig gegen uns selbst richtet? Jede Information, die der Staatsschutz nicht hat, schützt einzelne Menschen, aber auch ganze Strukturen und Zusammenhänge. Es gibt für Bullen und Justiz keine unwichtigen Aussagen. Jede Information, die sie haben, werden sie auch verwenden – und zwar immer gegen uns. Das einzig Sichere ist, gegenüber Bullen und Staatsanwaltschaft nichts zu sagen: Weder als Beschuldigte*r noch als Zeug*in.

Verhöre, gleich ob du sie als Zeug*in oder Beschuldigte*r durchleben musst, sind zugespitzte Situationen in der Auseinandersetzung mit dem Staat. Wir sitzen in solchen Situationen Vertreter*innen eines Apparates gegenüber, dessen Ziel es ist, soziale, politische Widerstandsbewegungen mit allen Mitteln zu zerschlagen. Auf der einen Seite wollen die verhörenden Bullen Informationen bekommen, die ihnen nutzen und uns schaden. Zum anderen sollen die Verhörsituationen aber auch gesellschaftliche Macht- und Gewaltverhältnisse demonstrieren. Die Verhörsituation zielt darauf ab, Menschen zu individualisieren und ihnen zumindest für den Moment ihre Identität zu rauben. Durch Machtdemonstrationen, Versprechungen, Lügen und Drohungen sollen die Verhörten als Individuum gefügig und verwertbar gemacht werden. Menschen sollen sich unterwerfen und erpressbar gemacht werden.

Offensive Aussageverweigerung bedeutet genau an diesem Punkt weitaus mehr, als den Bullen keine Informationen zu geben. Aussageverweigerung bedeutet hier, sich der Macht der Bullen zu entziehen und ihr politisches Kalkül zu durchkreuzen. Sich dieses selbstbestimmte Handeln auch in der Konfrontation des Verhörs zu bewahren und das sichere Bewusstsein, Teil einer kollektiven Praxis zu sein, die unsere Zusammenhänge und Menschen solidarisch vor staatlicher Verfolgung schützt, ist offensives politisches Agieren in der Auseinandersetzung mit staatlicher Macht.

Solidarität und Kollektivität

Ohne politische Bestimmung und ohne kollektive Zusammenhänge bleibt die Parole „Maul halten!" allerdings nichts weiter als eine unpolitische Direktive. Linke Bewegungen müssen staatliche Repression in ihr alltägliches Handeln mit einbeziehen und mitdenken, dass ein Konfrontationsverhältnis eben nicht nur dann existiert, wenn es auf der Straße kracht oder ein Haus geräumt wird. Die Unversöhnlichkeit gegenüber dem System ist die alltägliche Basis allen politischen Handelns. Linksradikale Organisierung, Mobilisierungen und Interventionen in soziale Auseinandersetzungen sind das, was den Staat uns gegenüber zu repressivem Handeln bringt. Vor allem geht es um die Entwicklung von tatsächlich kollektiven und solidarischen Lebenszusammenhängen, in denen Politik und Alltag, gegenseitiges Vertrauen und Kompetenz, Angst, Geborgenheit und Risiko offen zusammenkommen, anstatt das Subjektive und das Emotionale außen vor zu lassen. Unsere Radikalität muss auch bedeuten, eigene Mauern und Fassaden untereinander einzureißen und bürgerliche Denkstrukturen für mehr Offenheit und Verbindlichkeit unter uns zu überwinden. Erst eine solche gelebte und gefühlte Solidarität macht Aussagen, um den eigenen Kopf zu retten, unwahrscheinlich. Ein offener solidarischer Umgang mit eigenen Unsicherheiten, mit Geldproblemen, Krankheit etc. verhindert, dass Erpressungsversuche z.B. durch die Bullen erfolgreich sind.
Es gilt also, Solidarität und Kollektivität zu entwickeln und zu leben, sowohl zum Schutz vor staatlicher Repression, aber vor allem auch als Gegenentwurf zu den gezielten gesellschaftlichen Entwicklungen von Individualisierung und Fragmentierung. Mit Solidarität und Kollektivität gelingt es uns, die Kolonisierung des eigenen Bewusstseins zu durchbrechen, also unser eigenes Denken zu befreien.

Jetzt mal praktisch

Im folgenden Teil dreht es sich um die Situation von Beschuldigten und Zeug*innen im Ermittlungsverfahren (vgl. Kap. 3_1_Das Ermittlungsverfahren). Für Beschuldigte gilt grundsätzlich, dass sie das Recht haben, die Aussage zu verweigern. In dieser Rolle sollten das auch alle tun – immer und überall.
Zeug*innen haben dieses Recht zwar nicht, doch wenn ihr als Zeug*in zunächst nur eine Vorladung von den Bullen bekommt, ist auch hier der erste Schritt, die Vorladung zu ignorieren. Einfach nicht hingehen, auch nicht telefonisch absagen oder sich entschuldigen lassen. Es wird keine Konsequenzen haben, auch wenn auf Formularen der Bullen in manchen

Städten mit Vorführung und Bußgeldern gedroht wird. Aufpassen müsst ihr jedoch bei Vorladungen von Gericht oder der Staatsanwaltschaft (vgl. Kap. 2_11_Vorladungen).
Es gibt aber oft genug Situationen, in der die Entscheidung, eine Vorladung zu ignorieren, nicht getroffen werden kann, wie nach Festnahmen oder bei Hausdurchsuchungen. Nix sagen ist das einzig Sinnvolle!
Aber auch wenn die Bullen wissen, dass du schweigen darfst, werden sie auf jeden Fall mehr oder wenig hartnäckig versuchen, irgendwas an Aussagen herauszulocken. In einer Verhörsituation sollten alle im Kopf behalten, dass die Bullen das alles schon hundertfach durchgezogen haben, darin geschult und ausgebildet sind und eine breite Palette von Verhörtaktiken haben.
Das Spiel „Guter Bulle, böser Bulle“ findet nicht nur im Fernsehen statt. Das gezielte Einschüchtern durch Drohungen oder seltener die tatsächliche Anwendung von Gewalt, sexistische Bemerkungen gegenüber Frauen oder stundenlanges Sitzenlassen in der Zelle verfolgen den Zweck, die betreffende Person einzuschüchtern und klein zu kriegen, um sie zum Reden zu bringen. Angst, Stress und die Hoffnung, dass alles schnell vorbeigeht, sind dabei die logischen und die beabsichtigten Reaktionen für die betroffene Person. Trotzdem bleibt nichts zu sagen der einzig sinnvolle Weg. In diesen scheinbar ohnmächtigen Situationen ist Aussageverweigerung für uns ein machtvolles Verhalten, um der von den Bullen beabsichtigten Einschüchterung etwas entgegenzusetzen. Auch in der Zelle oder im Verhörraum sind wir eben nicht machtlos, sondern setzen den Vertreter*innen des Staatsapparates mit unserem Schweigen sowohl politisch als auch emotional etwas entgegen.
Zugegeben, das ist nicht einfach. Solche Situationen erzeugen einen gewaltigen Stress und niemand kann sich vorher sicher sein, wie sie*er reagiert. Es gilt, Abwehrmechanismen für sich selbst zu entwickeln, diesen Stress nicht überwältigend werden zu lassen. Eine Taktik kann sein, sich während des Verhörs ein Bild in allen Einzelheiten vorzustellen, sich an Liedtexte zu erinnern oder sich bei Fragen der Bullen auf das persönliche Mantra „kein Kommentar“ zu fixieren. Wichtig ist, im Kopf zu behalten, dass die Verhörsituation zu Ende gehen wird.
Es ist äußerst sinnvoll, wenn diese Taktiken in gemeinsamen politischen und persönlichen Zusammenhängen entwickelt und durchgespielt werden. Sie sind ein hilfreiches Instrument der Aussageverweigerung.
Es gibt keine unwichtigen Aussagen, keine belanglosen Details. Alles, was die Bullen wissen, nützt ihnen auch. Selbst ein banales „ich weiß nicht“ kann schon zu viel sein.

Oft genug denken Betroffene bei Verhören, dass die Bullen bestimmte Informationen sowieso schon haben und es nicht schaden würde, auf solche Fragen zu antworten. Das Problem dabei ist, dass überhaupt nicht klar ist, welche Informationen die Bullen haben bzw. wo sie sie her haben. Möglicherweise haben sie nichts weiter als Vermutungen, die sie durch Aussagen bestätigt haben wollen, um sie gerichtsverwertbar zu machen. Auch angeblich gemachte Aussagen von Freund*innen oder Genoss*innen, die sie möglicherweise vorlegen, gehören in die Trickkiste der Verhörtaktik, um Leute zu verunsichern und so zum Reden zu bringen.
Die Vorstellung, mit bestimmten Aussagen anderen helfen zu wollen oder sie möglicherweise zu entlasten, ist in der Situation eines Verhörs abwegig. Denn die Entscheidung, ob Aussagen entlastend sein können oder einen Nutzen bringen, kann niemand individuell entscheiden. Ob und wo solche Aussagen verwendet werden können, muss im politischen Zusammenhang und auf der politisch/juristischen Ebene diskutiert und entschieden werden, eventuell unter Hinzuziehung von Anwält*innen.
Genauso wie es in einer Verhörsituation keine unwichtigen Details gibt, gibt es auch keine unverfänglichen Gespräche. Je nach Situation werden Bullen versuchen, ein zwangloses Gespräch anzufangen. Vor allen Dingen dann, wenn sie eine Aussageverweigerung in einer Vernehmung scheinbar akzeptieren.
So werden sie bei jeder sich bietenden Gelegenheit, vielleicht auf dem Weg vom Vernehmungszimmer zur erkennungsdienstlichen Behandlung (ED-Behandlung) oder bei einer möglicherweise angebotenen Tasse Kaffee, Verständnis heucheln, freundlich sein oder über ein gemeinsames politisches Interesse faseln. Auch hier gilt: kein Gespräch. Es gehört für sie zur Methode, Leute in Kommunikation zu verwickeln, um ein Vertrauensverhältnis aufzubauen und so schließlich doch an Informationen zu kommen.
Schwieriger wird die Situation dann, wenn sich der konkrete Vorwurf, mit dem mensch von den Bullen konfrontiert wird, an einer Aktion festmacht, von der mensch sich selbst distanziert oder sie schlicht politisch falsch findet. Aber auch politische Stellungnahmen liefern dem Staatsschutz nur weiteres Material, um zu ermitteln und in einer solchen Situation zusätzlich Zusammenhänge zu spalten und Misstrauen zu säen. Auch in diesem Fall ist das einzig richtige Verhalten, gar nichts zu sagen.

Staatsanwaltschaftliche und richterliche Vernehmungen

Unter Umständen kann es später in einem Ermittlungsverfahren zu einer Vorladung zur Staatsanwaltschaft und seltener zur*zum Ermittlungsrichter*in kommen, sei es als Beschuldigte*r oder als Zeug*in. Anders als bei Vorladungen der Bullen, besteht hier die Pflicht zum Erscheinen. Sollten Menschen sich überlegen, trotzdem nicht hinzugehen, sollten sie auch damit rechnen mit Ordnungsgeldern bedacht und eventuell mit einem Vorführbefehl durch die Bullen zur Vernehmung abgeholt zu werden.
Erst ab diesem Zeitpunkt kann eine Aussageverweigerung für Zeug*innen sowohl bei staatsanwaltschaftlichen als auch richterlichen Vernehmungen Konsequenzen haben (während für Beschuldigte nach wie vor das Aussageverweigerungsrecht gilt) und zwar in Form von Ordnungs- und Erzwingungsgeldern oder, wenn das Interesse an einer Aussage massiv ist, Beugehaftanordnungen.
Auch bei diesen Vorladungen bleibt die Ausgangssituation die gleiche: Nichts sagen! Hier ist es grundsätzlich wichtig mit einer*einem Anwält*in zu diesem Termin zu erscheinen und vor allen Dingen nicht unvorbereitet zu sein. Von Vorladungen Betroffene sollten sich auf jeden Fall vorher untereinander und mit ihren politischen Zusammenhängen über die Situation klar werden und die möglichen Konsequenzen und eine notwendige Praxis diskutieren sowie gemeinsam Entscheidungen treffen. Kollektive Entscheidungen und ein solidarischer Umgang mit dieser Bedrohung machen für alle die Situation leichter, vor allem wenn sich alle einig sind und gegenseitig um ihre Ängste und Unsicherheiten wissen.
In der Regel wird eine Aussageverweigerung von Zeug*innen bei Staatsanwaltschaft/Ermittlungsrichter*in mit Ordnungsgeldern geahndet. Und eigentlich muss es möglich sein, dass dieses Geld von politischen Zusammenhängen organisiert wird, denn es geht nicht um ein Problem einer einzelnen Person, sondern um den Schutz der Zusammenhänge.

Beugehaft

Bei Verfahren, bei denen es um schwerere Vorwürfe geht, wie z.B. bei Verfahren nach § 129, § 129a oder § 129b StGB, steht für Menschen, die als Zeug*innen vorgeladen wurden und die Aussage verweigern, als Drohung dann auch Beugehaft im Raum, die im Jurist*innendeutsch dann auch ganz offen „Erzwingungshaft“ heißt. Durch eine Einknastung von bis zu sechs Monaten sollen Aussagen „erzwungen“ werden.

Die vermehrte Verhängung von Beugehaft in politischen Verfahren begann Ende der 1980er Jahre und ist durchaus als Antwort der Justiz auf Aussageverweigerungskampagnen zu verstehen. Eine erste Welle an Beugehaftsbeschlüssen gab es im Herbst 1987 im Zusammenhang mit Ermittlungsverfahren gegen die Revolutionären Zellen (RZ) und die Rote Zora. Zusätzlich lief ein § 129a-Verfahren wegen Unterstützung der RZ, was sich u.a. auf die „Werbung für eine kollektive Aussageverweigerung" bezog.

„Von den etwa 200 Anschlägen der RZ/Rote Zora konnte nur ein verschwindend geringer Anteil bekannten Tätern zugeordnet werden. Ein wesentlicher Grund dafür ist das Verhalten der Sympathisanten, die in der Erfüllung ihrer strafprozessualen Pflichten eine zu verneinende Kooperation mit dem Staatsschutz sehen. Deshalb muss die kollektive Aktion über das Mittel der Beugehaft gebrochen werden."

(aus einem Beugehaftsantrag der Bundesanwaltschaft, Herbst 1987)

In der Linken ist eine Auseinandersetzung mit Knast als extremes Mittel staatlicher Repression in den letzten Jahren in den Hintergrund gerückt. Aber letztendlich bestimmen nicht wir den Zeitpunkt einer solchen Bedrohung und als Möglichkeit besteht sie grundsätzlich immer. Der Repressionsapparat und die politisch Verantwortlichen entscheiden, wann und wo dieses Mittel in ihre politische oder repressive Strategie passt.

Beugehaft ist Knast. Es bedeutet, eingesperrt zu sein, wenn auch maximal für ein halbes Jahr. Das bedeutet auf jeden Fall Unsicherheiten darüber, wie so etwas durchzuhalten ist. Um das Schreckgespenst Beugehaft und Knast zu relativieren, sollte sich in kollektiven Zusammenhängen mehr damit auseinandergesetzt werden, was Knast für das Leben bedeuten und wie mit solchen Situationen umgegangen werden kann. Es sollten auch Gespräche mit Menschen, die schon länger inhaftiert waren, geführt werden.

Es gibt ein Leben im Knast, die Zeit ist begrenzt und ein Ende absehbar. Vor allen Dingen können Betroffene sich darauf vorbereiten. Ein sicheres und solidarisches Umfeld von Freund*innen und Genoss*innen, die sich um die betreffende Person kümmern, können die Situation „Beugehaft" aushaltbar machen. Auch die Bedrohung mit Beugehaft sollte zum einen allgemein in einem politischen Rahmen diskutiert werden, zum anderen aber auch, wenn Leute direkt damit konfrontiert sind, denn in der konkreten Situation stehen oft genug individuelle und subjektive Bedingungen im Vordergrund, die im abstrakt politischen Rahmen allzu oft nicht thematisiert werden. In der konkreten Situation, wenn Menschen mit Beugehaft bedroht werden, gilt es z.B., zu klären, wie die Miete weiter bezahlt werden

kann, wer sich wie um Kinder oder zu versorgende Angehörige kümmert, welche Regelungen für Job oder Studium arrangiert werden müssen.
Es müssen kollektive und solidarische Entscheidungen im politischen und persönlichen Umfeld getroffen werden. In dieser Situation sollte es keine individuellen Entscheidungen geben.

Aussageverweigerung nach § 55 Strafprozessordnung

Wie können Menschen, die als Zeug*innen vorgeladen werden, die Aussage verweigern, ohne Konsequenzen wie Erzwingungsgeld oder sogar Beugehaft zu riskieren? Geht das überhaupt? Eine Möglichkeit scheint auf den ersten Blick der § 55 der Strafprozessordnung (StPO) zu sein. Dieser besagt:
„Jeder Zeuge kann die Auskunft auf solche Fragen verweigern, deren Beantwortung ihm selbst oder einem [...] Angehörigen die Gefahr zuziehen würde, wegen einer Straftat oder einer Ordnungswidrigkeit verfolgt zu werden.“
Das klingt erst mal einfach, bei genauem Hinsehen und angesichts der bisherigen Erfahrungen mit dem § 55 zeigt sich allerdings, dass er in den meisten Fällen keine Option, sondern eher eine Gefahr darstellt.
Aus juristischer Perspektive kann der § 55 eine pragmatische Möglichkeit sein, um Konsequenzen wie Beugehaft zu verhindern, wenn es im Vorfeld auf einen Prozess eine sehr genaue politische und juristische Vorbereitung gibt. Das Berufen auf diesen Paragrafen hat tatsächlich auch schon in politischen Verfahren geklappt. Aber diese Erfahrungen lassen sich nicht verallgemeinern, denn die Entscheidung, ob die Aussageverweigerung zulässig ist, wird individuell von einzelnen Richter*innen und Staatsanwält*innen getroffen.
Die rein politische Gegenposition heißt: Der § 55 ist ein Angebot des Staates und schon deshalb kommt nur eine generelle und selbstbestimmte Aussageverweigerung in Frage. Die juristischen Bedingungen des § 55 zu akzeptieren, bedeutet schließlich auch, zu akzeptieren, dass Nichtbelastendes tatsächlich ausgesagt wird. Der Kern der Kritik an einem sich Einlassen auf diese Art der Aussageverweigerung ist, dass Zeug*innen in dieser Situation von dem Wohlwollen der Staatsanwaltschaft oder des Gerichtes abhängig sind. Zeug*innen müssen entweder für ganze Aussagekomplexe oder sogar für einzelne Fragen der Vernehmung begründen, warum sie sich mit Aussagen selbst belasten würden und sind damit davon abhängig, ob ihre Begründung anerkannt wird.

Wird die Möglichkeit der Selbstbelastung durch Richter*in oder Staatsanwält*in verneint, folgt daraus erst recht der Druck, aussagen zu müssen. Zum einen bedeutet das, dass u.U. schon in diesem Zusammenhang den Ermittlungsbehörden ziemlich viele Informationen preisgegeben werden müssen, die für weitere Ermittlungen, das betreffende Verfahren oder sogar für andere Verfahren relevant sind. Es werden also Aussagen gemacht werden müssen, um die Aussage verweigern zu können. Eine selbstbestimmte Art der Aussageverweigerung bietet dieses Szenario auf keinen Fall.
Die Erfahrung mit politischen Prozessen zeigt zum anderen, dass der Schritt von Zeug*in zu Beschuldigte*r ziemlich klein ist. Immer wieder gab es Verfahren, in denen ursprünglich als Zeug*in Vorgeladene im gleichen Verfahren später als Beschuldigte aufgetaucht sind, zum Teil sogar, nachdem sie sich auf den § 55 berufen hatten.
Darum ist es von grundlegender Bedeutung, die Entscheidung über eine Aussageverweigerung nach § 55 gemeinsam mit anderen zu treffen und über diesen Schritt auch in einem kollektiven Prozess nachzudenken. Die Entscheidung einer kollektiven Struktur zu überlassen, ist vor allen Dingen dann wichtig, wenn noch mehr Menschen von Vorladungen betroffen sind.

Zum Umgang mit gemachten Aussagen

Trotz aller vermeintlichen politischen Klarheit und aller Kampagnen wird es aus verschiedenen Gründen immer wieder dazu kommen, dass Aussagen gemacht werden. Welcher Umgang mit den Aussagenden ist in einer solchen Situation der richtige, welche Schritte sind zu tun?
Das vorschnelle Verurteilen und Sanktionieren von Leuten, die Aussagen gemacht haben, geht [erst einmal] in die falsche Richtung. In einer Verhörsituation braucht die Person viel Kraft. Und diese Kraft liegt in der Klarheit, zu wissen, warum sie keine Aussagen macht. Sie liegt in der eigenen politischen Überzeugung und in dem Wissen, wofür die Person kämpft. Dieses Bewusstsein zu entwickeln, ist die Aufgabe aller politischen Zusammenhänge und es ist eine Aufgabe, die sich schon lange vor Betreten des Verhörraumes stellt.
Ist es jedoch dazu gekommen, dass Aussagen gemacht wurden, können sie nicht folgenlos toleriert werden. Eine offene Diskussion mit allen Beteiligten ist zwingend notwendig. Dafür ist der Schaden, der entstehen kann, zu groß, insbesondere wenn andere auf Grund gemachter Aussagen verurteilt oder sogar inhaftiert werden. Aber auch dann, wenn Aussagen vermeintlich harmlos und nicht belastend waren, werden sie im Informationsmosaik der Ermittlungsbehörden eine Rolle spielen, die wir nicht be-

stimmen können. Eine gemeinsame vertrauensvolle Auseinandersetzung mit der Situation hilft dabei, den entstandenen Schaden zu begrenzen. Anhand zeitnah verfasster Gedächtnisprotokolle der Aussage lässt sich ein gemeinsamer Umgang finden.
Damit soll Folgendes erreicht werden:

- dem Entstehen von Misstrauen untereinander und der Verunsicherung entgegen zu wirken,
- sich der Situation des gegeneinander Ausspielens durch die Bullen zu entziehen,
- die Vertrauensbasis für eine solidarische Zusammenarbeit wiederherzustellen,
- transparent zu machen, was die Bullen tatsächlich wissen und welche Informationen sie aus den Aussagen gewonnen haben,
- die in den Verhören und Vernehmungen gemachten Erfahrungen zu vermitteln, um daraus zu lernen.

In der offenen Auseinandersetzung liegt die einzige Chance, den Folgen der Aussage etwas entgegen zu setzen. Wenn allerdings das Verhalten der betreffenden Person eine Auseinandersetzung unmöglich macht, bleibt die Vertrauensbasis, die Voraussetzung für jede solidarische Zusammenarbeit ist, zerstört. Wenn nicht öffentlich wird, was die Bullen wissen, werden wir zum Spielball ihrer Spaltungsversuche und Intrigen. In einem offenen Umgang und einer ehrlichen Auseinandersetzung mit den eigenen Fehlern liegt die einzige Möglichkeit, aus der Defensive zu kommen, die eigene Identität zurück zu gewinnen und den Schaden zu begrenzen.

*Zeug*innenaussagen in Prozessen*

So eindeutig die Aussageverweigerung in Ermittlungsverfahren ist, so schwierig wird sie in der Situation eines Prozesses, also ab dem Zeitpunkt, an dem die Anklage der Staatsanwaltschaft vom Gericht zugelassen wurde. Dabei treffen immer wieder verschiedene Meinungen in der Diskussion um Aussageverweigerung aufeinander, die oft genug unvereinbar sind. Natürlich kann es Entlastungszeug*innen geben, die materiell eine Verurteilung verhindern oder deren Aussagen dem Prozess einen anderen Verlauf geben können. Auf der anderen Seite lässt sich nicht vorausplanen, welche weiteren Informationen durch eine Aussage vor Gericht preisgegeben werden. Grundsätzlich bleibt die Richtschnur als Angeklagte*r in einem Prozess, sich weiterhin nicht zu den Anklagepunkten zu äußern, aber ggf. das Verfahren in Erklärungen politisch einzuschätzen.

Ob und inwieweit es dennoch sinnvoll ist, wenn Angeklagte oder Zeug*innen in Prozessen Aussagen machen, hängt von einer sehr genauen Analyse des Prozesses und seiner Entwicklung ab. Die Art der Beschuldigungen, die Höhe einer möglichen Strafe, die Art des Anklagekonstruktes und die sog. Beweislage, aber auch die politische Situation, in der der Prozess stattfindet, sind grundsätzliche Aspekte, die in einer Diskussion über so eine Entscheidung sorgfältig berücksichtigt werden müssen. Und auch dies ist eine Entscheidung, die nur in kollektiven Zusammenhängen getroffen werden kann.

1_3_Unsere Strukturen schützen und Einsatz verdeckter Ermittler*innen

Was sind „unsere Strukturen" und wer ist ein Teil davon?

Unter Strukturen verstehen wir das engere politische Umfeld von politischen Aktivist*innen und die Zusammenhänge, die sich daran anknüpfen. Dazu gehören auch die überregionalen und internationalen Kontakte z.B bei Demonstrationen oder auf Vorbereitungstreffen. Im weitesten Sinne bezieht sich diese Definition auch auf das Wohnumfeld, den „unpolitischen“ Freund*innenkreisen, die Kolleg*innen am Arbeitsplatz oder auf die Schule, die du besuchst. Schließlich verstehen wir unter „Strukturen“ auch den Teil der Infrastruktur, in dem wir leben, den wir im Alltag nutzen: vom örtlichen selbstverwalteten Zentrum bis hin zur „Szene-Kneipe“, deren Besitzer*in auch ganz okay ist.

Welches Interesse hat der Staat an unseren Strukturen und wie können wir ihm effektiv in die Suppe spucken?

Da wir dem System den Kampf erklären, denn darum geht es ja schließlich bei linker Politik, ist es nur logisch, dass die Vertreter*innen dieses Systems großes Interesse daran haben, zu erfahren, wie „es in der Szene aussieht“, wer sich politisch womit beschäftigt, wer mit wem was macht, kurz: wie es um das kritische oder gar revolutionäre Potential bestellt ist. Es werden Informationen gesammelt und ausgewertet und diese dann ver-

wendet, um uns zu bekämpfen. Dafür gibt es viele Methoden. Eine sehr wesentliche ist die polizeiliche und justizielle Repression.
Unser Bestreben muss es sein, die Repressionsbehörden daran zu hindern, uns in die Karten zu gucken. Meist ist es nur möglich, erfolgreich zu handeln, wenn es für staatliche Organe schwer einschätzbar ist, wie wir kämpfen und wer an welcher Stelle steht. Wenn die Cops wissen, dass du dich am nächsten Donnerstag um 23.00 Uhr am linken Seiteneingang des Bahnhofs mit deiner Gruppe triffst, um bei XYZ die Scheiben einzuwerfen, dann schmeißt ihr bestenfalls noch die Scheiben ein, könnt euch ansonsten aber erst einmal die Wache von innen ansehen und euch auf die folgenden Gerichtsverfahren freuen. Um erfolgreiche Aktionen durchführen zu können, solltet ihr also unberechenbar sein. Die Notwendigkeit von Unberechenbarkeit gilt aber nicht nur für „direkte Aktionen“, sondern auch für Zusammenhänge, deren „Waffe“ das Wort ist. Unberechenbar zu sein, also die Aneignung von Verhaltensweisen, die das Informationssammeln verhindern oder zumindest erschweren, ist auch hier unumgänglich. Wichtig ist dabei, nicht davon auszugehen, dass das eigene Handeln ohnehin so unbedeutend oder „harmlos” sei, dass die Ermittlungsbehörden so oder so kein Interesse hätten.
Grundsätzlich muss davon ausgegangen werden, dass die Schergen sich für alles interessieren, was systemkritisch sein könnte, und durch die §§ 129 sind sowieso alle kriminalisierbar, egal, ob sie „legale” oder „illegale” Mittel anwenden (vgl. Kap. 3_2_Ermittlungen nach den §§ 129a/b StGB).

Regelmäßige Beschäftigung mit Repression allein und in der Gruppe

Deshalb ist es für alle politisch aktiven Menschen wichtig, ein grundlegendes Verhältnis zur Repression zu entwickeln. Dies gelingt nur dann, wenn Diskussionen zu Themen wie „Aussageverweigerung“ oder „politische Prozessführung“ zum politischen und persönlichen Alltag gehören. Parolen wie „Anna und Arthur halten das Maul!“ hören sich erst mal nett an, sind aber ohne Substanz, wenn sie nicht von einer inhaltlichen Auseinandersetzung mit dem Thema Aussageverweigerung begleitet werden. Am besten ist es, sich immer wieder gemeinsam mit Anderen intensiv mit diesem Thema zu beschäftigen (vgl. Kap. 1_2_Aussageverweigerung).
Zu einer Auseinandersetzung mit Repression gehört eine realistische Einschätzung der Grundgegebenheiten, die sich nicht nur an der Frage nach dem juristischen Strafmaß orientieren sollte, sondern erst mal mit Fragen anfängt wie: Was ist mein politisches Ziel? Welche Mittel halte ich für

sinnvoll? Wie setze ich das um? Diese Einschätzung kann nicht eine*r allein treffen, sie muss in Auseinandersetzungen und Diskussionen mit Mitstreiter*innen gefunden werden. Auch sollte diese Einschätzung hinterfragbar bleiben und immer mal wieder überprüft werden.

*Jede*r Einzelne ist oft auch Teil einer Gruppe und auf jeden Fall Teil einer Struktur*

Eine Einzelperson kann frei nach dem Motto „Ich stehe öffentlich zu dem, was ich mache" agieren, doch sollte sie sich auch darüber bewusst sein, dass sie, wenn sie etwas zusammen mit anderen macht, eine Mitverantwortung für Personen trägt, die vielleicht einen anderen Umgang wollen. Was wie offen über die politische Ausrichtung und Praxis einer Gruppe kommuniziert werden kann, sollte deshalb nur gemeinsam besprochen und abgewogen werden.

„Das wissen die doch sowieso schon!" – solche Sprüche zeugen jedenfalls nicht von einem angemessenen Umgang mit Repression, sondern eher von fahrlässiger Verdrängung. Es mag ja im Einzelfall stimmen, dass davon ausgegangen werden kann, dass „die" z.B. wissen, aus welchen Personen eine Gruppe besteht und wann sie sich wo trifft. Um sich selbst und die politische Struktur, in der wir uns bewegen, zu schützen, ist es aber unumgänglich, dass sich alle konspirativ verhalten. Es nützt allerdings vergleichsweise wenig, wenn Konspirativität vereinbart ist, sich Einzelne aber darüber hinwegsetzen.

Los geht's! Machen wir es „ihnen" so schwer wie möglich!

Die konspirative Praxis

Wo wir schon bei konspirativem Verhalten sind, Politprahlerei gehört definitiv nicht dazu. Das Erzählen von Held*innengeschichten, bei denen Cops, Neonazis oder anderen unangenehmen Menschen das Herz in die Hose gerutscht ist, mögen vielleicht ganz unterhaltsam sein, können aber auch ein erhebliches Sicherheitsrisiko für die Gruppe, Einzelpersonen und die politische Struktur insgesamt sein. Denn wer an welcher konkreten Aktion beteiligt war, geht niemanden etwas an außer die Beteiligten. Das gilt explizit auch für Erzählungen, in denen „nur" über die eigene Beteiligung gesprochen wird.

Zusätzlich kann es dazu führen, dass notwendige Auseinandersetzungen nicht geführt werden. Indem das eigene Verhalten glorifiziert statt kritisch reflektiert wird, wird der Prozess des gemeinsamen Lernens durch Fehler

oder Erfolge be- oder sogar verhindert. Aber gerade ein gemeinschaftlicher Umgang mit diesen Erfahrungen macht eine Struktur widerstandsfähig.
Die Verantwortung, Gespräche ggf. abzubrechen bzw. in eine zielführende Richtung zu lenken, liegt nicht nur bei den erzählenden, sondern auch bei den zuhörenden Personen. Dabei geht es nicht nur um Held*innenerzählungen, sondern auch um sonstige unnötige Informationen, die keine*n – und am wenigsten die politische Gegenseite – etwas angehen. Dazu zählen auch z.B. detaillierte Alltagsberichte auf Facebook & Co (Wann du mit wem wo bist/warst, was du alles machst, mit wem du wie eng zu tun hast usw.), Spekulationen, Gerüchte etc. All das ist für die Behörden spannend und in der Öffentlichkeit überflüssig. Genauso verhält es sich mit Gesprächen am Telefon oder in der Kneipe. Deshalb: ggf. auch mal „Stop!” sagen.
Eine weitere wichtige Frage ist immer wieder, ob und inwiefern du dein „unpolitisches Umfeld“ einweihst oder sogar in deine politischen Aktivitäten mit einbeziehen willst. Das heißt: Rede bewusst mit deinen Mitbewohner*innen (egal ob Eltern, Wohngemeinschaft, Nachbar*innen im Mietshaus oder Studiwohnheim) und anderen Menschen aus deinem „unpolitischen“ Umfeld über deine politische Arbeit. Dabei geht es nicht um das Erzählen von Details, sondern darum, in Teilen deiner Umgebung das Bewusstsein dafür zu schaffen, dass du politisch tätig bist und in welcher Richtung. Zum einen kann das auch Teil deiner politischen Arbeit sein. Zum anderen triffst du damit unter Umständen Vorsorge für den Fall, dass der Verfassungsschutz oder die Cops mal versuchen sollten, auf Umwegen etwas über dich zu erfahren. Bist du im Vorfeld offen damit umgegangen, hat sich dein Umfeld vielleicht schon so weit politisiert, dass es sich mit dir solidarisiert und nichts sagt (vgl. Kap. 1_2_Aussageverweigerung). Dies ist allerdings ein Prozess, der Zeit braucht.
Die nachfolgend angeführten Tipps sind Beispiele, die in alle Lebensbereiche und auf jede denkbare Situation übertragen werden können. Es gibt im Alltag, zu Hause, auf der Arbeit oder in der Schule tausend Möglichkeiten, die Arbeit der „staatlichen Jäger*innen und Sammler*innen“ durch die Aneignung simpler Verhaltensweisen massiv zu erschweren.

- Handys sind für die Repressionsorgange besonders einfach zu manipulieren und zu überwachen. Es können nicht nur Telefongespräche abgehört werden, sondern über die Mobilfunkanbieter*innen kann auch ein Bewegungspofil eingeholt werden, das Auskunft darüber gibt, wann sich das Handy wo befunden hat. Auch können Mobiltelefone wie alle Telefone leicht von außen als Wanze genutzt werden. Daher empfiehlt es sich, öfter mal das Handy zu Hause zu lassen (vgl. Kap. 4_0_Überwachung).

- Handschriftliches mit politischem Inhalt, Arbeitspapiere, Diskussionstexte, Gruppenmaterial etc. gehören nur dann nach „Hause", wenn du es dort brauchst bzw. weiter verwendest. Danach sollte es entweder vernichtet oder in Maschinenschrift ausgedruckt werden, wenn du es noch weiter benötigst. Im Hinblick auf mögliche Hausdurchsuchungen ist es sinnvoll, öfter mal auszusortieren, auch all das Zeugs, das du auf Demos oder Veranstaltungen eingesammelt hast.
- Es ist „erlaubt", von kriminalisierten Zeitschriften, Broschüren, Büchern etc. ein Exemplar zu besitzen. Wie bei allem, was sich im Laufe der Jahre so ansammelt, lohnt sich die Frage: Nutzt du alles, was du so herumliegen hast, oder sind es nur Staubfänger?
- „Altpapier sammeln" erfordert auch den Blick darauf, was du einfach locker wegschmeißt. Deshalb gehört alles, was unter den oberen Punkten aufgezählt ist und nicht mehr aktuell verwendet wird, nicht in den Altpapiercontainer, sondern ins Feuer oder in einen guten Schredder. Auch andere Datenträger, auf denen Dinge vermerkt sind, die für die Schergen interessant sein könnten, sollten sicher vernichtet werden. Wenn du Festplatten, Sticks, Handys, Chipkarten etc. nicht mehr verwendest, informiere dich über gute und für dich machbare Methoden einer Vernichtung, die ausschließen, dass jemand die Daten wiederherstellen kann. Wenn das Gerät weiterhin genutzt und nur Daten vernichtet werden sollen, orientiere dich an der aktuell als sicher geltenden Überschreibungsmethode. Ansonsten ist eine mechanische Zerstörung, z.B. mit einem Schlagbohrer im Zweifel sicherer und besser als Mikrowelle oder Magnet. Wichtig ist, dass die Platine definitiv zerstört ist. Falls du Zugang zu einem Metallschredder (Kfz-Schrottplatz) oder einem Hochofen hast, ist das die beste Lösung.
- Besonders vorsichtig solltest du im Umgang mit Adressenlisten, alten oder aktuellen Kalendern usw. sein: Lieber das Gedächtnis schulen, als jeden Scheiß aufschreiben. Dabei geht's natürlich nicht um den sechzigsten Geburtstag deiner Mutter, sondern um Termine, Orte, Stichwörter, Themen, die für die Repressionsorgane wertvolle Informationen sein können. Und wenn schon „aufschreiben", dann so wenig wie

notwendig und vielleicht auch verschlüsselt, so dass du es nur selbst verstehst. Wer ein Smartphone oder ähnliches benutzt, sollte extrem auf Datensparsamkeit achten. Wenn es sich nicht vermeiden lässt, Daten zu speichern, sollte ebenfalls verschlüsselt werden.

- Beim Verfassen von Texten, die in Form von Flugblättern, Aufrufen oder ähnlichem veröffentlicht werden, solltest du dir vorher überlegen, ob sie dir persönlich zugeordnet werden können. Wenn du das nicht möchtest, musst du deinen Sprachgebrauch genau unter die Lupe nehmen. Deshalb macht es Sinn, wenn eine andere Person den Text nochmal überarbeitet, Worte ersetzt und den Satzbau verändert. Jeder Mensch hat einen ganz eigenen Sprachgebrauch: Satzbau, Lieblingswörter, „Verballhornungen“, spezielle Schreibweisen von Worten (Volxküche, näxten, Gender*Gap, Sternchen ...): All das macht es geschulten Sprachwissenschaftler*innen möglich, Rückschlüsse auf die*den Verfasser*in zu ziehen.
- Noch mal mehr gilt das beim Verfassen von Texten am Computer: Was ist deine „Lieblingsschriftart“? Arbeitest du viel, wenig oder gar nicht mit „fett, kursiv, unterstrichen“? Machst du viele/wenige/so gut wie keine Tippfehler und korrigierst du diese gar nicht/sofort/absatzweise oder wenn du fertig bist selbständig oder mit dem Rechtschreibprogramm? Dadurch, dass der Computer die Texte an verschiedenen Stellen zwischenspeichert, gibt es dort auch Hinweise auf die*den Verfasser*in von Texten. Deshalb empfiehlt es sich, für alle politisch mit dem eigenen PC arbeitenden Menschen, die Festplatte sowie alle evtl. verwendeten externen Festplatten und USB-Sticks zu verschlüsseln. Wer es sich leisten kann, für die*den empfiehlt sich die Anschaffung eines Extracomputers, der nur für den Internetzugang verwendet wird. Wie wir spätestens seit den Snowden-Veröffentlichungen mit Sicherheit wissen, benötigen die Geheimdienste für eine (maßgeschneiderte) Infiltration unserer Rechner keine menschlichen Hacker mehr, sondern installieren automatisiert mit einem Spionageprogramm unbemerkt spezifische Schnüffel-Software auf unseren Rechnern. Das Thema konspirativer Umgang mit Computern kann hier nur in aller Kürze behandelt werden. Für eine umfassende und erschöpfende Behandlung des Themas fehlt hier nicht nur der Platz. Die technischen Möglichkeiten ändern sich auch so rasant, dass solche Hinweise schnell veralten. Wir verweisen daher auf die umfassenden und fachkundigen Ratschläge zur Computer- und InternetUnSicherheit von Tails (https://capulcu.nadir.org/). Insgesamt gilt: Es gibt keinen sicheren Umgang mit Computern, aber Verschlüsselung und andere konspirative Methoden sind

immer sinnvoll und erschweren neugierigen Ermittlungsbehörden die Arbeit. Zudem treibt es die Kosten in die Höhe (vgl. Kap. 4_2_ComputerUnsicherheit).

- Facebook, E-Mail & Co. möchten wir hier nochmal extra erwähnen. Trotz diverser Sicherheit vorspiegelnder Nutzungsfunktionen liegen im Internet verbreitete Informationen dauerhaft für die Repressionsbehörden jederzeit einsehbar vor, da das Internet nicht „vergisst". Diese Informationen sind dann also vergleichsweise so öffentlich, als hättest du sie im Fernsehen ausgeplaudert. Selbst wenn dein Account unter falschem Namen läuft, können die Ermittlungsbehörden jede Menge Informationen über Zusammenhänge, die politischen Strukturen etc. sammeln und auch deinen richtigen Namen herausfinden.
- Um zu vermeiden, dass dir von den Bullen irgendetwas „Politisches" direkt zugeordnet werden kann, solltest du bestimmte alltägliche Handlungen überdenken und ein bisschen Mehrarbeit in Kauf nehmen. Ein Beispiel: Wenn du für deine „Gruppe" Post verschickst, solltest du nicht die gleichen Briefumschläge, Briefmarken usw. benutzen, die du auch als „Privatperson" verwendest. Nimm auch lieber den übernächsten Briefkasten und nicht den direkt neben deinem Haus und verwende selbstklebende Umschläge und Briefmarken.
- Immer wenn du die „öffentliche Infrastruktur" nutzt, lohnt sich ein Spaziergang: Sei es der Copy-Shop um die Ecke, die Telefonzelle oder der Callshop vor dem Haus – all diese Bequemlichkeiten solltest du weiträumig umgehen, wenn es um deine politische Arbeit geht.
- Im Allgemeinen ist es auch sinnvoll, keine „Originale" zu verschicken oder weiterzugeben. Jeder Drucker, jedes Fax und jede Schreibmaschine hat ein eigenes Schriftbild, sodass ein Dokument auch einem Gerät und damit möglicherweise einer Person zugeordnet werden kann. Für uns sind die Schriftbilder nicht unbedingt unterscheidbar – für Leute, die es wissen wollen, aber schon. Durch das Kopieren (das Kopieren von Kopien sowie das Vergrößern/Verkleinern von Kopien) an öffentlich zugänglichen Kopierern kannst du dieses Schriftbild verfremden und es für die Schnüffler*innen noch mal schwieriger machen.
- Wenn du Briefpost verschickst oder bekommst, beachte, dass Briefe nicht mal mehr geöffnet werden müssen, um lesbar zu sein. Sie können durch den Umschlag hindurch gescannt werden.

Umgang miteinander in der Gruppe

Wenn du dich mit anderen zu einer „Gruppe“ zusammenfindest, verbindet dich mit diesen „anderen“ etwas. Dies kann z.B. ein erklärtes politisches Ziel sein, auf das ihr gemeinsam hinarbeiten wollt. Oder es sind gemeinsam gemachte Erfahrungen. Oder ganz einfach die Erkenntnis, dass du als Einzelne*r relativ wenig ausrichten kannst und den Austausch mit anderen brauchst.
Die wesentliche Grundlage für eine erfolgreiche Zusammenarbeit in einer Gruppe ist – übrigens nicht nur im Hinblick auf Repression – die kontinuierliche Auseinandersetzung über die Kommunikations- und Machtstrukturen innerhalb der Gruppe. Eine solche Auseinandersetzung ermöglicht es, dass sich jede*r in der Gruppe „aufgehoben“ und sicher fühlt. Ist das nicht der Fall, ist es auch schwer, sich über so ein komplexes und häufig mit schwer benennbaren Ängsten verknüpftes Thema wie Repression zu unterhalten. Dies ist aber Grundvoraussetzung für einen angemessenen Umgang damit. Für einen vertrauensvollen Umgang miteinander ist es gut, einige Dinge immer wieder gemeinsam zu diskutieren, z B.:

- Welche Hierarchien gibt es, warum gibt es sie überhaupt, sind sie auflösbar?
- Kann in der Gruppe offen mit persönlichen Situationen und Ängsten Einzelner umgegangen werden?
- Gibt es untereinander Kritikfähigkeit?
- Wie sieht es aus mit Verantwortlichkeit und Zuverlässigkeit, ist das ausgewogen? Wenn nicht, woran liegt es – an mangelndem Interesse oder persönlichem Stress Einzelner? Kann die Gruppe das mittragen oder bleibt der meiste Kram immer wieder an einer Person hängen? Oder gibt es welche, die Verantwortung nicht abgeben wollen und jeden Job gleich an sich reißen?

Für den Schutz eures Zusammenhangs können folgende Aspekte hilfreich sein:

- Keine konkreten Absprachen an oder neben einem Telefon, Fax, Anrufbeantworter (vgl. Kap. 4_1_Die technischen Mittel der Überwachung).
- Räumt den Raum, in dem ihr euch trefft, nach den Treffen auf, lasst keinen persönlichen Kram, keine Notizen usw. liegen.
- Falls ihr bei euren Treffen Protokolle schreibt, überlegt euch, was dort drinstehen muss und wo ihr sie wie lange aufbewahrt.
- Wenn ihr an die „Öffentlichkeit“ tretet, z.B. mit einem Flugblatt oder einem Artikel, muss die ganze Gruppe die Inhalte vertreten können.

Überlegt euch auch, ob etwas aus dem Flugblatt kriminalisiert werden könnte. Wenn ihr euch nicht sicher seid, fragt bei eurer örtlichen Rechtshilfegruppe nach. Das heißt nicht, dass ihr beim Verfassen von solchen Sachen immer gleich die Schere im Kopf parat haben sollt. Aber es ist sinnvoll, sich im Vorfeld Gedanken zu machen, um sich bewusst zu entscheiden!

- Das gleiche gilt auch immer dann, wenn eine Person aus eurer Gruppe ihren Namen für etwas hergibt, beispielsweise für ein „Gruppen"-Handy, „Gruppen"-Konto, eine Demoanmeldung, für die Miete von z.B. Auto/Tagungsraum/technischem Gerät oder ähnlichem. Gut überlegt sein sollte die Namensangabe bei einem „V.i.S.d.P.", heißt „Verantwortlich im Sinne des Pressegesetzes" und bedeutet zum einen, dass du dann verantwortlich bist für die vermittelten Inhalte und dafür haftest, zum anderen: Wenn ein Plakat an einer nicht ganz „legalen" Stelle hängt und sich jemand darüber beschwert, musst du dafür gerade stehen, egal, wer es plakatiert hat.
- Wobei es sich in diesem Fall sowieso empfiehlt, keine Realnamen zu verwenden. Bei all diesen Beispielen sollte klar sein: Wenn es mal Stress mit Cops oder Staatsschutz in Zusammenhang mit eurer Gruppe geben sollte, dann ist die Person, die irgendwas unterschrieben hat, die erste, bei der sie vor der Tür stehen.
- Achtet darauf, ob ihr überwacht werdet (vgl. Kap. 4_0_Überwachung). Wenn, dann stehen sie gerne vor dem üblichen Treffpunkt, sind in Wohnungen in gegenüberliegenden Häusern oder es gibt auch ganz einfache Zivi-Bullen, die vor der Tür parken. Die Observation durch Zivis lässt sich fast nur durch erhöhte Aufmerksamkeit und ein gutes Gesichtergedächtnis erkennen. Begegnet mir ein und dieselbe Person nun innerhalb kürzester Zeit an komplett unterschiedlichen Orten? Läuft mir eine Person hinterher, die sich meinen unterschiedlichen Bewegungsgeschwindigkeiten jeweils anpasst (z.B. bleibt sie in der Nähe stehen, wenn ich stehen bleibe, läuft langsamer/schneller, wenn ich das tue)? Also Augen auf im Straßenverkehr! Grundsätzlich gilt: Spätestens dann, wenn ihr das Gefühl habt, dass ihr überwacht werdet, müsst ihr euch in der Gruppe darüber unterhalten, wie ihr damit umgehen wollt.
- Bedenkt bei Aktionen die flächendeckende Videoüberwachung in den Städten, z.B. vor Banken, Juwelierläden, Botschaften, an U-Bahn- und S-Bahnstationen, in Einkaufspassagen und in größeren Städten im gesamten Innenstadtbereich.

Ob Einzelne oder eine Gruppe tatsächlich überwacht werden, ist schwer einzuschätzen. Wichtig ist vor allem, dass ihr euch darüber im Klaren seid, dass Überwachung nichts Ungewöhnliches ist, sondern alltägliches Geschäft der Repressionsorgane. Wartet also nicht erst, bis es euch auffällt, sondern macht euch bereits im Vorfeld gemeinsam Gedanken über solche Situationen und deren mögliche Folgen. Vieles kann aktiv vermieden werden. Was sich nicht vermeiden lässt – und auch die damit verbundenen Ängste – müssen in der Gruppe gemeinsam bewältigt werden.

Konspirativität in größeren Zusammenhängen

Auf bundesweiten Treffen oder Veranstaltungen ist es noch schwieriger, mit dem Thema „Strukturen schützen“ umzugehen. Das liegt zum Teil daran, dass sich die Meisten untereinander gar nicht kennen und daher auch nicht den jeweiligen Umgang mit Repression. Hinzu kommt, dass in gruppenübergreifenden Zusammenhängen nicht selten eine Atmosphäre herrscht, die es schwierig macht, Bedenken und Unsicherheiten zu äußern. Vielleicht hast du dich die ersten Male auf so einem Treffen noch getraut, eine Frage zum Thema Konspirativität zu stellen, die bei einem Großteil der anderen Anwesenden zu genervtem Augenverdrehen geführt hat. Gerade Fragen, die die Sicherheit aller betreffen, werden oft mit Sätzen wie „Ach nöö, das hatten wir doch schon tausend Mal“ oder „Nee, nicht jetzt schon wieder diese Diskussion“ abgetan. Dennoch solltest du dich dadurch nicht abschrecken lassen und dafür sorgen, dass bestimmte Standards eingehalten werden – auch zum eigenen Schutz:

- Zu Anfang eines überregionalen Treffens empfiehlt sich eine kurze Vorstellungsrunde, bei der zumindest geklärt wird, wer z.B. aus welcher Stadt/Region/Land bzw. von welcher Gruppe da ist.
- Es ist leider unumgänglich, vor Beginn einer Veranstaltung oder eines Vorbereitungstreffens einzufordern, dass bei allen mitgebrachten Handys die Akkus rausgenommen werden und alles gesammelt in einen anderen Raum gebracht wird. Zusätzlich können sie dort mit einem Radio beschallt werden. Nicht die Person, die auf so einer Selbstverständlichkeit besteht, sondern diejenigen, deren*dessen Handy zwischendrin klingelt, sollten einen roten Kopf bekommen. Wie schon gesagt, ist ein Telefon eine potentielle Wanze. Deshalb ist es ein fahrlässiger Umgang mit der Sicherheit aller Anwesenden, Handys auf Treffen mitzuschleppen!

- Bei solchen Treffen sollte immer für die Möglichkeit gesorgt sein, bestimmte Absprachen nur schriftlich zu treffen: ausreichend Papier und Stifte gehören genauso dazu wie der Hinweis, dass nicht alles mündlich besprochen werden kann und es die Möglichkeit dazu gibt, etwas aufzuschreiben.
- Genauso ist es – entgegen der sonst eingeforderten Redekultur, in der dominantes Redeverhalten vermieden und Ausredenlassen unterstützt wird – notwendig, Leute zu unterbrechen, wenn sie im Eifer des Gefechtes anfangen, heikle Geschichten auszuplaudern. Daten, Namen sowie konkrete Absprachen und Einzelheiten von Aktionen, die nicht alle Anwesenden wissen müssen, bleiben auch auf solchen Treffen geheim.
- Wenn es um den Austausch von Adressen geht, weise darauf hin, dass Privatadressen (wenn möglich) vermieden werden sollten. Es ist besser, wenn die Post unter einem Stichwort an das örtliche selbstverwaltete Zentrum o.ä. geschickt wird. Beim Austausch von E-Mail-Adressen gilt entsprechend: möglichst eine Gruppenadresse angeben und generell nur verschlüsselt mailen.
- Beim Plauschen in der Rauchpause: Klar, die Gespräche darüber, was generell in anderen Städten so läuft oder wie woanders Sachen gehandhabt werden, sind notwendig. Personen, die du nicht kennst, solltest du jedoch nicht unbedacht ins Vertrauen ziehen. Es gibt keinen Grund, Namen anderer zu nennen oder konkrete Aktionen auszuplaudern. Auch, wenn die dir fremde Person zum Beispiel jemanden aus deiner Stadt zu kennen scheint und fragt „Und, was macht denn der Kalle Müller jetzt so, ist der immer noch bei der Antifa dabei?“ lieber sagen: „Du, das weiß ich jetzt gar nicht“, als einem eventuellen Spitzel Informationen zu liefern. Und damit sind wir jetzt bei einem äußerst heiklen Thema angekommen.

*Verdeckte Ermittler*innen und angeworbene Spitzel*

Neben konkret sichtbarer Repression geht es dem Staat bei der Bekämpfung radikalen Widerstandes auch viel um Informationssammlung. Dadurch erhoffen sich die verschiedenen Behörden einen möglichst guten Überblick über unsere Strukturen, insbesondere über folgende Punkte:

- Wie hoch ist das systemkritische Potential?
- Wer interessiert sich für welche Themen?

- Wo sind die persönlichen und wo die Gruppen-Schwachpunkte?
- Welche Konflikte und Feindlichkeiten bestehen zwischen den Strukturen oder einzelnen Personen?

Mit Hilfe dieser Informationen können konkrete Angriffspunkte der sichtbaren Repression entwickelt werden. So lassen sich Konfliktlinien verstärken sowie Strukturen entsolidarisieren und verkleinern, sodass unsere politische Aktivität eingeschränkt wird.
Es muss davon ausgegangen werden, dass sich in unseren Zusammenhängen immer auch verdeckte Ermitter*innen (VE) und V-Leute bewegen. VEs sind Beamt*innen von Ermittlungsbehörden, meist der Staatsschutzabteilung des LKA, anlassbezogen auch mal des BKA oder des Verfassungsschutzes, in Einzelfällen auch ausländischer Geheimdienste, die unter einer ihnen verliehenen, auf Dauer angelegten, authentischen falschen Identität ermitteln. Sie tun dabei durchaus auch Dinge, die nicht gesetzeskonform sind, führen enge Freundschaften und Beziehungen.
Im Unterschied zu VEs sind V-Leute (d.h. Verbindungsleute) keine eingeschleusten Beamt*innen, sondern Privatpersonen innerhalb der jeweiligen Szene, die von den Behörden „angestellt" (=geführt) werden. Sie werden z.B. mittels Vergünstigungsversprechen im Zusammenhang mit offener Repression, Erpressungsversuchen oder finanzieller Entlohnung „angeworben" (vgl. Kap. 1_4_Anquatschversuche). Mitunter gibt es auch „Jobangebote" an szenefremde Personen, die dann gezielt in bestimmten Szeneteilen eingesetzt werden.
In der Vergangenheit sind zahlreiche Fälle von V-Leuten und VEs in der linken Szene bekannt geworden, sie sind aufgeflogen oder haben sich selber enttarnt. Diese Fälle zeigen, wie weit sich das Einsatzgebiet erstreckt (vom AStA bis zur militanten bewaffneten Gruppe).
So erschreckend es ist, wenn wieder mal eine V-Person enttarnt wurde, gilt auch hier wie so oft: Ruhe bewahren!
Denn wenn ihr die oben im Kapitel beschriebenen Vorsichtsmaßnahmen in euren Zusammenhängen diskutiert und beachtet, ist das der beste Schutz vor diesen Informationszuträger*innen. Denn ein*e verdeckte*r Ermittler*in bekommt eben auch nur mit, was ohnehin öffentlich stattfindet.
In „geschlossenen Gruppen" ist es daher durchaus üblich, die Identität aller zu überprüfen, um sich gegenseitig nicht nur rein gefühlsmäßig zu vertrauen. Außerdem werden so alle gleich behandelt, ohne dass es um konkretes Misstrauen geht.
Zudem müssen nicht alle immer alles wissen (z.B. wer ist in welcher Gruppe und wann und wo trifft sie sich – obwohl die Gruppe selber nicht

öffentlich mit diesen Informationen umgeht). Ggf. macht es daher auch Sinn, Erzählungen zu stoppen, wenn diese eine*n nichts anzugehen haben. Oft reicht es, selber nur über die Dinge informiert zu sein, die eine*n selbst direkt betreffen. So war der in Hamburg tätige verdeckte Ermittler Kristian Krummbeck (mit Tarnname „Christian Trott“) zwar an einer „Ablenk-“ bzw. „Bonus-“Aktion für die LKW-Blockade „Einmal im Leben pünktlich sein“ beteiligt; er wusste aber nichts über die Organisierungsstruktur der eigentlichen Aktion (wie z.B. beteiligte Personen, Zeitpunkt und Ort der Aktion).

Ruhe bewahren! Das gilt auch bei Spitzel-Verdächtigungen. Zu dem mit der Äußerung eines Verdachts verbundenen Gedanken „Schutz der Strukturen“ sollte auch gehören, nicht in willkürliche, paranoide Verdächtigungen zu verfallen. Ein Klima des Misstrauens trägt sicherlich nicht dazu bei, verlässliche, vertrauensvolle und solidarische Beziehungen untereinander zu haben. Und unsere sowieso schon kleine Szene wird dadurch bestimmt auch nicht größer.

Statt also neuen Leuten grundsätzlich zu misstrauen und dann noch über das Schrumpfen der Szene zu jammern, wäre es sinnvoller, neuen Leuten mit einer gewissen Offenheit zu begegnen und den Willen aufzubringen, ihre „dummen“ Fragen, was Konspirativität angeht, zu beantworten und zu begründen, warum ein bestimmtes Verhalten oder bestimmte Fragen nicht erwünscht sind. Denn wenn es um den Schutz der Strukturen geht, sollte mensch zunächst bei sich selbst ansetzen, statt andere zu kontrollieren.

Wenn ein Verdacht aufkommt

Allgemeingültige Ratschläge oder den idealen Umgang mit Verdächtigungen gibt es nicht. Im Folgenden geht es um einige Aspekte, über die im Zusammenhang mit einem Spitzelverdacht nachgedacht und in der Gruppe diskutiert werden sollte. Ein paar Punkte vorweg:

- V-Leute treten mit ihrem richtigen Namen in Erscheinung und können auch eine stimmige Vergangenheit haben – sie haben also keine Tarnidentität, die sich aufdecken ließe.
- Es gibt für alle zunächst „verdächtig“ erscheinenden Verhaltensweisen auch andere Erklärungen.
- Ebenso gibt es an eigenen Handlungsoptionen fast immer eine Vielzahl von Möglichkeiten und nicht nur diejenigen, die einer*einem zuerst einfallen.

Ein komisches Gefühl zu einer Person zu haben, ist grundsätzlich völlig in Ordnung. Wichtig ist, reflektiert damit umzugehen. Unzuverlässiges Verhalten, Bruch von Absprachen, eigenmächtiges Handeln, offensichtliche Lügen oder das Hervorheben vermeintlicher eigener Wichtigkeit kann viele Gründe haben. Dies führt vielleicht dazu, lieber nicht mehr mit einer Person zusammenzuarbeiten oder zu einer Auseinandersetzung über ihr Verhalten, muss aber kein Anzeichen für eine Tätigkeit als verdeckte*r Ermittler*in/Spitzel sein.

Ein bisschen anders ist es, wenn ein Verdacht schon festsitzt. Wenn mensch die Person eine Weile mitbekommen hat, glaubt, dass es konkrete Gründe gibt, alles im Kopf bereits hin und her geschoben wurde, aber nicht wieder verschwindet. Dann sollte doch mal gezielt mit einer Person gesprochen werden, um herauszufinden, ob die Verdachtsmomente einer einfachen Überprüfung standhalten. Hierbei kann generell gut auf eine Namensnennung der verdächtigten Person verzichtet werden. Wer angesprochen wird, sollte aber immer eine gezielte und bewusste Entscheidung sein. Wenn es eine nahestehende Person ist, sollte es eine sein, mit der eine eventuelle Recherchearbeit zur weiteren Überprüfung vorstellbar ist. Vielleicht gibt es aber auch Leute, die bereits Erfahrung mit Verdächtigungen haben – sowohl falschen als auch zutreffenden. Ggf. können örtliche Antirepressionsstrukturen oder andere erfahrenere vertraute Genoss*innen da weiterhelfen.

Es sollte auf jeden Fall darauf geachtet werden, den Kreis der Personen, die von dem Verdacht wissen, möglichst klein zu halten, um unnötige Gerüchte zu vermeiden. Denn mensch weiß nie, was bei so einer Flüsterpost rauskommt, und für die betreffende Person kann es das „soziale Aus" zur Folge haben. Auch guten Freund*innen sollte nicht mal eben davon erzählt werden.

Um einer weiteren Streuung und einem Verschleppen vorzubeugen, muss außerdem möglichst zügig gehandelt werden, d.h. Informationen über die Person sollten gesammelt und möglichst schnell überprüft werden, um den Lebenslauf der verdächtigten Person nachvollziehbar zu machen (z.B. Arbeitsstelle, Ausbildungsweg, Hobbies, Vergangenheit, Kontakt in andere Städte, Schule, soziale Netzwerke). Aber auch das Geplauder mit Leuten aus dem Sportverein oder der Nachbarschaft der Person kann ergiebig sein.

Wenn einem Verdacht nachgegangen und eine verdächtigte Person „überprüft" werden soll, sollte allerdings klar sein: Das alles wird unangenehm und anstrengend! Es bedeutet verbindliche Arbeit, die nichts mit lustiger Detektivtätigkeit zu tun hat. Verdeckte Ermittler*innen sind mit legalen Ausweispapieren ausgestattet und voll geschäftsfähig. Sie können also jegliche Verträge im Namen der Tarnidentität abschließen. Oft ist schwer zu entscheiden, ob eine Information die Wahrheit oder Teil einer guten Legende ist. Es ist sowohl schwierig, eine*n verdeckten Ermittler*in zu enttarnen, als auch den Beweis der Unschuld zu erbringen. Ein Beispiel für eine solche Situation ist die Enttarnung der verdeckten Ermittlerin „Iris Schneider“ in Hamburg. Infos dazu findet ihr unter: http://verdeckte-ermittler.blocksport.eu. Wie oben schon gesagt, lässt sich jedes Verhalten auch anders erklären und es kann Sinn machen, aus eben diesen Gründen den Kontakt zu meiden bzw. die Person ggf. bewusst aus Organisationszusammenhängen heraus zu halten.

Früher oder später wird sicherlich die Frage auftauchen: Soll die betreffende Person mit dem Verdacht konfrontiert werden und wenn ja, wie? Zum einen hängt die Beantwortung sicherlich davon ab, zu welchem Zeitpunkt sich die Frage stellt (z.B. ganz zu Anfang oder aber als letzte Option), zum anderen vermutlich auch davon, wie festgesetzt der Verdacht ist und was mensch sich von der Konfrontation verspricht.

Eine Konfrontation wird von der betreffenden Person meist als überfallartig empfunden und ist für sie wahrscheinlich immer extrem unangenehm und/oder verletzend – auch dann, wenn die Person Verständnis für die Verdächtigung aufbringt. Denn gegenseitiges Vertrauen ist nun mal eine Grundlage für positive zwischenmenschliche Kontakte jeder Art.

Dann bleibt noch das Wie der Konfrontation: Ein Ansatz ist der Versuch, die Situation für alle so wenig unangenehm wie möglich zu gestalten. Das heißt z.B., zu erklären, woher der Verdacht überhaupt kommt, also nicht nur Fragen zu stellen, sondern auch über sich zu erzählen, um zu erklären, was mensch über die andere Person wissen möchte und um sich gegenseitig die Vergangenheit offen zu legen. Dazu können z.B. Informationen über die eigene Person mitgebracht werden (wie z.B. Schüler*innenzeitung, Zeitungsartikel, Urkunden), die dann in ähnlicher Form von der verdächtigten Person erwartet werden. Einen allgemeingültigen Weg für ein Konfrontationsgespräch gibt es aus unserer Sicht jedoch nicht. Die Abwägung, wie eskalierend ein solches Gespräch verläuft, sollte allerdings bewusst und unter Einbeziehung der Einschätzung getroffen werden, was es bedeuten würde, wenn der Verdacht stimmt. Letztendlich haben die unterschiedlichsten Ansätze schon zu Enttarnungen geführt.

Auch alle Informationen, die im Rahmen eines Konfrontationsgesprächs erlangt wurden, müssen sehr zeitnah überprüft werden; selbst wenn im Gespräch das Gefühl entstanden ist, dass der Verdacht nicht zutrifft, ist dies wichtig. Es müssen sich möglichst sofort mehrere Leute Zeit nehmen und alle Details genau prüfen. Ggf. macht es auch Sinn, sofort zusammen mit der verdächtigten Person benannte Orte oder Personen aufzusuchen.

Wenn sich nach einer Konfrontation die betroffene Person zurückzieht oder gar wegzieht, ist das allein kein eindeutiger Beweis für die verdeckte Tätigkeit. Es kann z.B. eine Reaktion auf die Grenzverletzung sein.
Bei Überforderung mit der Verdachtssituation kann auch das bewusste Abgeben von Verantwortung eine gute Lösung sein. Keine*r muss alles selber können, dies ist keine Schwäche oder weniger cool. Ein unnötiges Verlängern und Ausweiten der Auseinandersetzung kann damit vermieden werden. Es kann auch Sinn machen, einen zeitlichen Schlusspunkt zu setzen, zu dem der Verdacht als unbegründet fallen gelassen wird, um nicht ewig die Unsicherheit und somit den Verdacht aufrecht zu erhalten. In einer solchen Situation von einem ungeklärten Verdacht zu sprechen, wäre allerdings fatal. Es muss klar sein, dass die zuvor verdächtigte Person genauso un/verdächtig ist wie alle anderen.
Wenn ihr dies lest und selber verdächtigt werdet/worden seid, versucht, es nicht persönlich zu nehmen, weil es um den Schutz unserer Strukturen geht. Versucht vielmehr mitzuhelfen, den Verdacht aus der Welt zu räumen. Eine schnelle Klärung ist besser für alle Beteiligten, je länger sich das Ganze hinzieht, desto mehr besteht leider auch die Gefahr von Tratsch.

Eine kritische Anmerkung zum Schluss

Wie bereits weiter oben im Text geschrieben, liegt der Schutz unserer Zusammenhänge in unseren eigenen Händen. Die entsprechenden Behörden sparen sich diverse personelle und materielle Ausgaben, je mehr Leute völlig sorglos und freiwillig im Internet (vgl. Kap. 1_5_Facebook, WhatsApp & Co), am Telefon oder anderswo herumtratschen. Auch wenn es dafür keine finanzielle Entlohnung gibt, stellt unsolidarische Sorglosigkeit im Zweifel eine Zuarbeit für staatliche Behörden dar.

1_4_Anquatschversuche

Es gibt Veröffentlichungen über Anquatschversuche z.B. in Flugblättern, auf indymedia oder in anderen linken Medien. Mitarbeiter*innen von Repressionsbehörden versuchen mit Aktivist*innen ins Gespräch zu kommen, um sie perspektivisch als Informant*innen innerhalb der linken Szene anzuwerben.
In der Regel sind es Mitarbeiter*innen des Verfassungsschutzes (VS), die hier aktiv werden. In der BRD sind 16 Landesämter für Verfassungsschutz sowie das Bundesamt für Verfassungsschutz als Inlandsgeheimdienste tä-

tig. Sie unterstehen den Innenministerien und sollen, wie schon der Name sagt, die Verfassung – und damit den Staat – vor allen schützen, die diesen real oder vermeintlich angreifen. Sie haben keinerlei polizeiliche Befugnisse, sondern beschaffen mit nachrichtendienstlichen Mitteln Informationen. Auf dieser Ebene haben sie dann aber extrem weite Handlungsspielräume, die über diejenigen der Polizei weit hinausgehen.
Bei Anquatschversuchen ist eine häufig wiederkehrende Floskel der VSler*innen: „Wir sind nicht die Polizei!“, um damit die Angst vor Repression zu mindern. Trotzdem bleibt festzuhalten, dass der VS – wie die Polizei – eine Behörde ist, die radikale emanzipatorische Bewegungen bekämpfen und zerschlagen soll. Die Möglichkeiten der geheimdienstlichen Arbeit und Überwachung übertreffen diejenigen der Staatsschutzabteilungen der Polizei, die sich im Rahmen der Strafverfolgung an bestimmte juristische Spielregeln zu halten haben, bei weitem. Außerdem haben verschiedene Prozesse in den vergangenen Jahren bewiesen, wie sehr auch der VS an Strafverfolgung beteiligt ist. So z.B. sind große Teile des Aktenmaterials des § 129a-Verfahrens im Zusammenhang mit dem G8 in Heiligendamm der Bundesanwaltschaft vom VS zur Verfügung gestellt worden. Die viel beschworene Trennung von Geheimdiensten und Polizei findet heute ganz offensichtlich nicht mehr statt.
Eine preiswerte Quelle für den Verfassungsschutz sind Informant*innen aus der auszuforschenden Gruppe, Szene oder Bewegung, und so sind Anwerbeversuche für den VS eine alltägliche Routineaufgabe. Anquatschversuche sind in der Regel lange vorbereitet. Über die ausgewählte Person werden alle Informationen zusammengetragen, die für den VS greifbar sind, was dazu führt, dass die VSler*innen erschreckend gut über persönliche, finanzielle oder politische Situationen der betroffenen Person informiert sind. Den direkten Ansprachen gehen meist Observationen voraus, um den Alltag der Person zu checken und vor allem eine passende Gelegenheit für ihre Kontaktaufnahme zu finden. Bei ihren Anquatschversuchen treten die VS-Mitarbeiter*innen in der Regel zu zweit auf. Teilweise klingeln sie ganz simpel an der Haustür oder passen Menschen an Orten ab, an denen die Betroffenen öfter anzutreffen sind. Es ist auch schon vorgekommen, dass sie Leute an ihrem Arbeitsplatz angerufen haben und Treffen vereinbaren wollten. Die Möglichkeiten sind vielfältig, aber niemals zufällig, sondern vom VS sorgfältig geplant und vorbereitet. Dabei stellen die VSler*innen sich häufig als Mitarbeiter*innen einer Bundesbehörde oder des Innenministeriums, aber auch mal ganz direkt des Landes- oder Bundesamts für Verfassungsschutz vor.
Auf Grundlage der vielfältigen Informationen über die ausgewählte Person starten sie dann ihre Versuchsballons: Wer finanzielle Probleme hat,

wird vielleicht mit einem Job gelockt, das heißt, der finanzielle Aspekt der Zusammenarbeit wird in den Vordergrund gestellt. Hat jemand ein Verfahren laufen oder sitzt bereits im Knast, locken sie mit der Möglichkeit von Verfahrenseinstellungen oder vorzeitiger Entlassung. Dies liegt zwar nur bedingt in ihrer Macht, aber es könnte ja sein, dass der Druck so groß ist, dass jemand auf dieses Angebot eingeht. Wird auf diese Bestechung nicht eingegangen, werden sie wahrscheinlich versuchen, die betroffene Person zu erpressen. Grundsätzlich werden sie alle vermeintlichen oder realen Schwachpunkte ausnutzen, die sie entdeckt zu haben glauben.
Manchmal suggerieren sie auch Verständnis für politische Ansichten und Aktionen. So erklären Verfassungsschützer*innen z.B. lang und breit, dass auch sie gegen Nazis vorgehen wollen, aber kaum Informationen über deren Zusammenschlüsse haben. Da wäre es doch von beiderseitigem Nutzen, Informationen auszutauschen.
Jede*r wird vermutlich erst mal überrascht und überrumpelt davon sein, wenn klar wird, dass die*der vielleicht sogar recht sympathische*r Gesprächspartner*in gerade versucht, dich für den Verfassungsschutz zu rekrutieren. Im Kopf geht es rund: Warum werde ich angesprochen? Was wissen die alles von mir? Warum gerade ich? Muss ich mit der*dem reden? Oje, wenn das jemand mitkriegt! Wie werde ich den VS wieder los? Jede*r wird erst einmal verwirrt und verunsichert sein. Spekulationen darüber, warum der VS bestimmte Menschen ausgesucht hat, helfen nicht weiter, weder persönlich noch politisch. Irgendetwas hat der VS entdeckt, das die betreffende Person für sie interessant gemacht hat. Tatsächlich gibt es kein Raster, jede*r kann betroffen sein. Warum Personen ausgesucht werden, wird sich nie herausstellen (es sei denn, wir stürmten die VS-Gebäude), und im Grunde ist es auch vollkommen egal. Wichtig ist in einer solchen Situationen: Keine Zusammenarbeit! Kein Gespräch!
Die unversöhnliche Position, die gegenüber den Bullen vielleicht schon lange klar ist, verschwimmt in dieser ungewohnten Situation oft. Denn über den Umgang mit dem VS wird noch weniger geredet als über den Umgang mit Polizei und Justiz. Zudem entspricht Aussehen und Auftreten der VSler*innen häufig nicht dem gewohnten Feindbild.
Es gibt kein Gesetz, das jemanden zwingt, mit Mitarbeiter*innen des Verfassungsschutzes zu reden. Das Gespräch kann jederzeit verweigert oder abgebrochen werden. Sie haben keine rechtlichen Sanktionsmittel gegen Menschen in der Hand, die Gesprächsversuche ablehnen. Wichtig ist für die Praxis erst einmal, dass der VS die Betroffenen offenbar in der letzten Zeit im Blickfeld hatte und in der nächsten Zeit sicher auch haben wird. Das sollte die Konsequenz haben, sich nicht einschüchtern zu lassen, son-

dern bewusst die politische Praxis weiter zu betreiben, ohne sich und die eigenen Zusammenhänge in Gefahr zu begeben.
In der Situation des Anquatschversuchs sollte sich keine*r davon beeindrucken lassen, was die VS-Gestalten wissen. Der VS ist ein Geheimdienst, der Informationen sammelt. Es liegt also nahe, dass er welche über die Betroffenen hat und auch gegen sie benutzt. Das heißt nicht, dass der Verfassungsschutz alles weiß. Deswegen kann es auch nicht heißen, dass über Dinge, die belanglos erscheinen, locker geplaudert werden kann. Aus jeder noch so unscheinbaren Aussage zieht der VS seinen Schluss, jede Information nützt ihm. Auch hier gilt also: Anna und Arthur halten's Maul! Keine*r, die*der angesprochen worden ist, trägt die Verantwortung dafür und es ist extrem kontraproduktiv, wenn andere die Integrität der betroffenen Person infrage stellen. Über solche Art von Entsolidarisierung freut sich nur der VS: Angst, Paranoia oder Schuldzuweisungen sind (genau wie bei jeder anderen Form der Repression) das, was sie beabsichtigen.
Wir gehen davon aus, dass es bedeutend mehr dieser Anwerbeversuche gibt, als öffentlich gemacht werden. Auch wenn die Anquatschversuche von den Betroffenen verweigert wurden, wird hinterher nicht immer darüber gesprochen. Die Gründe mögen vielfältig sein, in erster Linie sind Menschen verständlicherweise komplett verunsichert, warum ausgerechnet sie ins Visier des VS geraten sind.

Gespräch verweigern

Anquatschversuche sind für die Gestalten vom VS eine Routineangelegenheit, für die sie eine feste Choreographie haben und für die sie ausgebildet und geschult sind. Wer in die Situation kommt, angesprochen zu werden, sollte schnell deutlich machen, dass weder Interesse noch Lust bestehen, mit jemandem vom VS zu sprechen. Den VS-Leuten muss unmissverständlich deutlich gemacht werden, dass sie abhauen sollen. Alles, was in der Anfangsphase eines Gespräches von ihnen geäußert wird, hat einzig den Zweck, Leute in ein Gespräch zu verwickeln, dessen weiteren Verlauf sie bestimmen werden. Üblich ist auch ihre Behauptung, Fragen zu einem bestimmten Themenkomplex wie Nazis, Anti-AKW o.ä. zu haben. Dieses Vorgehen dient einzig und allein dem Zweck, ein Gespräch in Gang zu bringen, in dessen Verlauf die Bereitschaft zur Kooperation abgecheckt wird. Jede*r sollte sich schon dieser Anfangskommunikation durch ein konsequentes und wiederholtes NEIN verweigern.

Öffentlichkeit

Ein schneller öffentlicher Umgang ist ein guter Schutz vor einer Gefährdung durch Anquatschversuche. Die Veröffentlichung mindert die Wahrscheinlichkeit eines erneuten Versuches erfahrungsgemäß ganz erheblich. Der VS ist und bleibt ein Geheimdienst, der die Veröffentlichung von Aktivitäten gern vermeidet. Angesichts der Diskussionen über die Rolle des VS im Zusammenhang mit dem NSU gilt dies um so mehr. Der VS wird die Betroffenen ganz schnell in Ruhe lassen. Außerdem werden Menschen aus linken Strukturen durch wiederkehrende Veröffentlichungen für das Thema sensibilisiert und gewarnt.

Manchmal glauben Leute, sie könnten zum Schein auf die Gespräche des VS eingehen und sich weiter mit ihnen treffen, um....tja, warum? Der Erkenntnisgewinn solcher gefährlichen Spiele ist gleich Null. Die Erkenntnisse, die der VS dadurch gewinnt, sind umso größer. Du hast es hier mit Profis zu tun, die für diesen Job ausgebildet sind. Sie haben gelernt, scheinbar unwichtige Fragen zu stellen und aus den scheinbar unwichtigen Antworten für sie wichtige Rückschlüsse zu ziehen. Denk daran, die VSler*innen sind rhetorisch geschult. Sie wissen genau, wie ein Gespräch zu führen ist. Schnell hast du mehr gesagt, als du dir vorgenommen hast.

Glaube auch nicht, du könntest eine*n VSler*in aushorchen oder mit ihr*ihm zu beiderseitigem Nutzen Informationen austauschen. Wenn sie*er dir tatsächlich Informationen gibt, weißt du nicht, aus welchem Grund du damit gefüttert wirst. Im Übrigen geben deine Fragen auch Aufschluss über dich. Gleiches gilt für die Informationen, die sie*er von dir bekommt. Auch wenn es „nur“ Auskünfte z.B. über Neonazigruppen sind, so gibst du gleichzeitig öffentlich bekannt, womit du oder deine Freund*innen sich beschäftigen. Es lässt sich nicht oft genug wiederholen: Es gibt keine unwichtigen Informationen. Deshalb gilt:

- Wenn VSler*innen dich anquatschen, schick sie weg, wirf sie raus, geh selber oder mache anwesende Freund*innen, Bekannte und Verwandte aufmerksam.
- Gib keinerlei Auskünfte.
- Merk dir den Namen (auch wenn er wahrscheinlich nicht echt ist) und andere Daten wie Autokennzeichen, übergebene Telefonnummern etc.
- Mach sofort anschließend schriftliche Personenbeschreibungen und ein Gedächtnisprotokoll (vgl. Kap. 2_10_Gedächtnisprotokolle).
- Sprich mit deiner Politgruppe und deinen Freund*innen darüber und überlegt gemeinsam, ob und wie ihr den Anquatschversuch öffentlich machen wollt.

- Sprich mit Leuten, die Erfahrung auf diesem Gebiet haben.
- Jede Rechtshilfegruppe kann dir mit Informationen zur Seite stehen.
- Falls du in einem Ermittlungsverfahren steckst oder ein Prozess ansteht, sprich dringend mit deiner*deinem Rechtsanwält*in über die Situation.

1_5_Facebook, Whats-App & Co

Soziale Netzwerke können vieles sein – Nachrichtenmedium, Kontaktbörse, Visitenkarte oder einfach eine Suchmaschine, um verlorene Freund*innen wiederzufinden. Auch aus politischen Zusammenhängen sind sie längst nicht mehr wegzudenken. Das liegt sicherlich an der recht einfachen Benutzung von Chats, Blogs, Newsgroups etc. – es lassen sich schnell und unkompliziert eine Menge interessierter Menschen erreichen, was z.B. für die Mobilisierung der nächsten Demo von Vorteil sein kann. Aber die Nutzung Sozialer Netzwerke birgt auch gravierende Gefahren: Um sich bei Onlineportalen anzumelden, ist die Abgabe deiner persönlichen Daten erforderlich. Hier ist es zwar noch möglich, zu tricksen, aber spätestens über deine IP-Adresse bist du dann doch zu orten bzw. über Umwege zu identifizieren. Darüber hinaus ist die Kommunikation in Sozialen Netzwerken kaum geheimzuhalten, sie ist sogar im Gegenteil grundsätzlich auf Öffentlichkeit ausgelegt. Und angesichts unserer bisherigen Ausführungen zu Konspirativität und zu dem Informationsdurst der Repressionsorgane dürfte klar geworden sein, dass es zu politischen Zusammenhängen und Aktionen prinzipiell keine belanglosen, unwichtigen oder harmlosen Kommentare gibt, auch und gerade nicht in Sozialen Netzwerken, die zu einer wichtigen Informationsquelle der Bullen und Geheimdienste geworden sind. In jeder Aussage stecken Informationen über einzelne Personen oder über Zusammenhänge linker Strukturen, an denen die Ermittlungsbehörden brennend interessiert sind.
Auch wenn du selbst gar nichts bei Facebook, Whats-App & Co. über deine politischen Aktivitäten geschrieben hast, liefern die Einträge deiner Freund*innen möglicherweise indirekt Informationen über dich. So lassen Soziale Netzwerke häufig Rückschlüsse auf reale Politzusammenhänge zu. Dazu sagt ein Mitarbeiter der Datenforschungsabteilung bei Facebook:
„Ist es nicht cool, dass wir die politischen Neigungen jedes Einzelnen in unserem Datensatz von 500 Millionen Personen kennen?“
Das, wofür der Verfassungsschutz sonst einige Mitarbeiter*innen benötigt, wird ihm somit auf dem goldenen Tablett serviert. Von den Nutzer*innen

werden manchmal sogar Fotos oder Videos mitgeliefert, auf denen Einzelne oder ganze Gruppen z.B. bei der letzten Demo zu sehen sind. In den seltensten Fällen wird sich die Mühe gemacht, die Gesichter wenigstens zu verpixeln oder das geschieht nur so rudimentär, dass es kein Computergenie braucht, um an die realen Daten heranzukommen. Schlimmstenfalls sind die Bilder auch noch mit den Namen der abgebildeten Personen verknüpft – das erledigt u.U. die Gesichtserkennungssoftware des Dienstanbieters automatisch, auch ohne das Zutun der Account-Inhaber*in. Das ist eine klare Missachtung des Schutzes der abgebildeten Personen. Zudem endet das Hochladen von Fotos oder Videos zuweilen in Strafanzeigen und Gerichtsverfahren. Mitunter wird argumentiert, dass das Filmen und Fotografieren dazu diene, Übergriffe der Polizei zu dokumentieren. Aber dann haben die Bilder absolut nichts im Netz zu suchen (vgl. Kap. 2_3_ Vor und auf Demonstrationen (Movement statt Movies)).
Aber auch „private" Fotos oder Videos geben mehr über dich preis, als dir lieb sein sollte. Sie zeigen, wo du mit wem rumhängst, wie es da aussieht, wie du dich kleidest und mit wem du vielleicht auch gemeinsam politische Aktionen machst. Möglicherweise finden sich auch Fotos von illegalisierten Personen, die erkannt und so gefunden werden können. Die Facetten der Informationsfreigabe sind vielfältig und sehr unübersichtlich. Sind diese Informationen aber erst einmal im Internet, ist es wirklich schwer beziehungsweise unmöglich, das Ganze rückgängig zu machen.
Von diesen wahren Datenschätzen profitieren auch die Verfolgungsbehörden: So hat Facebook eine eigene Anwendung namens „Neoprint" entwickelt, die den Behörden auf Anfrage ein handliches Informationspaket über Konteninhaber*innen zusammenstellt, das neben sämtlichen Profil- und Kontaktinformationen auch Mini-Feed, Notizen, Freund*innenlisten (mit sämtlichen Facebook-IDs), Gruppenlisten und Nachrichten enthält. Auch Fotos — private wie öffentliche — werden Behörden zur Verfügung gestellt. Und so bilden insbesondere Facebook und Co. wahre Fundgruben für Fahndungszwecke. Soziale Netzwerke können durchaus auch hilfreich sein, und sie sind aus dem politischen Alltag sowieso nicht mehr wegzudenken. Aber darum ist es umso wichtiger, sich der möglichen Gefahren dieser Plattformen bewusst zu werden und gewissenhaft und sensibel mit seinen eigenen und den Daten anderer umzugehen. Das heißt konkret: Je weniger Daten, desto besser! Machen wir es den Verfolgungsbehörden nicht unbedingt leichter als nötig! Lesens- und nachdenkenswert dazu finden wir folgenden 2012 veröffentlichten Text der Nadir-Crew: http://www.nadir.org/news/Plötzlich_plappern_Anna_und_Arthur.html.

2_0_Unsere politische Praxis

2_1_Hit and Run

Dies soll und kann keine Anleitung für subversive Aktionen sein. Wir wollen hier lediglich auf ein paar Aspekte hinweisen, die jede*r beachten sollte, die*der auch außerhalb eines Demo-Rahmens politisch agieren will.
Mit den wenigen Möglichkeiten, die in diesem Staat als sogenannter legaler Protest angesehen werden, steht nur eine staatlich begrenzte Auswahl von Aktionsformen zur Umsetzung und zur Verfolgung politischer Ziele zur Verfügung. So kann bereits das Unterzeichnen von Online-Aufrufen zum gemeinsamen Schottern oder zur Blockade des Castor-Transportes Grund genug für den Staatsapparat sein, um aufwendige Ermittlungsverfahren einzuleiten. Auch beim Verteilen von Zeitungen, Flugblättern oder bei der bloßen Anwesenheit bei Aktionen muss mit Bullenstress gerechnet werden. Wie viele sicherlich schon mitbekommen haben, ist das Sprayen Anlass genug für die Polizei, eine eigene Sonderkommission zu bilden, um die kreativen Geister zu behindern.
Die unterschiedlichen Aktionsformen müssen zum eigenen Schutz genau und verantwortungsvoll vorher geplant und später durchgeführt werden. Zu oft sind Leute zu oberflächlich und unvorsichtig an Sachen herangegangen und prompt erwischt worden. Dies gilt auch für spontane Aktionen! Rennt nicht einfach Hals über Kopf los. Seht in euren Taschen nach, ob ihr Zeugs dabei habt, das den Bullen besser nicht in die Finger fallen sollte: Adressbuch, Smartphone, Taschenmesser etc. Guckt genauer, mit wem ihr wohin geht. Versucht euch so früh wie möglich einen Überblick über die Lage vor Ort zu machen. Und lasst es einfach bleiben, wenn ihr schon Drogen – dazu zählt auch Alkohol – zu euch genommen habt! Ebenso solltet ihr Leute, die schon bekifft oder angetrunken sind, auf gar keinen Fall mitnehmen bzw. mitkommen lassen, da dies ein Risiko für sie selber und natürlich auch für den Rest der Gruppe ist.
Jede Aktion, sei es nun Plakatieren, Nazis auflauern oder Scheiben von Banken entglasen, bedarf einer Vorbereitung. Im Weiteren folgen inhaltliche und praktische Hinweise für die Planung, die nicht immer und für jede

Situation zutreffend sein müssen. Sie sollen als Planungs- und Denkanregungen dienen. Es ist äußerst sinnvoll, sich vorher zu überlegen, was in die Durchführung der Aktion mit einbezogen werden sollte.
Plant je nach möglichen strafrechtlichen Konsequenzen, mit wem ihr was machen wollt. Anders gesagt: Je mehr auf dem Spiel steht, desto besser solltet ihr euch kennen, euch gegenseitig vertrauen, wissen, wie die anderen unter Stress reagieren, welche Ängste eine Rolle spielen, wer sich was zutraut. Beim Plakatieren für die nächste Demo erwischt zu werden, bedeutet eher ein Bußgeld, gemeinsam Nazis anzugreifen, kann im schlimmsten Fall auch eine Haftstrafe zur Folge haben.
Gerade die Personen, die immer mit großen Taten prahlen, können sich in der realen Situation plötzlich als gar nicht so super cool entpuppen, mal abgesehen davon, dass so eine Prahlerei sowieso absolut unnötig und gefährlich ist. Wir raten davon ab, mit solchen Leuten gemeinsame klandestine Aktionen zu machen. Leider kann davon ausgegangen werden, dass sie auch die gemeinsamen Aktionen herumerzählen werden.
Um eine gemeinsame Einschätzung voneinander zu bekommen, solltet ihr auch über eure Ängste und persönlichen Grenzen sprechen. Ziel dieser Einschätzung ist, dass ihr euch auf einen gemeinsamen Handlungsrahmen verständigt. Persönliche Grenzen sind genauso ernst zu nehmen wie politische Ansprüche. Gemeinsames Vorgehen ermöglicht auch eine gemeinsame Weiterentwicklung.
Zuerst solltet ihr über die politische Bestimmung der Aktion Klarheit finden. Inhalte und Ziel einer Aktion sollten so klar rüber kommen, dass eine Verdrehung von staatlicher Seite ziemlich schwer ist – das ist nicht immer einfach. Aber seid euch über die Wirkung bewusst, die die Aktion in der Öffentlichkeit haben soll. Form, Mittel und Inhalt müssen deutlich zeigen, in welchem Zusammenhang sie stehen, damit sie nicht auch Nazis zugerechnet werden können. Ebenso müsst ihr immer und unbedingt gewährleisten, dass durch eure Aktion keine Unbeteiligten gefährdet werden! Sprecht vor jeder Aktion alles von Anfang bis Ende gemeinsam durch. Besprecht auch einen eventuellen Abbruch der Aktion, Bedingungen hierfür und wie der Abbruch ablaufen sollte.
Quatscht nicht überall über eure Pläne, insbesondere den Bullen bekannte Wohnungen, Szenekneipen und andere Szenetreffpunkte gehören zu den ungeeignetsten Orten, um über stattgefundene und geplante Aktionen zu reden (vgl. Kap. 1_3_Unsere Strukturen schützen und Einsatz verdeckter Ermittler*innen). By the way: Handys gehören nicht auf Treffen und Aktionen!

Vorbereitung von Aktionen

Wenn für die Aktion Materialien benötigt werden, solltet ihr schon bei dem Einkauf darauf achten, nicht große Mengen im gleichen Laden zu kaufen. Kauft auch nicht unbedingt alles an einem Tag und nicht unmittelbar vor der Aktion ein. Hebt keine Kassenbons auf und bezahlt nur bar. Achtet darauf, dass alles frei von Fingerabdrücken bleibt. Fingerabdrücke sind Fettabdrücke und lassen sich am ehesten mit Spüli abwischen. Ihr solltet keine gebrauchten Gegenstände aus dem privaten Haushalt verwenden, auf ihnen befinden sich Spuren, mit denen sich ein Tatzusammenhang mit euch rekonstruieren lässt. Auch ist es zu empfehlen, ein und dieselben Spraydosen nicht für unterschiedliche Aktionen zu verwenden, andernfalls könnten dadurch mehrere Taten miteinander in Zusammenhang gebracht werden. Dies könnte schnell teurer werden, als jedes Mal eine neue Dose zu organisieren.
Vor der Aktion solltet ihr die Wohnung einschließlich Keller, Dachboden, Schuppen, Garage, Auto usw. gründlich aufräumen, für den Fall, dass ihr erwischt werdet und die Bullen eine Hausdurchsuchung machen. Es ist nicht zu empfehlen, dass ihr kriminalisierbares Material, das ihr aus eurer Wohnung auslagern wollt, bei euren Eltern, am Arbeitsplatz oder bei euren Freund*innen aufbewahrt. Ihr gefährdet damit sie und euch.
Lernt den Ort, wo ihr aktiv werden wollt, so genau wie möglich, aber unauffällig kennen. Beim Ausspähen solltet ihr auch Fluchtwege mit einplanen. Achtet unbedingt auf eventuelle Videoüberwachung (öffentliche Webcams, Parkhauseinfahrten, Bankautomaten, Tankstellen ...), die inzwischen allgegenwärtig zu sein scheint.
Macht euch Gedanken über eure äußere Erscheinung. Wichtig ist, dass ihr euch auf eine einheitliche Kleidung einigt. Zieht euch unauffällig an! Der rote Iro gehört unter einen Hut, die orange Markenjacke bleibt am Haken und dein Auto mit dem Blümchenmuster, kaputten Rücklichtern und röhrendem Auspuff parkt zu Hause!
Diskutieren solltet ihr auch das Mitnehmen von Ausweisdokumenten. Manches Mal war es ganz gut, dass eine Person ihren Ausweis nicht dabei hatte und als sie von den Bullen erwischt wurde, erst mal ihre Personalien nicht angegeben hat. Denn dadurch hatten ihre Mitstreiter*innen Zeit, die nicht ins Vertrauen gezogene WG zu informieren und auf einen möglichen Besuch der Polizei vorzubereiten. Andererseits könntet ihr vor bzw. nach der Aktion in eine zufällige Straßenkontrolle geraten und das wäre wiederum ziemlich unnötig und nervig ohne Ausweis. Überlegt euch, wie ihr das handhaben wollt.

Nach der Aktion

Wenn alles klar geht – oder auch nicht – und ihr abhaut, schmeißt euer Handwerkszeug nicht in den nächsten Vorgarten, Hinterhof oder Mülleimer! Es kommt schon vor, dass ein besonders reinlicher Vorgartengärtner oder eine vermeintlich gesetzestreue Aktivbürgerin die Sachen an die Polizei übergibt. Tja, und dann hängen da doch tatsächlich zwei bis drei Haare in der Sturmhaube und schon hat die Polizei das schönste Genmaterial. Vorsicht ist auch geboten bei Zigarettenkippen, Taschentüchern, Handschuhen und Schuhen mit speziellem Abdruckprofil! Es gehört zum Standartrepertoire der Polizei, genetisches Material auszuwerten, auch wenn es nur um eine zerstörte, lumpige Schaufensterscheibe geht (vgl. Kap. 4_3_Genetischer Fingerabdruck). Ihr solltet bei der Aktion darauf gefasst sein, dass ihr von Anwohner*innen oder Spaziergänger*innen beobachtet werdet. Ihr wärt nicht die ersten, die auf Leute treffen, die sich einmischen und euch von eurer Aktion abhalten wollen.

Nachbereitung der Aktion

Nach der Aktion solltet ihr baldmöglichst und endgültig alle Dinge beseitigen, die euch in den Zusammenhang mit der Tat bringen können. Wascht eure Kleidung und duscht euch – wegen Glassplittern von einer zerstörten Scheibe, Fasern, Dreck im Schuhprofil oder sonstigen Anhaftungen vom Tatort. Fahrt auch eure Autos in die Waschanlage.

Überlegt euch genau, ob im Nachlauf eine schriftliche Erklärung für die Öffentlichkeit unbedingt notwendig ist. Manche Aktionen sprechen auch für sich. Falls es eine schriftliche Erklärung geben soll, solltet ihr diese erst nach der Aktion verfassen und verbreiten. Letzteres ist auch logisch. Es wäre ja blöd, wenn es eine Erklärung gibt und die dazugehörende Aktion hat dann gar nicht stattfinden können. Wenn ihr Zitate aus einem Buch oder einer anderen Publikation nehmen wollt, achtet darauf, dass ihr das nicht zu Hause, am Ende sogar noch markiert, herumliegen habt. Benutzt kein spezielles Papier, keinen besonderen Drucker (vgl. Kap. 4_2_ComputerUnsicherheit) oder Schreibmaschine. Bedenkt auch, dass bei einer Internetrecherche euer Suchverhalten ggf. im Browser nachvollzogen werden kann. Wenn ihr euch dafür entscheidet, eure Erklärung vorher zu verfassen, muss diese an einem wirklich sicheren Ort deponiert werden.
Bei dem Verschicken der Erklärung solltet ihr darauf achten, dass ihr nicht gleich den Briefkasten oder die Postfiliale vor eurer Haustür verwendet. Bestenfalls verschickt ihr sie aus einer anderen größeren Stadt. Benutzt keine Sonderbriefmarken. An das Ablecken des Briefumschlages sowie der Briefmarken solltet ihr nicht mal denken! Da könnt ihr ja gleich zu den Bullen gehen und ihnen ins Speichelröhrchen spucken. Des Weiteren verschickt nie Originale und achtet besonders darauf, keine Fingerabdrücke auf Papier, Umschlag und Briefmarke zu hinterlassen. Unterlasst es unbedingt, nach der Aktion am Ort des Geschehens neugierig vorbei zu fahren! Und Finger weg vom Fotoapparat! Solche Held*innenfotos haben so manch einer*einem auch Monate oder Jahre später viele Scherereien eingebracht. Ihr solltet euch nach der Aktion mit allen Beteiligten zusammensetzten und den Verlauf des Ganzen reflektieren. Was ist gut gelaufen, was weniger und was könntet ihr besser machen?
Falls euch die Polizei trotz aller Sicherheitsvorkehrungen doch schnappen sollte, gilt auch hier: NICHTS SAGEN, NUR DAS IST SICHER! Besteht unbedingt darauf, eine*n Anwält*in eures Vertrauens anzurufen. Falls ihr keine*n erreicht, überlegt euch genau, wen ihr dann informieren wollt. Hier ist es natürlich logisch, wenn ihr zu Hause Bescheid geben wollt. Ruft nicht sofort eine*n eventuelle*n Mitstreiter*in an. Überlegt euch vorher genau, wen ihr in diesem Fall anrufen könnt, denn die Bullen haben eben ein ziemlich einfaches Schema im Kopf: Wen ihr kennt, die*der weiß etwas von der Aktion oder hat eventuell selber mitgemacht. Also Vorsicht!
Zum Abschluss noch ein Hinweis: Ob und inwieweit ihr vorab eure WG o.ä. informiert, müsst letztendlich ihr entscheiden. Ihr habt als einzige die Möglichkeit, das Vertrauen und die Verschwiegenheit eurer Mitbewohner*innen richtig einzuschätzen. Konspirativität im falschen Moment kann genauso gefährdend sein wie unnötige Mitwisser*innen.

Denkt einfach genauer darüber nach, wen ihr ins Vertrauen ziehen wollt und könnt. Vergesst aber nicht, dass wegen euch eventuell eine Durchsuchung stattfinden könnte, die andere Mitbewohner*innen nicht erahnen konnten und die somit ihre Bude nicht aufgeräumt haben. Mit der Möglichkeit, dass die Polizei bei einer anderen Person was finden könnte, müsst ihr verantwortlich umgehen. Es ist gar nicht so spießig, wie ihr vielleicht glaubt, wenn ihr euch mit euren Mitbewohner*innen darauf verständigt, dass die Wohnung generell aufgeräumt ist. Mit „aufgeräumt" meinen wir nicht, dass Tassen ordentlich im Schrank stehen, sondern, dass kein Zeug in der Wohnung rumliegt, das mit einem ausgeprägten Verfolgungswillen der Polizei als belastend ausgelegt werden kann. Versucht eine Balance zwischen Selbstschutz und unnötiger Panikmache zu finden. Dieses Buch soll euch ja nicht von einer auf Intervention ausgerichteten Politik abhalten, sondern euch darin bestärken und Hinweise geben, auf was ihr achten solltet.

2_2_Demoanmeldung

Demos und Kundgebungen sind immer noch die häufigste Aktionsform neben verschiedenen weiteren, teilweise auch neuen Ausdrucksformen unseres Widerstands und Protests. Im Folgenden geht es in erster Linie darum, wie eine Demo angemeldet wird, wie eine Spontandemo funktioniert und was dabei zu beachten ist. Abschließend streifen wir auch noch das Thema Infostände.

Bei der Planung und Durchführung einer Demo (vgl. Kap. 2_3_Vor und auf Demonstrationen u. Kap. 2_9_Demonachbereitung) kommt irgendwann der Punkt, wo ihr euch entscheiden müsst, ob die Demonstration angemeldet werden soll oder auch nicht. Dabei spielen verschiedene Überlegungen eine Rolle: Was wollt ihr mit der Demo erreichen und welchen Charakter soll sie haben? Aber auch die Frage, wie die übliche Praxis in Bezug auf eine Demoanmeldung in der jeweiligen Stadt oder Region aussieht, wie also andere linksradikale Gruppen mit Anmeldungen umgehen, sollte berücksichtigt werden. Hierzu könnt ihr euch mit eurer örtlichen EA- oder Rechtshilfegruppe besprechen (vgl. Kap. 6_0_Ermittlungsausschuss).

Es gibt gute Gründe, eine Demo prinzipiell nicht anzumelden. In einigen Regionen ist es generelle Praxis, für Demos einfach zu mobilisieren, ohne sie anzumelden. Dies solltet ihr jedoch ganz genau diskutieren und durchdenken. Organisator*innen haben auch eine Verantwortung für die

Teilnehmer*innen. Es hängt bei nicht angemeldeten Demonstrationen von eurer Durchsetzungsfähigkeit oder dem „Wohlwollen“ der Polizei ab, ob ihr die Demo durchführen könnt oder eben auch nicht. Bei Teilnahmen an nicht angemeldeten Demonstrationen kann es auch zu Anzeigen gegen Einzelne – beispielsweise wegen Verstoßes gegen das Versammlungsgesetz – kommen. Bitte beachtet bei der Organisation und Durchführung von nicht angemeldeten Demos, dass seit einigen Jahren die jeweiligen Bundesländer verschiedene Versammlungsgesetze (VersG.) haben und daher auch an verschiedenen Stellen ggf. leichte Ordnungswidrigkeiten oder Straftaten begangen werden können. Ein weiterer Punkt ist, dass Genoss*innen ohne deutschen Pass auf einer nicht angemeldeten Demo stärker gefährdet sein können.

Grundsätzlich ist erst mal jede Demonstration oder Kundgebung als Versammlung erlaubt, da es bei der Anmeldung nicht um die Erlangung einer Genehmigung oder Erlaubnis von Seiten der Behörden geht. Eine Anmeldung soll lediglich die Behörden in die Situation versetzten, die „öffentliche Sicherheit“ gewährleisten zu können. Sie nehmen die Anmeldung lediglich zur Kenntnis und leiten die daraus folgenden Ereignisse wie Straßensperrungen etc. an die anderen Dienststellen weiter. Wenn die Demo von Staatsseite her nicht stattfinden soll, muss sie auf jeden Fall rechtlich begründet verboten werden. Die juristischen „Spielregeln“ für Demonstrationen – im Fachjargon „Aufzüge“ genannt – und Kundgebungen sind im Versammlungsgesetz festgeschrieben. Wie bereits erwähnt, kann sich das jeweilige Versammlungsgesetz von Bundesland zu Bundesland (erheblich) unterscheiden.

Gemeinsam ist allen Versammlungsgesetzen, dass eine öffentliche Versammlung unter freiem Himmel vor der ersten Ankündigung oder Werbung – z.B. einem Aufruf oder Plakat – bei den Behörden angemeldet werden muss. Dabei muss ein*e Versammlungsleiter*in (inkl. Anschrift) angegeben werden. Diese Person kann für spätere Verstöße gegen Gesetze und Auflagen während der Demo zur Verantwortung gezogen werden. In den meisten Bundesländern hat die Anmeldung weiterhin wenigstens 48 Stunden vor dem ersten (öffentlichen) Aufruf zu erfolgen.

Neben einer*einem Versammlungsleiter*in ist bei der Anmeldung eine Route anzugeben, die Anzahl der erwarteten Demoteilnehmer*innen einzuschätzen und das ungefähre Thema und ein geplanter zeitlicher Ablauf des „Aufzugs“ bekannt zu geben. Außerdem sind technische Ausstattungen wie Megaphone oder große Lautsprecheranlagen, die ihr für Redebeiträge oder für Musik benutzen wollt, anzugeben. Wenn ihr mindestens 50 Teilnehmer*innen angebt, ist es gängige Praxis, dass es bei der Anmeldung einer Lautsprecheranlage weniger Probleme gibt. In größeren Städten ist

meist das Ordnungsamt oder auch direkt die Polizei für Demoanmeldungen zuständig. Ansonsten könnt ihr bei der Stadtverwaltung oder dem Bürgermeister*innenamt erfahren, welche Behörde für Demoanmeldungen zuständig ist. Wenn die schriftliche Anmeldung – möglichst per Fax, dann kann ein Sendeprotokoll ausgedruckt werden – bei der zuständigen Behörde vorliegt, wird euch im besten Falle ein paar Tage vor der Demo die Bestätigung eurer Anmeldung zugeschickt. Darin wird dann die Route bestätigt. Möglicherweise werden weitere Auflagen festgelegt. Als Auflage kann z.B. angeordnet werden, dass soundso viele Ordner*innen neben der Demo herlaufen müssen, der Lautsprecherwagen nicht in dieser oder jener Straße benutzt werden darf, keine Seitentransparente erlaubt sind oder weitere Einschränkungen eurer Versammlungsfreiheit. Im schlimmsten Fall verbietet die Versammlungsbehörde eure geplante Demo vollständig, was jedoch nicht das Ende eurer Pläne darstellen muss.
In einigen Städten/Regionen versucht die Polizei, sogenannte „Kooperationsgespräche“ im Rahmen einer Demoanmeldung zu etablieren. Hierbei will die Polizei im direkten Gespräch mit der*dem Anmelder*in ihre Sicht der Dinge über die Versammlung und deren Ablauf „besprechen“. Dass hierbei nicht selten bereits der erste Druck auf Anmelder*innen ausgeübt wird, erschließt sich bereits dadurch, dass eine Nichtteilnahme am „Kooperationsgespräch“ in der Vergangenheit von einzelnen Polizeibehörden als Verbotsgrund angeführt wurde. Ihr solltet euch daher genau überlegen, ob ihr zu einem derartigen Gespräch hingehen wollt. Beachtet hierbei auch das Verhalten von anderen Anmelder*innen in eurer Region – haben sich zum Beispiel andere Gruppen entschieden, diese Gespräche zu verweigern? Generell gilt, dass niemals eine Person alleine zu einem derartigen Gespräch gehen sollte.
Ihr solltet euch im Vorfeld genau überlegen, was ihr bei einem „Kooperationsgespräch“ sagen und was ihr nicht sagen wollt. Ihr solltet euch auch darauf vorbereiten, wie ihr auf einzelne Fragen geschickt antworten könnt, ohne Informationen preiszugeben, die die Bullen nichts angehen. Auf jeden Fall solltet ihr bei einem „Kooperationsgespräch“ keine Zusagen an die Polizei machen. Besteht im Gegenzug darauf, dass ihr schnellstmöglich eine schriftliche Bestätigung eurer Anmeldung erhaltet. So habt ihr im schlimmsten Fall die Möglichkeit, gegen Verbotsverfügungen oder unverhältnismäßige Auflagen gerichtlich vorzugehen. Manchmal kann es hilfreich sein, schon während der Vorbereitung einer Demo eine*n Rechtsanwält*in hinzuzuziehen.

Und so könnte eine Demoanmeldung aussehen:

> Fritz Franziska Fuchs
> Bauwagenplatz 45
> 22222 XY-town
>
> An das Ordnungsamt/ Polizei XY-town
> Abteilung 0815
> 22222 XY-town
>
> Betrifft: Demoanmeldung
> Hiermit melde ich, Fritz Franziska Fuchs, eine Demonstration in XY-town an. Thema der Versammlung ist die globale atomare Bedrohung. Die Demonstration findet am Samstag, dem 04.08.2016 in der Zeit von 10.30 bis 15.00 Uhr statt. Die geplante Route entnehmen Sie dem beigefügten Stadtplan. Erwartet werden ca. 300 Demoteilnehmer*innen. Ab ca. 13.30 Uhr wird auf dem Marktplatz eine Abschlusskundgebung mit Lautsprecherwagen durchgeführt.
>
> XY-town, den 25.03.2016
>
> Unterschrift

Bei größeren Demos ist es sinnvoll, die Anmeldung möglichst früh abzugeben. Andernfalls könnten die Behörden versuchen, mit der Begründung, die Anmeldung wegen der knappen Zeit nicht prüfen oder den Verkehr nicht regeln zu können, die Demo zu verbieten. Juristisch betrachtet, darf erst nach Anmeldung für die Demo öffentlich geworben werden. Bei landes- oder bundesweiten Demonstrationen ist die Mithilfe einer*eines Rechtsanwält*in zu empfehlen. Ihr solltet einen Rechtsbeistand auch immer dann einschalten, wenn eine Demonstration nicht genehmigt wird oder unverhältnismäßige Auflagen erteilt werden. Dann hilft neben der eigenen Durchsetzungskraft nur noch der Gang zum Verwaltungsgericht, um eine Demonstration durchzusetzen. Generell empfehlen wir, Verbote und total abwegige Auflagen nicht einfach zu akzeptieren, sondern auf verschiedenen Ebenen einen Umgang damit zu finden.
Noch einige Anmerkungen zu den Anmelder*innen: Weil diese ziemlichen Ärger bekommen können, ist es bei der Durchführung einer Demonstration unbedingt notwendig, dass die Demonstration am Ende offiziell für beendet erklärt wird. Als aufgelöst gilt eine Demo, wenn die*der Anmelder*in dies durch den Lautsprecherwagen oder per Megaphon

bekannt gibt. Damit ist die anmeldende Person auch aus der juristischen Verantwortung raus. Leute, die diese Aufgabe übernommen haben, sollten sich nach der Beendigung mit dem Lautsprecherwagen vom Ort des weiteren Geschehens entfernen, um nicht mehr für mögliche Aktionen aus dem Teilnehmer*innenkreis verantwortlich gemacht werden zu können. Außerdem solltet ihr euch vorher im Vorbereitungskreis genau überlegt haben, ob es Situationen gibt, in denen es notwendig sein könnte, die Demo vorzeitig offiziell zu beenden. Bedenkt hierbei auch mögliche rechtliche Konsequenzen (z.B. Verstoß gegen das Versammlungsgesetz) für die Demo-Teilnehmer*innen und insbesondere für Menschen ohne deutschen Pass und sorgt für deren Schutz.
Um es nochmals deutlich zu sagen: Wir raten hier nicht explizit dazu, sich immer den restriktiven Regularien einer Demoanmeldung zu unterwerfen. Diskutiert im Einzelfall euer Vorgehen und holt euch auch bereits im Vorfeld einen Rat bei der lokalen bzw. regionalen Rechtshilfestruktur ein.

Spontandemo

Eine besondere Form der Demonstration stellt die Spontandemonstration dar. Sie kann eigenständig sein oder sich im Anschluss an eine aufgelöste Demonstration bilden. Im zweiten Fall darf sie nicht offensichtlich die bloße Fortsetzung der ursprünglichen Demo sein, da dies sonst negative Konsequenzen für die*den Anmelder*in nach sich ziehen kann.
Eine Anmeldung innerhalb einer bestimmten Frist ist für Spontandemos nicht möglich und nötig, da es sich um eine kurzfristige oder spontane Versammlung handelt. Das Wort „spontan“ legt es schon nahe, dass es sich bei dem Demoanlass um einen kurzfristig eingetretenen handeln sollte. Es reicht also nicht aus, euch auf das Recht einer Spontandemo zu berufen, wenn ihr für euch festlegt, im kommenden Juli eine Demo gegen das christliche Weihnachtsfest machen zu wollen.
Juristisch gesehen sind Spontandemonstrationen entweder eine „Eilversammlung“ oder eine „Spontanversammlung“. Eine Eilversammlung ist kurzfristig geplant, und im Prinzip muss eine verantwortliche Person vor Ort bei den Bullen angegeben werden. Darauf solltet ihr euch aber nur im äußersten Notfall einlassen. Spontanversammlungen sind dagegen ungeplant und entstehen eher aus einer konkreten Situation heraus. Diese haben dann folglich auch keine verantwortliche Person.
Wichtig für Spontandemonstrationen ist, dass ihr euch schon vorher überlegt, wie ihr auf die Polizei reagieren wollt. Was macht ihr, wenn diese euch beispielsweise nicht loslaufen lässt oder eine verantwortliche Person haben will, die dann die Demo vor Ort anmeldet? Diese Person kann

dann den ganzen Ärger im Nachlauf abbekommen. Hin und wieder macht die Polizei auch einzelne zu Verantwortlichen. Achtet daher darauf, nicht zu offensichtlich Funktionen (z.B. Megaphon, wildes Gestikulieren) innerhalb einer spontanen oder nicht angemeldeten Versammlung zu übernehmen. Was für „normale“ Demonstrationen über das Auflösen gesagt wurde, gilt natürlich genauso für Eilversammlungen mit einer*einem Anmelder*in. Spontanversammlungen müssen nicht aufgelöst werden, da sie keine*n Anmelder*in haben.

Infostand

Um einen Infostand öffentlich aufstellen zu dürfen, bedarf es im Gegensatz zu einer Demo einer echten Genehmigung. Wenn der Stand im öffentlichen Raum, z.B. in der Innenstadt, aufgebaut werden soll, ist für die Genehmigung das Ordnungsamt zuständig. Es erteilt euch dann eine „Sondernutzungserlaubnis“. Bei privaten Flächen wie Uni oder Einkaufscenter-Parkplatz muss bei den entsprechenden Verantwortlichen oder der*dem Besitzer*in der Standfläche nachgefragt werden.
Für öffentliche Stände muss im Regelfall die Anmeldung 14 Tage vorher bei der Behörde vorliegen. Darin muss ein Thema angegeben werden. Am besten haltet ihr das so vage wie möglich, z.B. „Eine Welt“ oder „Umweltschutz“. Außerdem muss der Ort, das Datum, die Uhrzeit und die Größe des benötigten Platzes, z.B. ein Tapeziertisch, genannt werden. Für den Infostand erhaltet ihr dann eine „Sondernutzungsgenehmigung“, die ihr bei einer Kontrolle durch Bullen oder Ordnungsamt vorzeigen müsst. Oft kostet diese Genehmigung etwas Geld.
Damit nichts schief geht, ist es schlau, ein paar Tage nachdem der Brief an das zuständige Amt rausgegangen ist, dort anzurufen und nachzuhaken. So könnt ihr sicherer planen und einer Willkür entgegenwirken. Bestimmte Auflagen, was das Thema oder die ausliegenden Flugis, Bücher oder Broschüren angeht, darf die Behörde nicht machen. Allein der Ort führt manchmal zu Streitigkeiten. Lasst euch nicht in die letzte Ecke verbannen! Soll es an dem Stand Kaffee und Kuchen oder andere Lebensmittel geben, ist es ratsam, dass sich eine Person mit einem Gesundheitszeugnis in Standnähe aufhält. Oft finden sich diese Leute in Initiativen, Vereinen oder in befreundeten Kneipen. Für Mahnwachen, Straßenfeste etc. gelten ähnliche Bedingungen.
Sollte es doch Ärger mit der Anmeldung eines Infostandes geben, so habt ihr natürlich auch die Möglichkeit eine Versammlung in Form einer Demo/Kundgebung auf öffentlichen Plätzen durchzuführen. Diese zu untersagen, ist für die Behörden erheblich schwerer.

2_3_Vor und auf Demonstrationen

Die hier gegebenen Tipps und rechtlichen Hinweise erwecken vielleicht den Eindruck, dass jede Demonstration ein Ereignis ist, nach dem du erst mal eine Woche Urlaub brauchst. Das ist natürlich nicht so. Unsere Tipps sollen dich auf ein mögliches Demogeschehen vorbereiten (vgl. Kap. 2_4_ Ruhig Blut!). Selbst eine gemütliche „Latschdemo“ am Sonntagnachmittag kann schließlich eine unerwartete Wendung nehmen. Deswegen konzentrieren wir uns hier auch eher auf die Demos, bei denen nicht alles so „easy“ ist. Es ist sinnvoll, sich im Vorfeld einer Demonstration mit möglichst vielen Eventualitäten auseinanderzusetzen. Wenn dann alles locker verläuft, hast du eine schöne Zeit gehabt. Wenn nicht, bist du vorbereitet. Für jede Form von Demonstration – außer der „Spontandemo“ – sollte es Vorbereitungstreffen geben. Hier unterscheiden wir zwischen dem „internen“ Vorbereitungstreffen, das im Kreise der Leute stattfindet, die eine Demonstration initiieren, und „öffentlichen“ Vorbereitungstreffen/Mobilisierungsveranstaltungen in verschiedenen Städten, welche mit potentiellen Demonstrationsteilnehmer*innen stattfinden.

Vorbereitungstreffen

Wenn ihr selbst die Idee habt, eine Demo zu organisieren, solltet ihr euch mit vertrauten und „kompetenten“ Leuten aus eurer Stadt bzw. Region verlässlich zu einer Vorbereitungsgruppe zusammenschließen. Es ist von Vorteil möglichst frühzeitig mit den Planungen zu beginnen, denn es gibt viele inhaltliche Fragen und organisatorische Aufgaben zu bedenken und zu diskutieren, die sich mitunter nicht schnell klären lassen:

- Anlass und Ziel der Demo
- Politische Schwerpunktsetzungen
- Wer soll noch einbezogen werden?
- Verfassen eines Aufrufs, ggf. Werbung um Unterstützer*innen
- Demoroute und Kundgebungsorte
- Mögliche Redebeiträge
- Aktionsformen auf der Demo, z.B. Performance, Musik, Verkleidung, Mal-Aktionen, Aufteilung in Blöcke (FLTI-Block, Black-Block etc.)
- Entscheidungs- und Kommunikationsstrukturen (z.B. Deli-Prinzip)
- Verhalten bei Nazi- oder Bullenangriffen
- Anmeldung, Verantwortlichkeiten vor Ort

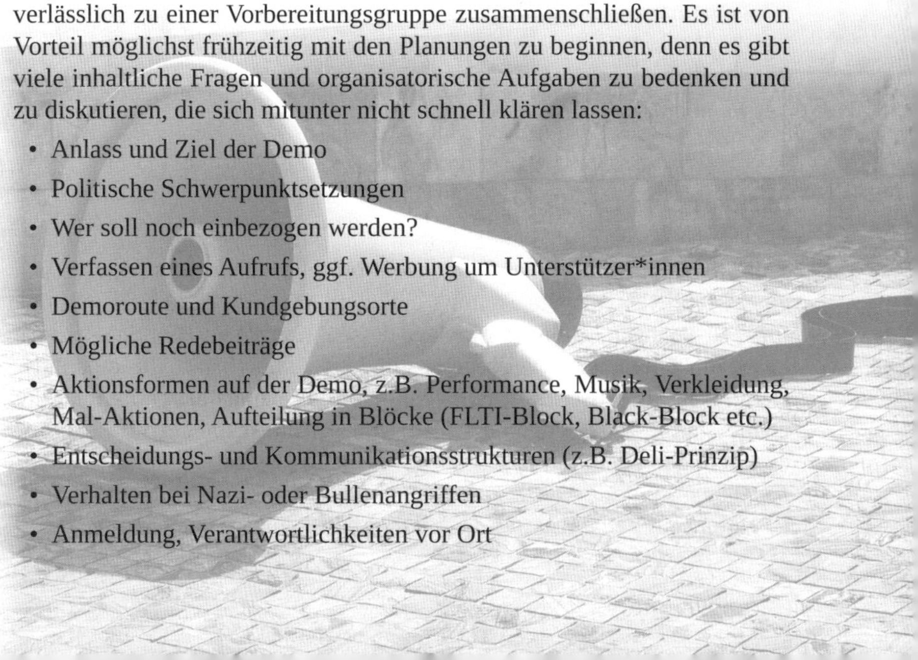

- Presse- und Öffentlichkeitsarbeit
- Organisation von Infrastruktur wie z.B. Lauti, Transparente, Flyer, Parolen, Demo-Sanis
- Bereitstellung eines Infotelefons mit Meldestruktur
- Absprachen mit dem Ermittlungsausschuss

Mobilisierungsveranstaltung

Erst wenn alles einigermaßen „steht“, solltet ihr damit anfangen, (szene-) öffentlich zu mobilisieren. Je nachdem wie groß der Einzugsbereich ist (lokal, regional, bundesweit, international), solltet ihr überlegen, an welchen Orten ihr Werbung sinnvoll findet und wen ihr ggf. konkret zu den Mobilisierungsveranstaltungen einladet. Es empfiehlt sich, Leute vor Ort dafür anzufragen, in ihren Städten oder Zentren diese Veranstaltungen für euch zu organisieren. Sie wissen am besten, wen sie dort ansprechen und einladen sollten. Ihr könnt dann als „Gäste“ über den politischen Hintergrund der Demo, über Technik (z.B. Demoroute, EA-Nummer, Infotelefon) sowie über eure Erfahrungen mit den Bullen und der Justiz in eurer Stadt/Region informieren. Die Leute vor Ort haben auf dieser Grundlage die Möglichkeit, Absprachen zu An- und Abreise, Ausrüstung oder Aktionsformen zu treffen.
Das, was ihr erzählt, sollte gut überlegt sein. Bei allem Vertrauen in die Leute vor Ort könnten sich schließlich doch Zivibullen, V-Leute oder Aktivist*innen, die gerne quatschen, im Publikum befinden. Gebt daher auf den Mobilisierungsveranstaltungen so wenig wie möglich Einblick in eure Vorbereitungsstruktur und eure internen Diskussion und sprecht dabei wenn möglich nicht über illegalisierte Praxis.

Du willst an einer Demonstration teilnehmen

Sofern du planst, an einer Demonstration teilzunehmen, ist der Besuch einer Mobilisierungsveranstaltung eine gute Möglichkeit, um an wichtige Infos zu gelangen. Auf der Grundlage dessen, was die Vorbereitungsgruppe zu erzählen hat, kannst du dir bereits im Vorfeld überlegen, was du auf der Demo machen willst. Es ist immer sinnvoll, dir bereits einige Zeit vor der Demo eine Bezugsgruppe zu suchen, mit der du Absprachen triffst. Hast du Leute gefunden, mit denen du dir vorstellen kannst, an der Demo teilzunehmen, solltet ihr euch in Ruhe zusammensetzen und euch über Ziele, Erwartungen, Verhaltensweisen und mögliche Szenarien unterhalten.

Das Wichtigste an einer Bezugsgruppe ist, dass ihr euch aufeinander verlassen könnt. Sprecht offen über eure Ängste und versucht, einen gemeinsamen Umgang damit zu finden. Mindestens ein*e Delegierte*r sollte zu einem Vorbereitungstreffen bzw. einer Mobilisierungsveranstaltung gehen. Hier könnt ihre eure Fragen klären und Näheres über das Konzept und den Charakter der Demonstration, eine Einschätzung der Polizeitaktik und Weiteres im Vorfeld der Demo in Erfahrung bringen. Nach dem Vorbereitungstreffen solltet ihr euch in der Bezugsgruppe besprechen und letztlich auch entscheiden, ob und wie ihr euch an der Demonstration oder Aktion beteiligen wollt.
Im Folgenden findest du eine Liste von Fragen, die euch bei der Vorbereitung behilflich sein können. Je häufiger ihr in derselben Gruppe unterwegs seid, desto schneller sind auch die jeweiligen Punkte in deiner Bezugsgruppe abgesprochen. Im Zweifelsfall solltet ihr euch lieber einmal mehr die Zeit für Diskussionen nehmen, als später unvorbereitet vor blöden Situationen zu stehen. Klassische Fragen sind:

- Was erwartet ihr von der Demonstration?
- Was könnt ihr euch vorstellen, dort zu machen und was nicht?
- Was wollt ihr mitnehmen und was nicht?
- Besprecht auch eure Ängste und diskutiert die Möglichkeiten, die sich daraus für die Bezugsgruppe ergeben. Wie könnt ihr als Gruppe Ängste auffangen? Zum Beispiel: Eine Person muss oder will früher aus einer konkreten Situation gehen.
- Trefft klare Absprachen über einen Treffpunkt vor und nach der Demo.
- Bedenkt, dass eventuell mit Vorkontrollen zu rechnen ist. Überlegt euch, wie ihr mit solchen Situationen umgehen wollt und wie ihr euch in diesem Fall mit anderen Bezugsgruppen koordinieren könnt.
- Überlegt euch, wo genau, z.B. in welchem Block der Demonstration, ihr mitgehen wollt. Beachtet hierbei auch die Konzepte und Wünsche der organisierenden Gruppen, z.B. einen bestimmten Block am Anfang der Demonstration.
- Habt ihr Kinder dabei?
- Wie gestaltet sich die Anreise? Gibt es zum Beispiel eine gemeinsame Anreise mit anderen Gruppen oder Städten?

Es ist immer sinnvoll, nicht allein zum Auftaktort zu gehen, ebenso sollte die Veranstaltung auch gemeinsam wieder verlassen werden. Da die Polizei auch gerne mal nach einer Demonstration noch Gefangene macht, ist es besser, wenn du dann nicht allein durch die Gegend zuckelst. Bei

Demonstrationen gegen Naziaktivitäten gilt dies noch mal mehr wegen der herumstreunenden Neonazis.
Wenn die Demo in eurer Stadt stattfindet, kann es nötig sein, Aufgaben zu übernehmen, z.B. Schutz für den Lautsprecherwagen, Transparente malen, Flugblätter verteilen, Melder*innen, Ordner*innen oder „erste Reihe“ zu machen. Die Aufgaben im Einzelnen wären dann mit den Organisator*innen und auf dem entsprechenden Vorbereitungstreffen abzusprechen.
Falls die Veranstaltung nicht in eurer Stadt stattfindet, seht zu, dass ihr euch vorher mit den örtlichen Gegebenheiten vertraut macht. Gut ist es, wenn es euch möglich ist, einen Tag vor der Aktion anzureisen. Dann habt ihr Zeit genug, in der fremden Stadt einen ausgedehnten Spaziergang zu machen. Besorgt euch unbedingt einen Stadtplan oder zumindest einen weitläufigen Ausschnitt davon. Dein privates Smartphone ist auf jeden Fall keine gute Alternative zu einem Stadtplan, denn es verarbeitet Informationen, die du nicht unter Kontrolle hast (vgl. Kap. 4_0_Überwachung). Stell dir zudem vor, dein teures Smartphone geht in einer Auseinandersetzung mit Nazis oder der Polizei verloren oder gerät schlimmstenfalls in deren Hände.
Wenn ihr zu einer Demonstration in einer anderen Stadt fahrt, informiert euch auch über die lokale linke Infrastruktur und Anlaufstellen. Prägt euch die entsprechenden Straßennamen ein. Leider macht es auch Sinn, sich über die Adressen von Polizeiwachen, Gefangenensammelstellen (GeSa) und Krankenhäusern zu informieren. Sollte jemand aus eurer Bezugsgruppe einfahren und unter Umständen erst mitten in der Nacht wieder rauskommen, ist es am besten, im Vorfeld abgemacht zu haben, wo ihr euch dann trefft, um gemeinsam nach Hause zu fahren. Wenn es keine örtliche linke Infrastruktur gibt, die die Leute bei der GeSa abholt, müsst ihr euch selbst darum kümmern. Macht euch eine Checkliste, mit deren Hilfe ihr vor der Abfahrt noch mal überprüft, ob ihr alles Nötige dabei und Überflüssiges oder Belastendes zu Hause gelassen habt.

Was du mitnehmen solltest

Auf jeden Fall solltet ihr mitnehmen:

- Personalausweis oder Reisepass
- Geld für eventuelle Fahrten mit dem öffentlichen Nahverkehr
- Verpflegung/Geld für Verpflegung
- Geld für den Fall, dass ihr eure Rückreise spontan anders organisieren müsst, beispielsweise wenn die einzige Person mit Fahrerlaubnis in der GeSa bleiben muss oder ihr eure Bezugsgruppe verliert

- Medikamente, die du regelmäßig brauchst – auch im Hinblick auf einen eventuell etwas längeren Aufenthalt auf der Polizeiwache. In einigen Bundesländern können dies auch schnell mal einige Tage sein.
- Zettel und Stift
- EA-Telefonnummer, die ihr am besten irgendwo auf die Haut schreibt, wo sie nicht durch Schwitzen oder „starken Abrieb“ verschwindet. Das gleiche gilt für die öffentliche Infotelefonnummer.
- Eventuell ein kleines Sanipaket mit Spülflasche für Pfefferspray/CS-Gas, Verbandszeug, Traubenzucker, vegane Schokolade und Kopfschmerztabletten

Was auf jeden Fall zu Hause bleibt

- Kalender
- Adressbücher
- Jegliches politisches Material, das nichts mit der Demo zu tun hat
- Wenn du ein Handy hast und es auf die Demo mitnehmen musst, weil du z.B. Melder*in oder Ordner*in bist, oder ihr es in eurer Gruppe für notwendig erachtet, jederzeit miteinander telefonieren zu können, musst du auf jeden Fall alle gespeicherten Rufnummern und Anruflisten löschen! Nur die Telefonnummern der öffentlich bekannten Infrastruktur dürfen gespeichert sein. Bedenke auch, dass mit der Wahlwiederholung deine letzten Anrufe bekannt werden. Wenn du nicht gerade telefonierst oder in Bereitschaft dafür sein musst, entferne den Akku aus dem Telefon! Nur das schützt davor, abgehört zu werden und davor, eine Datenspur zu hinterlassen. Ein privates Handy hat auf einer Demonstration nichts zu suchen. Beachte, in einigen Bundesländern hat die Polizei flächendeckend die Handydaten der Demo-Teilnehmer*innen ausgeforscht.
- Drogen aller Art haben auf Demos und allen anderen politischen Aktionen nichts zu suchen.
- Gleiches gilt für Hunde und Fahrräder – außer, es handelt sich um eine Demonstration gegen die Erhöhung der Hundesteuer oder eine Fahrraddemo.
- Auf Schmuck solltest du wegen der Verletzungsgefahr bei Rangeleien mit den Bullen verzichten. Bedenke auch, dass Reizgas auf Fettcremes, Make-Up oder ähnlichem besonders gut haftet. Auch sollte, wenn möglich, auf Kontaktlinsen verzichtet werden.
- Deine Klamottenwahl hängt in erster Linie davon ab, in welchen Sachen du dich am wohlsten fühlst. Du solltest aber trotzdem im Kopf

behalten, dass du unter Umständen rennen können musst und dass ein besonders auffälliges Outfit schnell von Bullen wiedererkannt werden kann. Mögliche Wetterumschwünge sollten auch in Betracht gezogen werden. Manchmal ist es auch sinnvoll, Wechselklamotten dabei zu haben, z.B. wegen Wasserwerfern, Pfeffer-Spray oder CS-Gas. Wechselklamotten können auch eine Wiedererkennung durch die Polizei erschweren.

- Während der Demo mit einem Rucksack rumzulaufen ist nicht unbedingt sinnvoll, da die Bullen dich daran festhalten können. Ihr solltet euch in der Gruppe Gedanken hierzu machen. Personen mit Rucksäcken sollten auf jeden Fall nicht am Rande einer Demo, sondern eher mittig laufen. Ihr solltet euch vorher in der Gruppe Gedanken machen, ob und wenn ja, wie viele Rucksäcke wirklich benötigt werden.
- Lerne die Daten (Namen, Geburtsdatum, Meldeadresse) deiner Mitstreiter*innen auswendig, um sie im Notfall dem EA weitergeben zu können. Es ist auch unumgänglich, dass ihr untereinander über spezielle Handicaps informiert seid, wenn also welche von euch regelmäßig Medikamente benötigen oder Erkrankungen haben, die eine besondere Beachtung erfordern, wie zum Beispiel Epilepsie, Diabetes oder Asthma. Diese Informationen sind auch für den EA wichtig.

Vieles, was sich auf Demos und bei Aktionen als nützlich erwiesen hat, wird von der Polizei und der Justiz kriminalisiert. Es liegt bei den einzelnen Beamten vor Ort, was sie durchgehen lassen und was nicht. Bevor ihr z.B. mit einem Auto zu einer Demonstration oder Aktion fahrt, ist es sinnvoll, dass ihr das Auto „aufräumt" und von kriminalisierbarem Material säubert. Das Kampfsport-Equipment vom letzten Training kann euch in Vorkontrollen ganz anders ausgelegt werden. Gleiches kann euch auch mit dem Werkzeug, welches ihr für eure Jobs oder den letzten Umzug eines Freundes oder einer Freundin gebraucht habt, passieren. Im Allgemeinen solltet ihr im Auto nur die Dinge mitführen, die ihr gemeinsam besprochen habt. Generell gilt, dass möglicherweise kriminalisierbares Material niemals einer konkreten Person zugeordnet werden sollte. Denkt auch an Fahrzeugpapiere, Fahrerlaubnisse sowie das, was von der Straßenverkehrsordnung (StVO) vorgeschrieben wird, z.B. Warndreieck, Sicherheitsweste und Verbandskasten. Das Warndreieck und der Verbandskasten liegen vor den Füßen der*des Beifahrer*in, um es im Falle einer Vorkontrolle direkt griffbereit zu haben.

Macht euch auch Gedanken darüber, wo ihr parken wollt. Unvorsichtig ist es auf jeden Fall, euer Auto in der Nähe einer Polizeiwache oder eines ausgewiesenen Neonazi-Parkplatzes abzustellen. Klärt dieses Problem schon im Vorfeld der Anreise. Häufig ist es gut, dort zu parken, wo auch andere

Teilnehmer*innen der Demo parken. Das hat unter Umständen den Vorteil, dass ihr so mit Gleichgesinnten zum Auftaktort gehen könnt und am Ende der Demo eben auch nicht allein den Rückweg antreten müsst. Andererseits hat euch die Polizei dann auch gleich auf einem Haufen. Wenn du die Örtlichkeiten kennst, kann es manchmal auch sinnvoll sein, dich mit anderen für die öffentlichen Verkehrsmittel zu verabreden.

Vorkontrollen

Macht euch im Vorfeld auch Gedanken darüber, wie ihr vorgehen wollt, wenn Einzelne unter Umständen gar nicht bis zur Demonstration kommen, weil sie von den Bullen in den Vorkontrollen nicht durchgelassen werden. Das kann z.B. Leute mit laufenden Strafverfahren oder Eintragungen in der sogenannten „LiMo"-Datei („links motivierte Gewalttäter") betreffen. Vorkontrollen bedeuten nicht nur, mit dem Auto in eine Polizeisperre zu geraten, sondern auch, dass du von der Polizei angehalten werden kannst, wenn du zu Fuß zur Demo gehst. Ebenso kann es sein, dass die Cops bereits auf dem Platz stehen, von dem aus die Demonstration starten soll. Sie dürfen dich streng genommen nur nach Gegenständen durchsuchen, die auf einer Demo verboten sind (Waffen, Vermummung etc.). Erst wenn sie bei dir etwas finden, dürfen sie auch die Personalien erheben. Im Regelfall halten sie sich nicht daran und versuchen, deinen Personalausweis ohne Anlass zu kontrollieren. Hierfür gibt es eigentlich keine rechtliche Grundlage, da du das Recht hast, anonym an einer Versammlung teilzunehmen (vgl. Kap. 3_3_Kontrollen und Durchsuchungen).

*Am Auftaktort –
Auf der Demonstration*

Wenn der Auftaktort erreicht ist, fragt, ob es neue Informationen gibt, die für euch relevant sind. Achtet auf die Durchsagen vom Lauti. Verschafft euch einen Überblick über das Geschehen: Was für Leute gehen um euch herum? Was macht die Polizei? Beobachte vor allem auch dich und wie es dir geht! Ist die Situation okay für dich? Wenn sie es nicht ist, informiere deine Gruppe darüber und überlegt gemeinsam, wie das zu ändern ist. Achte auch darauf, dass es den anderen aus deiner Bezugsgruppe gut geht. Macht lieber Abstriche von euren Vorhaben, als dass eine*r aus deiner Bezugsgruppe stundenlang mit dem Gefühl der Überforderung herumlaufen muss.

Wenn eine Person aus eurer Bezugsgruppe die Demonstration verlassen muss, sollte diese nie allein gehen müssen. Auch hier helfen Absprachen

im Vorfeld. Eine anstrengende oder sogar angstbeladene Situation lässt sich besser aushalten oder überwinden, wenn vorher unter euch klar ist, dass es nicht „uncool“ ist, sich zurückziehen zu wollen, und mensch dann auch nicht allein gelassen wird oder den anderen „den Spaß verdirbt“.
Einhaken untereinander – also Ketten bilden – kann für die Struktur der Demo wichtig sein. Es macht den Bullen ggf. auch deutlich, dass sie nicht so einfach in die Demonstration einbrechen und Einzelne herausziehen können. Zivile Polizist*innen oder Provokateur*innen können so schwerer in die Demo eingeschleust werden. Behaltet den Anschluss an die vor euch Gehenden. Damit wird es für die Bullen schwieriger, Teile der Demo abzuspalten. Transparente und Seile, die vor und an den Seiten der Demo getragen werden, verstärken die Geschlossenheit. Transpis sind zudem ein prima Sichtschutz vor unerwünschten Fotograf*innen und filmenden Personen. Genau deshalb wird das Tragen von Seilen und Seitentransparenten leider von der Polizei mittels Auflagen immer öfter untersagt.

Dokumentation der „Gegenseite“

Maßnahmen, die dazu geeignet sind, die Identifikation deiner Person zu verhindern oder erschweren – ob Pappnase, angeklebter Rauschebart oder die Kombination von Halstuch, Cap und Sonnenbrille – sind nach den Versammlungsgesetzen verboten (Vermummungsverbot). Wenn sich Menschen darüber hinwegsetzen, nimmt die Polizei das gern zum Anlass, gegen die gesamte Demonstration vorzugehen. Deshalb ist es sinnvoll, sich im Vorfeld auf Vorbereitungstreffen oder auf Mobilisierungsseiten im Internet über den gewünschten Charakter der Demonstration zu informieren. Bist du die einzige vermummte Person, hat die Polizei dich auch schnell identifiziert und du gefährdest dich und eventuell auch die gesamte Demonstration. Nahezu jede Demonstration – unabhängig davon, ob Anti-Atom, Antifa oder Studi-Demo – wird mittlerweile abgefilmt und fotografiert, auch wenn dies meist gar nicht zulässig ist. Die Polizei fährt hierfür jede Menge Dokumentationstrupps auf, um sich Beweismaterial zu verschaffen und Zusammenhänge von politisch aktiven Menschen auszuspähen. Dazu wird auch oft das Foto- und Film-Material von „unabhängigen“ Journalist*innen und von Demoteilnehmer*innen selbst herangezogen (vgl. Kap. 2_3_Vor und auf Demonstrationen (Movement statt Movies)). Auch der Staatsschutz ist an diesem Material interessiert.
Als Versammlungsleiter*in kannst du versuchen, die Einsatzleitung der Polizei dahingehend zu beeinflussen, dass sie mit dem Filmen aufhören. Die Polizei darf nur unter bestimmten Bedingungen eine Demonstration mit Kameras überwachen und daran muss sie durch uns immer wieder

erinnert werden. Darüber hinaus greift die Polizei notfalls auch auf Material von fest installierten Kameras, die Videoüberwachung von Banken, Konsulaten und so weiter zurück.
Wenn du feststellst, dass sich Fotograf*innen – egal welcher Art – am Rand der Demo bewegen, mach deine Freund*innen darauf aufmerksam! Das gibt euch und anderen die Chance, wenigstens den Kopf zur anderen Seite zu drehen, und ist besser, als gar nicht zu reagieren.

Hier noch ein Hinweis zum Thema „Anti-Antifa" bzw. Neonazi-Fotograf*innen: Längst fotografieren Neonazis nicht mehr nur ausschließlich Leute, die am Rand von Naziaufmärschen protestieren, sondern auch bei „unseren" Demos, die eventuell thematisch gar nichts mit Nazis zu tun haben. Die sogenannten Anti-Antifa-Fotograf*innen bewegen sich möglichst unauffällig im Umfeld von Demonstrationen, um Informationen über Personen und Zusammenhänge zu erhalten und zu dokumentieren. Das von ihnen ausspionierte Spektrum reicht von autonomen Strukturen bis hin zu etablierten Parteien oder Gewerkschaften. Anti-Antifa-Fotograf*innen versuchen sich in ihrer Kleidung und von ihrem Verhalten her, „unseren" Strukturen anzupassen. Deshalb ist es nicht immer einfach, sie zu erkennen. Wenn ihr davon ausgeht, dass bei einer Demo oder Protestveranstaltung mit Anti-Antifa-Fotograf*innen zu rechnen ist, lohnt es sich in jedem Fall, vorher einen Blick in einschlägige Antifazeitungen wie das Antifaschistische INFO-Blatt, den Rechten Rand oder die jeweiligen Antifa-Regionalzeitungen zu werfen: Oft genug findet ihr dort Fotos, die euch weiterhelfen können.
Wenn du meinst, Anti-Antifa-Fotograf*innen erkannt zu haben, schnapp dir ein paar Leute und gebt ihnen zu verstehen, dass sie nicht erwünscht sind, oder informiert umgehend die Demoleitung. Sorgt dafür, dass das aufhört. Es ist extrem wichtig, darauf zu achten, dass der Film/die Speicherkarte vernichtet wird! Versucht auch, rauszubekommen, ob diese

Person(en) noch mehr volle Filme/Speicherkarten dabei haben und zerstört diese im Idealfall ebenfalls. Wenn die Situation nur eine Konfrontation auf einem niedrigen Level zulässt: Geht offensiv auf die Leute zu und fragt danach, für welches Medium sie arbeiten oder lasst euch einen Presseausweis zeigen. Anti-Antifa-Fotograf*innen mögen es gar nicht, aus der Anonymität gerissen zu werden! Ihr könnt natürlich auch versuchen, befreundeten Fotograf*innen Bescheid zu sagen und die Neonazis damit zu vertreiben bzw. sie von ihnen fotografieren zu lassen.

Du beobachtest eine Festnahme

Wenn du eine Festnahme beobachtest, versuche den Namen, Geburtsdatum und Meldeadresse der verhafteten Person in Erfahrung zu bringen. Notiere die Uhrzeit, die Örtlichkeit und, wenn möglich, die Nummer der Polizeieinheit. Ruf den Ermittlungsausschuss an. Beachte hierbei, dass du dir sicher sein solltest, dass die Person tatsächlich festgenommen wird und nicht nur unter Umständen in einer langwierigen Personalienkontrolle hängt. Achte daher genau darauf, was mit der Person passiert. Verfrachtet die Polizei sie tatsächlich in ein Polizeifahrzeug, damit die Person abtransportiert werden kann, oder werden „nur“ die Personalien aufgenommen? Wenn du dann den EA anrufst, wird das Telefon des EA mit an Sicherheit grenzender Wahrscheinlichkeit abgehört. Es ist überflüssig, den eigenen Namen zu nennen und ihn damit indirekt auch an die Bullen oder den Verfassungsschutz weiterzugeben. Lass den EA den Verlauf des Gesprächs führen, die Leute am anderen Ende der Leitung wissen, welche Informationen sie benötigen und werden dich ggf. danach fragen. Greife auch erst zum Telefon, wenn du relativ sicher sein kannst, dass die Festgenommenen weggefahren und die Situation für dich sicher ist. Sofern du mitbekommst, dass Festgenommene misshandelt werden oder medizinische/psychologische Unterstützung benötigen: Greif ein! Versuch noch mehr Leute zusammen zu bekommen. Manchmal ist in solchen Fällen auch die Presse nicht schlecht. Die Bullen lassen ihre Brutalität ungern ablichten.

Du wirst festgenommen...

...und hast – logisch! – vorher die Kapitel „Freiheitsentziehende Maßnahmen“ (Kap. 2_8_), „Kontrollen und Durchsuchungen“ (Kap. 3_3_) und „ED-Behandlung“ (Kap. 3_4_) sowie „Das Schnellverfahren“ (Kap. 3_8_), „Aussageverweigerung“ (Kap. 1_2_) und alle anderen gelesen, die noch zu diesem Komplex gehören.

Nach der Entlassung

Melde dich bitte schnellstmöglich beim EA, damit dieser Bescheid weiß, dass du wieder draußen bist. Säßen alle, die sich im Laufe der Jahre bei den EAs nicht als „wieder frei“ gemeldet haben, tatsächlich noch im Knast, wäre die linke Szene sicher nur halb so groß wie sie es tatsächlich ist. Dieser Anruf ist nicht nur wichtig, damit auch der EA Feierabend machen kann, sondern auch, damit die Rechtsanwält*innen nicht weiter im Knast oder bei Gericht nach dir suchen, damit der Shuttle-Service von der GeSa zum Autonomen Zentrum eingestellt werden kann und alle zusammen feiern oder nach Hause fahren können.

Der Weg nach Hause

Wenn die Demo zu Ende ist und du nun nach Hause willst, versuche nicht allein zu gehen. Es kann auch auf dem Nach-Hause-Weg zu Konfrontationen mit der Polizei oder auch Nazis kommen. Du solltest mit deiner Bezugsgruppe solange zusammen bleiben, bis ihr euch gemeinsam sicher seid, dass nun für keine*n mehr eine Gefahr besteht. Solange noch eine diffuse Gefahr möglicher Konfrontationen besteht, solltet ihr auch die Finger von Drogen lassen. Fertige, wenn nötig, ein Gedächtnisprotokoll an, beispielsweise von Polizeiübergriffen, der eigenen oder von dir beobachteten Festnahmen und gib es der lokalen Rechtshilfe (vgl. Kap. 2_10_Gedächtnisprotokolle).

Movement statt movies!

Grundsätzlich sind wir der Ansicht, dass auf Demos und Aktionen viel zu viel und zum Teil sinnlos gefilmt und fotografiert wird. Kaum jemand achtet darauf, dass die Aufnahmen negative Konsequenzen für die abgebildeten Personen haben können. Es werden sämtliche Sicherheitshisnweise vergessen und Aktivist*innen gefährdet.

Statt dessen steht das krasseste Motiv für die private Fotosammlung, den Facebookaccount oder den Indymediaartikel im Mittelpunkt. Solche Bilder sind Angeberei und völlig fehl am Platz.

Sie eignen sich hervorragend als Fahndungshilfe oder Beweismittel. Auch wenn Leute aus gut gemeinter Absicht Bullenübergriffe fotografieren oder filmen wollen, lassen sie außer Acht, dass auf diesen Bildern Demonstrant*innen sind, die sich vielleicht gerade gegen diese Übergriffe zur Wehr setzen.

Andere vergessen, dass die Kamera erst einmal zu Hause sein muss, bevor mensch die Gesichter unkenntlich machen kann (was im Übrigen oft leicht rückgängig zu machen ist...). Zudem sollte allen Filmenden und Fotografierenden klar sein, dass Menschen nicht nur anhand von Aufnahmen von Gesichtern, sondern auch von Kleidung, Aufnähern, Schuhen etc. identifiziert werden können.

Es kommt immer wieder vor, dass Kameras und Handys gezielt nach Aktionen beschlagnahmt werden. Des Weiteren gab es schon viele Verfahren aufgrund von Bildern, die von Demonstrant*innen selbst gemacht und veröffentlicht wurden. So gab es 2009 eine Verurteilung zu einer Haftstrafe von 15 Monaten ausschließlich aufgrund eines youtube-Videos.

Wenn jemand Leute beobachtet, die Aktionen fotografieren oder filmen, sollte mensch sie ansprechen, das Löschen[1] der Bilder verlangen und sie darauf aufmerksam machen, dass die auf den Bildern Verewigten Schaden erleiden können. Eine starke Demo lebt vom Mitmachen, nicht vom Konsumieren. Statt zu filmen, ist eine Unterstützung des Geschehens durch aktive Beteiligung – z.B. durch Abdecken von Leuten, die etwas sprühen – sinnvoller.

Wir sollten alle darauf achten, dass bei Demonstrationen oder Aktionen nur Menschen Fotos oder Filmaufnahmen machen, die sich mit der Vorbereitungsgruppe abgesprochen haben. Wenn jemand Aufnahmen macht, muss die Person darauf achten, keine Aufnahmen von Gesichtern, Stimmen oder strafrechtlich relevantem Verhalten einzufangen.

In diesem Sinne: MOVEMENT statt movies!

1 Das Löschen digitaler Aufnahmen ist am Computer mitunter leicht rückgängig zu machen. Verlangt aber dennoch eine Löschung. Damit setzt ihr schließlich ein klares Zeichen!

2_4_Ruhig Blut!

Tipps für Demos und Aktionen

Niemand ist letztlich vor Polizeiübergriffen geschützt. Die folgenden Tipps mögen euch die nötige Portion Selbstvertrauen geben. Einiges mag euch übertrieben vorkommen, einiges habt ihr in den vorherigen Texten schon gelesen. Auch wenn im Weiteren überwiegend von Demos gesprochen wird, sind die folgenden Dinge auch für Aktionen von Interesse. Entscheidet selbst, was ihr von Fall zu Fall als wichtig erachtet.

Vor der Demo

Es gibt riesige Unterschiede zwischen einer Demo und einer Demo. Trotzdem gibt es einige Grundregeln, die auch auf einer „Latsch-Demo" beherzigt werden sollten, da auch die offensichtlich „friedlichsten" Demos schon Ziel polizeilicher Aktionen geworden sind. Demos und Aktionen sind häufig anstrengend und kräftezehrend. Geht deshalb ausgeschlafen und mit klarem Kopf dorthin. Verständigt euch in eurer Bezugsgruppe darüber

- wie ihr euch in verschiedenen Situationen verhaltet und wie ihr aufeinander achten könnt,
- was ihr mitnehmen wollt und was nicht,
- was ihr macht, wenn eine*r von euch in die Hände der Polizei fällt,
- ob jemand von euch besondere Kenntnisse in Erster Hilfe hat,
- wo ihr euch trefft, falls ihr euch verliert,
- wann ihr euch als Bezugsgruppe trennt,
- wo ihr euch nach der Demo abmeldet.

Versucht immer, in einer Bezugsgruppe zu Demonstrationen zu gehen. Es ist nicht nur netter, mit Menschen unterwegs zu sein, die ihr kennt und denen ihr vertraut, sondern auch nützlich. Zum einen wird es für Zivilpolizist*innen und Provokateur*innen viel schwerer, sich unter die Demo-Teilnehmer*innen zu mischen. Zum anderen ist es bei brenzligen Situationen leichter, ruhig zu bleiben und nicht auseinander zu laufen. Optimal ist, zusammen zur Demo hinzugehen und auf der Demo und dem Nachhauseweg zusammen zu bleiben.

Unterhaltet euch vorher über mögliche Situationen, die auf der Demo oder Aktion eintreten können, guckt ehrlich, wer wann Angst hat, um dementsprechend Absprachen für gemeinsames Verhalten zu treffen. Solltet ihr (chronisch) krank oder gehandikapt sein, sprecht vorher mit eurer Gruppe Dinge ab, die für einen verantwortlichen Umgang damit nötig sind, damit alle wissen, wie sie sich im Ernstfall verhalten können oder sollen. Oftmals sind bei Demos Sanis vor Ort. Die autonomen Sanis sind – falls vorhanden – über den Lautsprecherwagen erreichbar und nicht immer gekennzeichnet.

Seid so fit, wie's halt geht: d.h. frühstückt gut, seid ausgeschlafen, Drogen und jeglicher Alkohol bleiben zu Hause; sie beeinträchtigen euer Reaktions- und Wahrnehmungsvermögen. Ihr gefährdet euch und andere nur unnötig. Denkt aber unbedingt an die Medikamente, die ihr ständig braucht, und nehmt vorsichtshalber die Dosis für mehrere Tage mit, falls ihr einfahren solltet. Ebenso sollten Kontaktlinsenträger*innen das Aufbewahrungsdöschen samt Lösung dabei haben.

Demos sind oft anstrengend und manchmal müsst ihr nicht nur lange, sondern auch schnell laufen können: Deshalb feste und bequeme Schuhe tragen, keinen Wochenendeinkauf, kein Fahrrad und keinen Bollerwagen mitschleppen. Eure süßen Hunde solltet ihr auch besser zu Hause lassen, in unübersichtlichen Situationen könnten sie unkontrolliert agieren und andere und sich selbst gefährden.

Stellt eure Klamotten nach praktischen Erwägungen zusammen: Witterung, Beweglichkeit, Unauffälligkeit und Schutz von besonders empfindlichen Körperteilen bedenken! Keine Schminke, keine Cremes, kein Lippenfett – da sich Tränengas- oder Pfefferspray mit den darin enthaltenen Fetten verbindet und dann nicht mehr mit Wasser abwaschbar ist.

Trotz „Vermummungsverbot" halten wir bestimmte Ausrüstungs- und Bekleidungsstücke für sinnvoll: Tücher schützen euch für eine kurze Zeit vor CN/CS-Gas oder Pfefferspray. Bei manchen Aktionen („Schottern") hat es sich als sinnvoll erwiesen, eine Gasschutzbrille o.ä. zu nutzen, jedoch keine Schwimmbrillen wegen der Gefahr von Augenverletzungen beim Draufhauen. Wenn ihr Brillenträger*in seid, probiert vorher aus, ob die Brille unter die Gasschutzbrille passt. Es ist umstritten, ob bei Tränengas Brillen wirklich besser als Kontaktlinsen sind. Wenn ihr Kontaktlinsenträger*innen seid, solltet ihr aber vorsichtshalber eure (Ersatz-)Brille dabei haben, damit ihr die Linsen ggf. rausnehmen könnt.

Schutz vor Tritten und Hieben bieten Nieren-, Unterarm-, Schienbeinschützer. Diese Gegenstände verstoßen aber auch gegen das Versammlungsgesetz, Stichwort: „Passive Bewaffnung", und werden bei Körperkontrollen konfisziert (ebenso wie auch die Gasschutzbrille). Meist wird

mensch dann erst mal in Gewahrsam genommen (vgl. Kap. 2_6_Platzverweise und Ingewahrsamnahmen). Ein kleiner Tipp: Flugblätter, Zeitungen und Broschüren lassen sich auch als Unterarmschoner verwenden. Empfehlenswert sind zudem zwei Lagen (dicker) Monatsbinden oder auch ein sogenannter „Tiefschutz“ (Sportgeschäft).
Ringe und Piercings an Ohrläppchen und Gesicht herausnehmen oder mit einem Stück Pflaster abkleben, das könnte sonst unschöne und zerfetzte Wunden geben. Lange Haare nicht abschneiden, sondern als Zopf unter die Jacke stecken, damit sich die Bullen nicht daran festhalten können.
Nicht vergessen: Tampons und Binden, notwendige Medikamente, Verbandspäckchen, Stift, Papier, Kleingeld, Essen und Trinken, Plastiktüte für Klamotten, die mit Gas oder Pfeffer in Kontakt gekommen sind, und Ersatzklamotten. Noch kurz etwas zum Thema „Kinder auf Demonstrationen“: Überlegt euch, ob ihr Kinder, für die ihr verantwortlich seid, unbedingt auf diese Demo mitnehmen solltet. Dies ist vom Democharakter abhängig.

Auf der Demo

Bei Übergriffen:

- Geht geschlossen, macht keine Alleingänge.
- Nehmt unsichere und ungeschützte Menschen in die Mitte eurer Gruppe.
- Versucht, andere zu schützen, gerade Fliehende werden oft von den Bullen angegriffen.
- Dagegen erzeugen geschlossene Blöcke meist Respekt und dienen eurer Sicherheit.
- Nicht in Panik geraten. Tief Luft holen, stehen bleiben und auch die anderen dazu auffordern.
- Wenn’s nicht anders geht: Sich langsam und geschlossen zurückziehen.
- Oftmals können Übergriffe, Festnahmen und das Liegenbleiben von Verletzten allein durch geordnete Ketten und Stehenbleiben abgewehrt oder verhindert werden.

Verletzungen

Falls es zu Verletzungen kommt, ruft nach Sanis oder lasst sie über den Lautiwagen rufen. Bildet mit den Umstehenden einen Kreis – mit Blick nach außen – um die Verletzten zu schützen und damit Sanis oder Ersthelfer*innen ungestört arbeiten können.

Sind keine Sanis auffindbar, organisiert mit Freund*innen den Abtransport der Verletzten. Verletzte sollten niemals alleine gelassen werden, auch dann nicht, wenn die Verletzung zunächst einmal gar nicht so schlimm aussieht.
Obwohl es unter Umständen nötig ist, die offiziellen Rettungsdienste in Anspruch zu nehmen, solltet ihr euch bewusst sein, dass die oft gepriesene „Neutralität“ dieser Dienste ihre Lücken hat. Niemand ist verpflichtet, den Diensten ihren*seinen Namen zu nennen. Auch die*der netteste Profiretter*in kann oft nicht verhindern, dass Namen weitergegeben werden. Trotzdem solltet ihr dafür sorgen, dass Rettungsfahrzeuge ungehindert an- und abfahren können. Wenn ihr ein Krankenhaus aufsuchen wollt oder müsst, versucht eines zu erwischen, das etwas weiter weg ist und mit der Demo nicht in Verbindung gebracht wird. Das gilt natürlich nur so lange wie der Zustand der Verletzten das erlaubt!
Schon öfter ist die Polizei zur Vernehmung in die Krankenhäuser gekommen, lasst die Verletzten deshalb auch in Krankenhäusern nicht alleine. Verhindert Vernehmungen in der Notfallambulanz, informiert den EA hierüber, sodass bei Bedarf Anwält*innen hinzugeholt werden können.
Auch Krankenhäuser geben manchmal Namen von verletzten Demonstrant*innen an die Bullen weiter. Das führte zu einer Menge zusätzlicher Scherereien. Bis zur Aufnahme könnt ihr euch überlegen, ob ihr lieber die Geschichte mit der Bananenschale und der Kellertreppe erzählen oder Klartext reden wollt.
ABER: Verfälscht nie Aussagen über die Verletzung und alles, was unmittelbar damit zusammenhängt! Für eine richtige Diagnose und Behandlung ist es wichtig, dass die*der Ärzt*in weiß, wie lange der Schlag auf den Kopf/der Sturz auf der Kellertreppe her ist, seit wann euch übel ist usw. Weist die anwesenden Ärzt*innen und das Pflegepersonal ausdrücklich auf ihre Schweigepflicht hin!
Sollten die Bullen euch trotz Verletzung festgenommen haben, besteht auf eine Untersuchung bzw. auf Erste Hilfe. Macht andere Festgenommene auf eure Situation aufmerksam, kümmert euch um verletzte Mitgefangene. Auch auf der Polizeiwache/ in der GeSa solltet ihr weiter auf einer ärztlichen Untersuchung bestehen.
VORSICHT: Polizeiärzt*innen sind parteiisch. Ihr Job ist es nur, zu prüfen, ob „Verwahrfähigkeit“ besteht. Redet nur über euren Zustand und lasst euch nicht auf Diskussionen über den Hergang ein.
Sollten die Bullen euch ins Krankenhaus gebracht haben: Weist das anwesende Personal auf die Schweigepflicht und die Strafbarkeit von Auskünften hin. Besteht darauf, dass eventuell anwesende Beamt*innen den Raum zu verlassen haben. Das medizinische Personal hat das Hausrecht, sie kön-

nen die Polizei hinaus schicken. Besteht in jedem Fall auf Protokollierung aller Verletzungen, auch bei denen, die scheinbar „nicht so schlimm“ sind! Grundsätzlich muss in jeder Erste-Hilfe-Stelle/ Krankenhausaufnahme ein Erste-Hilfe-Protokoll geschrieben werden. Ein Durchschlag ist für euch, für die Weiterbehandlung durch eure*n Hausärzt*in. Den solltet ihr euch bei der Entlassung in jedem Fall aushändigen lassen. Nach der Freilassung solltet ihr eine*n weitere*n Ärzt*in aufsuchen, die*der die Verletzungen erneut attestiert. Das Protokoll bzw. das ärztliche Attest kann auch Monate später bei Prozessen/ Schmerzensgeldforderungen etc. von Bedeutung sein, denn dann wisst ihr vielleicht nicht mehr genau, wo welche Beule und welcher Bluterguss waren.

2_5_Psychische Folgen von Repression

Staatliche Repression hat viele Gesichter: Die unterschiedlichsten Unterdrückungsformen (wie Rassismus, Sexismus, Transfeindlichkeit, Homophobie etc.) können nebeneinander auftreten. Der Staatsapparat und seine Organe demonstrieren damit ihre Macht, nicht selten steht diese Machtdemonstration gegenüber anderen Zielen, z.B. einer konkreten Strafverfolgung, im Vordergrund. Repression zielt genau darauf ab, durch die Verbreitung von Angst Aktivist*innen abzuschrecken, mundtot und handlungsunfähig zu machen. Dass Angst keine schöne Sache ist, ist klar. Wir sollten jedoch nicht aus dem Blick verlieren, dass das Empfinden von Angst dabei helfen kann, aufmerksam und konzentriert zu sein. Es ist wichtig, dass wir solche Warnsignale ernst nehmen und auf unsere Bedürfnisse achten.

Ebenso vielfältig wie die Repression sind auch ihre Folgen, z.B. finanzieller Druck, Stress mit den Eltern oder auf der Arbeit, zeit- und kostenverschlingende Gerichtsverfahren, Verletzungen usw. Aber auch psychisch können diese Situationen einiges in uns auslösen. Es kann sein, dass bestimmte Bilder und Erinnerungen an Situationen nicht so schnell verschwinden oder dass sie vielleicht in (Alb-)Träumen wiederkehren. Bestimmte Erinnerungen können auch nach einiger Zeit noch Gefühle von Beklemmung und Unsicherheit auslösen. Allzu oft trauen sich Einzelne nicht, diese Erlebnisse bei ihren Genoss*innen anzusprechen. Vielleicht wollen sie sie nicht wahrhaben, können sie nicht einordnen oder verdrängen sie und hoffen, dass sie doch noch verschwinden. Als Bezugsgruppe oder Freund*innen ist es wichtig, dass wir psychischen Folgen von Repression und die ihr zugrunde liegenden Mechanismen erkennen und verbalisieren können, dass wir ihrer Verarbeitung und Benennung Raum geben und Menschen mit ihrer Angst nicht alleine lassen, auch wenn (bzw. gerade weil) psychische Folgen nicht so sichtbar sind wie z.B. körperliche Verletzungen.

Eines ist anzumerken: Angst ist eine menschliche Empfindung. Jede*r kennt dieses Gefühl. Die Tatsache, dass es um Gefühle geht, bedeutet NICHT, dass wir dabei nur „rein gefühlsmäßig" handeln können oder müssen. Es geht darum, die eigene Angst und die Angst anderer ernstzunehmen, sodass wir mit einer größeren Sicherheit und mit Vertrauen in uns selbst und in andere agieren können!

Ein möglicher Auslöser psychischer Folgen von Repression liegt in dem Erleben von Handlungsunfähigkeit in einer Angst erzeugenden Situation, also einer Situation, die eigentlich "Flucht" oder "Kampf" einfordert, in der dies aber nicht oder nur eingeschränkt möglich ist. Unser Selbstbild als Subjekt (d.h. als handelnder Mensch) kann längerfristig erschüttert werden, wenn wir Situationen erleben, in denen uns die eigene Handlungsfähigkeit verwehrt wird.

Wenn wir z.B. auf der Wache befragt, beleidigt, beschimpft oder verletzt werden, können wir das als Kontrollverlust empfinden. Es kann uns auch zutiefst treffen, wenn wir erleben, wie uns nahestehende Menschen, unsere Genoss*innen oder Freund*innen, körperlicher und psychische Repression ausgesetzt sind, ohne dass wir ihnen helfen können. Ähnliches gilt auch für die Erzählungen oder Berichte Anderer. Diese Erfahrungen können in uns eine ganze Palette an Gefühlen auslösen: Unsicherheit, Angst, Verzweiflung, aber auch Wut, die uns durchaus auch Stärke gibt.

Durch bedrohliche Situationen, die wir im Rahmen unserer politischen Arbeit erleben, kann es zu einem psychischen Schock kommen, der über Tage oder Wochen anhalten kann. Dieser kann sich z.B. in Stimmungsschwankungen äußern. Wir fühlen uns etwa betäubt oder verletzt, mögen gar nicht oder ständig über das Erlebte sprechen.

Es ist nicht einfach, die Symptome eines Schocks zu erkennen und einzuordnen. Aber auch wenn wir davon in der unmittelbaren Folgezeit nichts mitbekommen, können später Symptome einer sogenannten Traumatisierung auftreten, möglicherweise auch ohne dass wir diese in einen Zusammenhang mit dem damals Erlebten bringen. Folgende Empfindungen und Verhaltensweisen können auf eine Traumatisierung hinweisen und gemeinsam oder auch in unterschiedlichen Kombinationen auftreten:

- Wieder-Erleben des Erlebten – dazu gehören: Albträume, Flashbacks, immer wiederkehrende Erinnerungen, das Gefühl, dass das Erlebte eine*n nicht mehr loslässt, etc.

- Vermeidungs- bzw. Verdrängungsverhalten wie z.B. Erinnerungsverlust, erhöhter Alkohol-/Drogenkonsum, Selbstisolierung, Vermeidung von allem, was mit dem Erlebten zu tun hat oder eine*n daran erinnert, etc.
- Übererregbarkeit äußert sich in Schlaflosigkeit, Gereiztheit, Gefühls- und Wutausbrüchen, Angst, Panik, Konzentrationsschwierigkeiten, Schreckhaftigkeit etc.

„Oft klingen die Symptome nach einiger Zeit wieder ab. Wenn solche Reaktionen den eigenen Alltag erschweren und zu einer ständigen Belastung werden, sollte aber gehandelt und Hilfe gesucht werden. [...] Besonders niederschmetternd ist es, wenn die Betroffenen mit ihren Gefühlen alleine gelassen werden, das Umfeld kein Verständnis hat und keine Unterstützung leistet."
(Out of Action, Rote Hilfe Zeitschrift 01/2011)

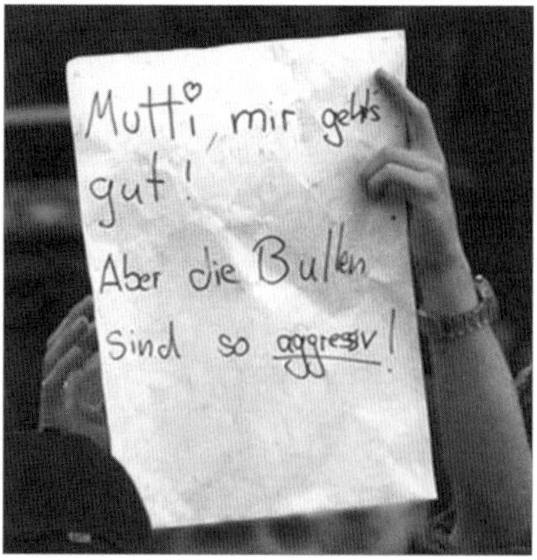

Es gibt diverse Möglichkeiten, uns selbst und andere zu schützen bzw. die Folgen von belastenden Erlebnissen aufzufangen oder abzumildern. Eine gute Vor- und Nachbereitung von Aktionen, Demos etc. gibt uns die Chance, uns über eigene Grenzen auszutauschen. Dazu gehört, dass alle eine Vorstellung davon haben, was für Situationen sie erwarten könnten. Gleichzeitig sollten wir uns auch darüber bewusst sein, dass wir niemals alle möglichen Szenarien vorher im Kopf haben werden. Es gehört aber auch dazu, immer wieder herauszufinden, wo die eigenen Grenzen liegen, welche Situationen und Verhaltensweisen als besonders belastend empfunden werden, was uns selbst stärkt oder hilft, mit Belastungen gut umzugehen. Wichtig ist auch, dies z.B. im Rahmen einer Bezugsgruppe zu besprechen und einen gemeinsamen und solidarischen Umgang mit den meist unterschiedlichen Bedürfnissen zu finden. Dabei sollten alle darauf achten, dass eine Atmosphäre herrscht, in der Ängste und Sorgen geäußert werden können, ohne dass befürchtet werden muss, dafür von anderen als „uncool" angesehen zu werden. Auch das Redeverhalten in der Gruppe sollte kritisch reflektiert werden: Kommen alle zu Wort, wenn sie etwas sagen wollen? Wird bestimmten Leuten eher zugehört als anderen? Etc.

*Was können wir tun,
wenn wir merken, dass es uns
oder jemandem in unserem Umfeld
nach einer Aktion schlecht geht?*

Manchen Leuten ist es wichtig, unzählige Male über das Erlebte zu reden, um es so zu verarbeiten. Als Unterstützer*in ist es dann oft besser, erst mal nur zuzuhören, statt selber etwas zu erzählen oder Ratschläge zu geben. Anderen ist vielleicht gar nicht nach Reden oder sie suchen das Gespräch nicht von sich aus. Wenn ihr das Gefühl habt, eure*euer Bekannte*r, Freund*in oder Mitbewohner*in verhält sich nach einer Demo oder Aktion anders, als ihr es von ihr*ihm kennt, nehmt euch Zeit für sie*ihn, gebt Gesprächen Raum, ohne sie*ihn dabei zu bedrängen. Behaltet dabei aber im Hinterkopf, dass die betroffene Person vielleicht aus juristischen Gründen nicht oder nicht an eurem WG-Tisch, in eurem Zentrum etc. über das Erlebte reden möchte. Vielleicht ist es Zeit für einen Spaziergang ohne Handys. Wenn es dann zu einem Gespräch über das Erlebte kommt, sollten die Schilderungen der betroffenen Person nicht in Zweifel gezogen werden. Es ist wichtig, klar zu machen, dass wir auf und an ihrer Seite stehen. Für die betroffene Person ist es in der Situation besonders wichtig, sich sicher fühlen zu können. Das bedeutet auch, dass Schuldzuweisungen, die das Agieren oder Reagieren der Person in der Situation kritisieren, völlig fehl am Platze sind.

Wenn wir selbst betroffen sind, ist es oft ratsam, uns zu überlegen, wem wir was erzählen. Zum einen, um uns vor verletzenden Sprüchen zu schützen, zum anderen, weil prinzipiell immer die Gefahr besteht, dass eine Person, der wir ggf. juristisch relevante Dinge anvertrauen, von den Strafverfolgungsbehörden in einem Verfahren gegen uns als Zeug*in berufen wird. Wichtig ist, zu gucken, was uns jeweils gut tut und wo wir Hilfe brauchen und holen (oder leisten) können. Nicht zuletzt kann auch professionelle Unterstützung hilfreich sein: Hausärzt*innen/Psycholog*innen, denen mensch vertraut, können helfen, das Erlebte einzuordnen und zu verarbeiten oder auch einfach Tipps geben, was konkret getan werden kann, damit es einer*einem besser geht. Aber auch hier gilt: Ärzt*innen und Therapeut*innen können unter bestimmten Umständen von ihrer Schweigepflicht entbunden werden.

Neben den Dingen, die wir selbst und als Gruppe für uns tun können, gibt es natürlich auch noch die Möglichkeit „nach außen" wirkende Strukturen aufzubauen, um mit dem Thema „Psychische Folgen von Repression" umzugehen. Dies kann z.B. durch Rückzugs- und Ruheräume im Umfeld von Aktionen ebenso geschehen wie durch Infoveranstaltungen zum Thema psychische Folgen belastender Ereignisse, einen Austausch darüber, welche Ärzt*innen vertrauenswürdig sind und vieles mehr. In verschiedenen Städten und Netzwerken gibt es bereits die Möglichkeit, sich an Leute zu wenden, die sich schon länger und eingehender mit diesen Themen beschäftigen – sowohl, wenn es um konkrete Hilfe geht, als auch um eine allgemeine Zusammenarbeit zu dem Thema. Des Weiteren gibt es Flyer und Broschüren, die weiterhelfen können oder einen vertiefenden Einstieg bieten.

2_6_Platzverweise und Ingewahrsamnahmen

Häufig verwenden die Cops repressive Maßnahmen wie Platzverweise – das bedeutet, die Cops fordern dich auf, dich von einem Ort fernzuhalten bzw. ihn zu verlassen – und Ingewahrsamnahmen – das bedeutet, dass sie dich für eine bestimmte Zeit wegsperren – um gegen politische Aktionen vorzugehen. Platzverweise sind ein von den Cops ohne großen Aufwand zu nutzendes Mittel, nach dessen Nichtbefolgung sich schon viele von uns in Polizeigewahrsam oder im Kessel wiedergefunden haben. Manchmal stehen Platzverweise am Anfang von massiven Einsätzen der Cops. Das Nichtbefolgen des Platzverweises dient ihnen als Legitimation für weitere Maßnahmen, die sich auch leicht gegen ganze Demonstrationen oder Blockaden einsetzen lassen.
Durch die Anwendung dieser Mittel versuchen die Cops das Grundrecht auf Versammlungs- und Demonstrationsfreiheit auszuhöhlen, indem sie die speziellen Verbotsbestimmungen des Versammlungsgesetzes für ihre Zwecke interpretieren und oft unter fragwürdigen Konstellationen anwenden. Grundsätzlich gilt jedoch immer noch: Die Cops dürfen Platzverweise nur dort erteilen, wo Polizeirecht gilt. Wo Versammlungsrecht gilt, ist die Erteilung von Platzverweisen rechtswidrig. Platzverweise sind also nur vor und nach Demos bzw. dann möglich, wenn eine Demo von den Cops aufgelöst worden ist.
Ein popeliger Platzverweis, der für sich allein genommen weder Bußgeld noch strafrechtliche Konsequenzen nach sich zieht, kann bei Nichtbeach-

tung schnell zu einer nervigen Angelegenheit werden. Das fängt bei einer möglichen Ingewahrsamnahme an, geht über Bußgeldbescheide weiter und kann aufgrund konstruierter Vorwürfe wie Landfriedensbruch oder Widerstand zu Strafverfahren führen. Dann endet mensch so möglicherweise vor Gericht. Dabei werden oft andere Ermittlungsergebnisse wie Videoaufzeichnungen, Fotos oder Aussagen von Zivis benutzt. Manchmal stellen die Cops nach einer Ingewahrsamnahme auch noch den Transport zur polizeilichen Unterbringung sowie eventuell verabreichte Erfrischungen in Rechnung. Platzverweise werden zum praktischen Mittel für jeden einzelnen Cop, der damit sehr willkürlich und individuell umgehen kann. Der Platzverweis ist ein effektives Werkzeug der Cops, um Aktionen/Demonstrationen von uns zu verhindern, ohne dass sie auf weitere Schritte von Staatsseite angewiesen sind. Der ganze Komplex Platzverweise und Ingewahrsamnahmen verschafft den Cops die Möglichkeit, in Ruhe arbeiten zu können bzw. spezielle Stadtbezirke kontrollieren zu können.

Platzverweis

Grundlagen für Platzverweise sind die Paragraphen der Polizeigesetze der Länder und für die Bundespolizei das Bundespolizeigesetz (BPolG). Die Polizeigesetze der Bundesländer heißen allerdings nicht in allen Bundesländern „Polizeigesetz" (PolG), sondern z.B. „Sicherheits- und Ordnungsgesetz" (SOG) oder „Polizeiaufgabengesetz" (PAG). Die einzelnen Gesetze unterscheiden sich im Grundsatz nicht wesentlich, zeigen aber in Interpretation, Auslegbarkeit und in der Anwendung zum Teil erhebliche Unterschiede, die aber in den letzten Jahren immer mehr angeglichen wurden und wohl auch weiter angeglichen werden. Zum Beispiel steht im bayerischen Polizeiaufgabengesetz unter Artikel 16 Folgendes:

„Die Polizei kann zur Abwehr einer Gefahr eine Person vorübergehend von einem Platz verweisen oder ihr vorübergehend das Betreten eines Ortes verbieten. Die Platzverweisung kann ferner gegen eine Person angeordnet werden, die den Einsatz der Feuerwehr oder Hilfs- und Rettungsdiensten verhindert."

Mit ein paar sprachlichen Veränderungen lässt sich dieser Grundsatz in allen Polizeigesetzen und im BPolG wiederfinden. Einem Platzverweis muss eine „konkrete Gefahrensituation" vorausgehen. Das heißt, die Cops basteln irgendwelche Argumente zusammen, die aus ihrer Sicht eine Verletzung der „öffentlichen Sicherheit und Ordnung" bedeuten würden. Außerdem darf kein geringeres Mittel, wie z.B. eine nachdrückliche Auf-

forderung der Cops, sich von einem bestimmten Ort zu entfernen, zur sogenannten Gefahrenabwehr verfügbar sein. Der Platzverweis wirkt nur vorübergehend, das heißt zeitlich und örtlich begrenzt. Ganze Stadtteile können eigentlich nicht mit einem Platzverweis abgesperrt werden, wenngleich die Praxis anders aussieht, z.B. bei den Chaostagen in Hannover oder bei vielen Anti-Nazidemos der letzten Jahre.
Platzverweise sind Verwaltungsakte, das heißt, die Cops brauchen keine richterliche Entscheidung, um einen Platzverweis auszusprechen. Sie können schriftlich oder mündlich erteilt werden. Der schriftliche Platzverweis ist ein Zettel, auf dem Personalien, Ort, Zeitrahmen, Unterschrift des Cops und eine Begründung für den Verweis aufgeführt sind. Beispiele für Begründungen können sein: „punkertypisches Aussehen", „dem äußeren Anschein nach dem linken Spektrum zuzuordnen" etc. Manchmal stehen auf den Formularen auch vorgefertigte Begründungen zum Ankreuzen. Die Papierfetzen werden ebenso wie der mündliche Platzverweis von den Cops ausgeteilt. Zu beachten ist, dass die Cops bei der schriftlichen Variante einen Durchschlag mit deinen Personalien behalten, der natürlich für allerlei Gemeinheiten Verwendung finden kann, so z.B. auch für eine Aufnahme in bestimmte Dateien wie die „Platzverweisdatei", „Gewalttäter Links", „Politisch Motivierte Kriminalität Links" etc. Mündlich kann ein Platzverweis so aussehen, dass der Cop auf dich zeigt und dich mit den Worten *„Sie haben einen Platzverweis!"* anbrüllt. Rechtlich besteht zwischen dem schriftlichen und mündlichen Platzverweis kein Unterschied. Wegen eines Platzverweises können dir die Cops weder Straf- noch Bußgelder aufdrücken. Durch das Missachten kann es dann aber zur „Ingewahrsamnahme zur Durchsetzung des Platzverweises" kommen. Wie die Cops eine solche Missachtung des Platzverweises technisch feststellen, unterscheidet sich. Bei Großdemonstrationen über mehrere Tage (Castor, G8, Camps etc.) werden elektronische Platzverweisdateien genutzt. Bei kleineren Demos gibt es das nicht, dort können die Cops einen Verstoß nur feststellen, wenn der Platzverweis auf Video aufgezeichnet oder schriftlich festgehalten worden ist bzw. wenn du ein zweites Mal auf denselben Cop triffst, der dir den Platzverweis ausgesprochen hat. Rechtsschutzmöglichkeiten gegen Platzverweise: Es kann nachträglich beim Verwaltungsgericht Feststellungsklage eingereicht werden.

Tipps bei Platzverweisen

Allgemeingültige Tipps für den Umgang mit Platzverweisen gibt es nicht, zudem finden permanent Verschärfungen der Polizeigesetze und Kompetenzerweiterungen der Cops statt. Daher kann das im Folgen-

den Beschriebene nur als grobe Orientierung dienen. Unser Verhalten bei Platzverweisen wird auch immer von unserer Stärke, der Stärke der Gegenseite, der Situation oder der momentanen eigenen Stimmung abhängen. Außerdem ist ein Platzverweis oft ein individuelles Ding von einem Cop und verlangt daher auch eine individuelle Reaktion. An einem Platzverweis stirbt mensch nicht, er tut nicht weh, und sofern mensch ihn befolgt, gibt es keine negativen Konsequenzen. Aber es kann von Vorteil sein, wenn du dir vorher überlegst, wie weit du gehen willst.
Das kurzfristige Entfernen vom Ort des Geschehens und anschließendes Wiederauftauchen an einer neuen Stelle, wo dann andere Cops stehen, die dich noch nicht kennen, kann taktisch sinnvoll sein. Außerdem kann es helfen, eine Wendejacke zu benutzen, mit anderen die Jacke zu tauschen oder einfach mal eine neue Kopfbedeckung auszuprobieren.
Bei schriftlichen Platzverweisen ist dies schon schwieriger, da die Cops dann schon deine Identität schriftlich festgehalten haben. Daher ist es auch nicht immer sinnvoll, die Cops damit zu nerven, einen schriftlichen anstelle eines nur mündlichen Platzverweises zu fordern und ihnen so mehr Arbeit und Papierkram zu bereiten. Dein Umgang damit hängt sicher auch von der Situation ab. Wie immer gilt: Nix unterschreiben; auch nicht, dass du den Platzverweis erhalten hast!

Das Aufenthaltsverbot

Kein Platzverweis im eigentlichen Sinne sind sogenannte Aufenthaltsverbote. Diese können sich über Wochen und Monate erstrecken und entsprechen nicht der kurzfristigen Natur der Platzverweise. Aufenthaltsverbote sind in einigen Polizeigesetzen der Länder enthalten. In § 52 Absatz 3 SOG Mecklenburg-Vorpommern heißt es zum Beispiel:

„Rechtfertigen Tatsachen die Annahme, dass eine Person in einem bestimmten örtlichen Bereich eine Straftat begehen wird, so kann ihr bis zu einer Dauer von 10 Wochen untersagt werden, diesen Bereich zu betreten oder sich dort aufzuhalten (...). Das Gebot ist zeitlich und örtlich auf den zur Verhütung der Straftat erforderlichen Umfang zu beschränken und darf räumlich nicht den Zugang zur Wohnung der betroffenen Person umfassen. Die Vorschriften des Versammlungsrechts bleiben unberührt.“

Wie sich schon aus dem letzten Satz der Vorschrift ergibt, ist das Aufenthaltsverbot eine Polizeimaßnahme, die eigentlich nicht auf Versammlungen abzielt. Mit dieser Vorschrift bezwecken die Cops die Vertreibung ihnen unliebsamer Personen aus den Innenstädten. Dies kann dann natürlich auch einmal Demonstrant*innen betreffen. Sollten die Cops trotzdem das Aufenthaltsverbot anstelle des Platzverweises wählen, so sind die Erfolgsaussichten bei Gericht gut. Erteilen die Cops das Aufenthaltsverbot im Vorfeld einer Demo, so kann mit einem Antrag auf einstweiligen Rechtsschutz dagegen vorgegangen werden. Erteilen die Cops das Aufenthaltsverbot während einer Demo, so bleibt nur der nachträgliche Rechtsschutz mit einer Feststellungsklage vor dem Verwaltungsgericht.

Gewahrsam

Die Ingewahrsamnahme ist in allen Polizeigesetzen und dem Bundespolizeigesetz (BPolG) verankert (vgl. Kap. 2_8_Freiheitsentziehende Maßnahmen). In diesen Gesetzen wird unterschieden zwischen

- „Ingewahrsamnahme zur Durchsetzung von Platzverweisungen"
- „Gewahrsamnahme zur Abwendung von Gefahr für die öffentliche Sicherheit"
- „Gewahrsam zum Schutz der Person bei drohender Gefahr für Leib und Leben"
- „Gewahrsamnahme von Minderjährigen zwecks Rückführung zu Sorgeberechtigten"

Wir werden uns im Folgenden aber nur auf die ersten beide Punkte beziehen, da diese für die politische Praxis hauptsächlich relevant sind.
Art. 17 Absatz 1 bayerisches Polizeiaufgabengesetz z.B. lautet:

„Die Polizei kann eine Person in Gewahrsam nehmen, wenn (...) das unerlässlich ist, um die unmittelbar bevorstehende Begehung oder Fortsetzung einer Straftat oder einer Ordnungswidrigkeit von erheblicher Bedeutung für die Allgemeinheit zu verhindern; die Annahme, dass eine Person eine solche Tat begehen oder zu ihrer Begehung beitragen wird, kann sich insbesondere darauf stützen, dass

> *a) sie die Begehung der Tat angekündigt oder dazu aufgefordert hat oder Transparente oder sonstige Gegenstände mit einer solchen Aufforderung mit sich führt; dies gilt auch für Flugblätter solchen Inhalts, soweit sie in einer Menge mitgeführt werden, die zur Verteilung geeignet ist, oder*
> *b) bei ihr Waffen, Werkzeuge oder sonstige Gegenstände aufgefunden werden, die ersichtlich zur Tatbegehung bestimmt sind oder erfahrungsgemäß bei derartigen Taten verwendet werden, oder ihre Begleitperson solche Gegenstände mit sich führt und sie den Umständen nach hiervon Kenntnis haben musste, oder*

c) sie bereits in der Vergangenheit mehrfach aus vergleichbarem Anlass bei der Begehung von Straftaten oder Ordnungswidrigkeiten von erheblicher Bedeutung für die Allgemeinheit als Störer angetroffen worden ist und nach den Umständen eine Wiederholung dieser Verhaltensweise zu erwarten ist;

oder das unerlässlich ist, um eine Platzverweisung nach Art. 16 durchzusetzen (...)"

Diese Sätze müssen wohl nicht mehr kommentiert werden. Es ist klar, gegen wen sie sich wenden. Entsprechend den Gesetzen der verschiedenen Bundesländer und des BPolG ist mitunter eine unterschiedliche Dauer der Ingewahrsamnahme vorgesehen. Informiert euch vorher.

Gewahrsam ist eine Freiheitsentziehung. Es gibt Unterschiede zwischen Gewahrsam, Untersuchungshaft und einer Haftstrafe. Ersterer ist zeitlich nach oben hin eindeutig begrenzt und unterliegt in der Praxis nicht unbedingt einer richterlichen Prüfung. Der Gewahrsam ist zulässig, wenn er von den Cops als notwendig erklärt wird, um die „unmittelbar bevorstehende Begehung" (Präventivgewahrsam) oder „Fortsetzung" (Unterbindungsgewahrsam) einer Straftat zu verhindern, oder um ein „besonders bedeutsames Rechtsgut" (Leben, Gesundheit, Freiheit, unersetzliche Vermögenswerte) oder „den Bestand des Staates" zu schützen und zu sichern. Die Ingewahrsamnahme ist nur zulässig, wenn mildere Maßnahmen – unter denen die Cops Platzverweis oder einfache körperliche Gewalt verstehen – nicht das angestrebte Ziel erreichen. Die Cops müssen unverzüglich eine richterliche Entscheidung über die Zulässigkeit und Fortdauer des Gewahrsams herbeiführen, was in der Praxis aber gerade am Wochenende oft nicht gemacht wird. Andererseits braucht es auch keine richterliche Entscheidung, wenn *„die Entscheidung erst nach Wegfall des Grundes des Gewahrsams ergehen würde"*. In der Praxis der letzten Jahre heißt das z.B. für Antifa-Demos, dass in Gewahrsam Genommene oft freigelassen werden, sobald der Nazi-Aufmarsch aufgelöst ist.

Bleibt dir ein Gewahrsam z.B. zur Durchsetzung eines Platzverweises nicht erspart, gilt dasselbe wie für andere Festnahmen (vgl. Kap. 2_8_ Freiheitsentziehende Maßnahmen). Oft wirst du in solchen Situationen nicht alleine in Gewahrsam genommen, sondern bist mit vielen anderen in der GeSa, Sammelzelle oder in einer lausigen Polizeigarage. Das ist zwar kein Spaß, aber ihr könnt das Beste daraus machen. Macht Party, randaliert, stresst die Cops, singt ein Lied, teilt eure Kippen etc.

Verbringungsgewahrsam

Als eine weitere dieser „niederschwelligen" Maßnahmen gilt der Verbringungsgewahrsam. Unter Verbringungsgewahrsam wird der Transport einer Person im Streifenwagen oder Gefangenentransporter an den Stadtrand oder außerhalb einer von den Cops festgelegten Gefahrenzone verstanden. Beispielsweise wurden 2003 in Osnabrück bei einer Anti-Nazidemo hunderte Aktivist*innen im Wanderkessel zu Fuß in ein Industriegebiet verbracht. Dort wurde der Kessel dann unerwartet einfach aufgelöst. Hierdurch war es den Aktivist*innen jedoch nicht mehr möglich, den Naziaufmarsch zu behindern.
Eigentlich muss der Aussetzungsort einen U-Bahn-, Bus- oder Bahnanschluss haben; Frauen dürfen nicht allein in gefährlichen Ecken ausgesetzt werden (aus den Kommentaren zu den PolGs), aber daran halten sich die Cops meist nicht. Ein besonders perfides Beispiel ist aus Bremen bekannt. Hier wurden minderjährige Geflüchtete aus Schikane von den Cops abgegriffen und weit außerhalb der Stadt ausgesetzt. Auch im Anschluss an die Antifademo in Rostock im September 1998 wurden Frauen, begleitet von sexistischen Verbalattacken, alleine an den Stadtrand verfrachtet, obwohl bekannt war, dass sich hier Nazis aufhielten.
Eine weitere Schikane ist der Rückführungsgewahrsam. Dieser kam z.B. bei den Chaostagen 1995 in Hannover zur Anwendung. Punks und solche, die als Störer*innen eingestuft wurden, mussten unter Bewachung der Cops in die nächsten Züge nach Hause einsteigen.

Dauer der Freiheitsentziehung

In Bezug auf den Gewahrsam sind die Polizeigesetze mehr oder weniger gleich formuliert. Große Unterschiede gibt es allerdings in der möglichen Dauer der Freiheitsentziehung. Von maximal 24 Stunden über 48 Stunden bis hin zu sogar 14 Tagen sind nach den entsprechenden PolGs möglich. Ein Gewahrsam, der länger als bis zum Ablauf des Folgetages dauert, kann aber nur durch eine*n Richter*in angeordnet werden. Das Grundgesetz (GG) schreibt in Art 104 Absatz 2 Folgendes vor:

„Über die Zulässigkeit und Fortdauer einer Freiheitsentziehung hat nur der Richter zu entscheiden. Bei jeder nicht auf richterlicher Anordnung beruhenden Freiheitsentziehung ist unverzüglich eine richterliche Entscheidung herbeizuführen. Die Polizei darf aus eigener Machtvollkommenheit niemanden länger als bis zum Ende des Tages nach dem Ergreifen in eigenem Gewahrsam halten."

Daraus folgt: Bei jedem Gewahrsam muss es eigentlich zu einer Anhörung vor einer*einem Richter*in kommen. Die richterliche Anhörung ist nicht zu verwechseln mit der richterlichen Vorführung. Bei der richterlichen Anhörung geht es der Justiz darum, ob von der in Gewahrsam genommenen Person für die Zukunft „eine Gefahr ausgeht". Bei der richterlichen Vorführung geht es dagegen nicht um eine zukünftige Gefahr, sondern darum, ob für eine Person „wegen des dringenden Tatverdachts einer begangenen Straftat" die Untersuchungshaft angeordnet wird. Kommt es aus irgendeinem Grund zu keiner Anhörung bei einer*einem Richter*in, so gibt es eine absolute Höchstgrenze für die Dauer des Gewahrsams, nämlich 24:00 Uhr des Tages, nachdem du in den Gewahrsam genommen wurdest. Diese grundgesetzlichen Vorgaben spiegeln sich in den Polizeigesetzen der Länder wieder. In § 38 PolG-NRW heißt es z.B.:

„Die festgehaltene Person ist zu entlassen,

1. sobald der Grund für die Maßnahme der Polizei entfallen ist,

2. wenn die Fortdauer der Freiheitsentziehung durch richterliche Entscheidung für unzulässig erklärt wird,

in jedem Fall spätestens bis zum Ende des Tages nach dem Ergreifen, wenn nicht die Freiheitsentziehung aufgrund eines anderen Gesetzes durch richterliche Entscheidung angeordnet oder genehmigt ist."

Und in § 36 PolG-NRW heißt es zur richterlichen Anhörung:

„Wird eine Person (...) festgehalten, hat die Polizei unverzüglich eine richterliche Entscheidung über Zulässigkeit und Fortdauer der Freiheitsentziehung herbeizuführen. Der Herbeiführung der richterlichen Entscheidung bedarf es nicht, wenn anzunehmen ist, dass die Entscheidung des Richters erst nach Wegfall des Grundes der polizeilichen Maßnahme ergehen würde."

Die Praxis der Cops und der Gerichte geht dahin, dass es zu richterlichen Anhörungen in der Regel nur bei Großdemonstrationen (Castor, G8, Berlin 1. Mai usw.) kommt und bei kleineren Demonstrationen der Gewahrsam ohne richterliche Anhörung rechtswidrig so lange fortbesteht, bis der Anlass, z.B. ein Nazi-Aufmarsch, vorbei ist. In einer solchen rechtswidrigen Gewahrsamssituation kannst du die Cops richtig nerven, indem du laut und ausdauernd nach der richterlichen Anhörung verlangst.
Kommt es zu einer richterlichen Anhörung, so solltest du darauf bestehen, dass dich ein*e Anwält*in des Ermittlungsausschusses begleitet. Oft warten solche Anwält*innen bereits vor der GeSa, die Cops verwehren ih-

nen dann aber ggf. den Zutritt, weil angeblich niemand nach einer*einem Anwält*in verlangt hat. Bestehe deshalb auf einer*einem Anwält*in. In dieser Situation wird dich die Beratung durch vom Ermittlungsausschuss vermittelte Anwält*innen nichts kosten. Für Cops und Gericht wird es aber schwieriger, den Gewahrsam ungestört durchzuziehen.
Musst du dich bei der richterlichen Anhörung zunächst alleine vertreten, so mach auf keinen Fall Angaben zu irgendwelchen Strafvorwürfen! Bestehe gegenüber dem Gericht immer wieder darauf, eine*n Anwält*in zu sprechen.

Art und Weise der Freiheitsentziehung

In den Polizeigesetzen sind Mindeststandards geregelt, die bei der Durchführung des Gewahrsams einzuhalten sind. In § 37 PolG-NRW heißt es beispielsweise:

„Wird eine Person (...) festgehalten, ist ihr unverzüglich der Grund bekannt zu geben. Der festgehaltenen Person ist unverzüglich Gelegenheit zu geben, einen Angehörigen oder eine Person ihres Vertrauens zu benachrichtigen, soweit dadurch der Zweck der Freiheitsentziehung nicht gefährdet wird (...). Die festgehaltene Person soll gesondert, insbesondere ohne ihre Einwilligung nicht in demselben Raum mit Straf- oder Untersuchungsgefangenen untergebracht werden. Männer und Frauen sollen getrennt untergebracht werden. Der festgehaltenen Person dürfen nur solche Beschränkungen auferlegt werden, die der Zweck der Freiheitsentziehung oder die Ordnung im Gewahrsam erfordert.“

In manchen Ländern gibt es Verwaltungsvorschriften, die weitere Einzelheiten enthalten. So regelt die Gewahrsamsordnung des Landes Niedersachsen z.B., dass ausreichend Essen und Trinken anzubieten ist, dass Besuche von Anwält*innen auch ohne Zustimmung der Cops erfolgen dürfen, dass pro Person eine Liege, eine Matratze und ein bis zwei Wolldecken vorhanden sein müssen, dass Personen ohne deutsche Staatsbürgerschaft das Recht haben, eine*n konsularische*n Vertreter*in zu sprechen, dass die Zellen ausreichend belüftet und beleuchtet sein müssen sowie eine angenehme Temperatur aufweisen müssen usw.
Grundsätzlich ist dazu zu sagen, dass dies die Vorstellungen der Cops von einer menschenwürdigen Freiheitsentziehung sind und dass sich diese eher an den Ressourcen der Cops orientiert, als an den Menschenrechten. Im Zweifelsfall, wenn mal wieder mehr Menschen eingefahren sind als die Cops händeln können, gibt es eben Unterbringung in Käfigen bei Dauerbeleuchtung.

Deswegen kann es auch politisch sinnvoll sein, im Gewahrsam weiter den Cops Stress zu machen und regelmäßig Toilettengänge, Raucher*innen-Pausen oder die Herausgabe von zuvor einbehaltenen persönlichen Gegenständen (z.B. veganes Essen, Zeitungen, mp3-Player, Kleidungsstücke, Medikamente) zu verlangen.

Polizeikessel und Freiluftgewahrsam

Häufig kesseln die Cops bei Großereignissen Demonstrant*innen in großer Zahl ein und halten sie über Stunden im Kessel fest. Im Prinzip unterscheidet sich das nicht von einem Gewahrsam (teilweise wird es sogar „Freiluftgewahrsam" genannt), die Cops sparen sich aber den logistischen Aufwand, alle Betroffenen in die GeSa zu bringen. Gleichzeitig vereiteln sie damit die Entscheidung über die Fortdauer des Gewahrsams durch eine*n Richter*in. Die Polizei verstößt damit gegen das Grundgesetz.
In einem solchen Fall kannst du mit einem eigenen Antrag die richterliche Anhörung gegen den Willen der Cops herbeiführen. Solche Anträge werden manchmal vor Blockade-Aktionen auf Flyern verteilt, im Prinzip genügt aber auch ein selbst verfasster und unterschriebener Antrag auf einem Notizzettel. Der Antrag muss irgendwie zu den zuständigen Richter*innen kommen. Die Cops sind verpflichtet, einen solchen Antrag weiterzuleiten, besser ist es aber, du übergibst den Antrag dem EA-vor-Ort-Team, die kümmern sich dann darum, dass der Antrag zu unseren Anwält*innen gelangt und bei Gericht eingereicht wird.
Du solltest dir allerdings bewusst sein, dass du mit Stellung eines solchen Antrages vielleicht die Dauer des Kessels verkürzen kannst, aber auf jeden Fall deine Personalien abgeben musst. Bleibst du im Kessel und tust nichts, so bist du hinsichtlich der Dauer des Kessels zwar der Willkür der Cops ausgeliefert, mit etwas Glück bleibt dir aber die Personalienfeststellung erspart.

Einige Beispiele

Seit Ende der 1990er Jahre ist es zur Routine für die Cops geworden, Massen-Ingewahrsamnahmen bei Demos und Aktionen vorzunehmen. Bei Blockupy 2013 kesselten die Cops am 1. Juni in Frankfurt am Main den antikapitalistischen Demo-Block vollständig ein. Auf Grund der engagierten Demo war dies den Cops nur unter rücksichtslosem Einsatz von Pfefferspray und Knüppeln sowie einer offensichtlich lange im Voraus erfolgten Planung möglich. Die Einkesselung dauerte neun Stunden. Es folgten Per-

sonalienkontrollen, Durchsuchungen und Platzverweise. Anwohner*innen solidarisierten sich mit den Eingeschlossenen und brachten Getränke.
Weitere Beispiele aus der jüngsten Vergangenheit sind die beiden großen Kessel in Harlingen im Rahmen der Castor-Transporte 2010 und 2011. Damals wurden Menschen, die an einer Gleisblockade teilgenommen hatten, von den Schienen geräumt und über Stunden bei Minustemperaturen in einem großen Kessel aus abgeparkten Bullenfahrzeugen festgehalten. 2010 dauerte der Gewahrsam die ganze Nacht, bis der Castor-Transport vorbeigerollt war. 2011 wurde aus dem Kessel heraus von einzelnen Demonstrant*innen ein Antrag auf richterliche Anhörung gestellt, was schließlich zur Feststellung der Rechtswidrigkeit des Polizeikessels und zu dessen Auflösung führte – das hat allerdings auch mehrere Stunden gedauert.
Bei den G8-Protesten in Heiligendamm 2007 haben die Cops einige Demonstrant*innen wegen eines Transpis mit der Aufschrift *freedom for all prisoners free all now* sechs Tage lang in Gewahrsam genommen. Die Betroffenen haben sich bis zum Europäischen Gerichtshof für Menschenrechte (EGMR) durchgeklagt und dort Recht erhalten. Der Gewahrsam war rechtswidrig. Welche Auswirkungen dieses Urteil tatsächlich auf die Gewahrsamspraxis der Cops haben wird, bleibt abzuwarten. Eine Möglichkeit könnte sein, dass die Cops künftig bei Großdemonstrationen nicht mehr auf Massen-Ingewahrsamnahmen setzen, sondern auf Schlagstock- und Pfeffersprayeinsatz. Ebenfalls im Rahmen der G8-Proteste 2007 kam es in Schwerin bei einer Antifa-Demo zu einem stundenlangen Freiluftgewahrsam durch einen großen Polizeikessel. Dessen Rechtswidrigkeit wurde nachträglich gerichtlich festgestellt.

Besonderheiten für Jugendliche

Im Fall von Ingewahrsamnahmen von Jugendlichen schreiben die Polizeigesetze meist vor, dass Erziehungsberechtigte über die Freiheitsentziehung informiert werden müssen. Das kann eine ganz schön blöde Situation sein. Du bist eingefahren, kannst nichts machen, und die rufen z.B. deine Eltern an. Die Cops halten sich aber oft nicht an ihre eigenen Regeln – in diesem Fall kann das auch von Vorteil sein. Du kannst aber auch verlangen, dass deine Eltern bzw. Erziehungsberechtigten informiert werden. Sollst du aus dem Gewahrsam entlassen werden und die Erziehungsberechtigten sind nicht zu erreichen, so sind die Cops angewiesen, dich einer*einem Mitarbeiter*in des Jugendamtes, außerhalb der Öffnungszeiten des Jugendamtes einer*einem Mitarbeiter*in des Kinder- und Jugendnotdienstes, zu übergeben. Von denen kannst du kurzfristig untergebracht werden,

bis die Erziehungsberechtigten erreicht wurden. Anders als die Cops darf das Jugendamt bzw. der Kinder- und Jugendnotdienst die Unterbringung aber nicht mit Zwang gegen deinen Willen durchsetzen. Wenn du dir das zutraust, könntest du also die Chance ergreifen, dich auf dem Weg zur Unterbringung abzusetzen.
Eine andere Möglichkeit, dem ganzen Jugendamt-Zirkus aus dem Weg zu gehen, besteht darin, dass die Erziehungsberechtigten schriftlich volljährigen Freund*innen oder Genoss*innen, die gemeinsam mit dir zur Demo fahren, eine Vollmacht über die vorübergehende Ausübung des Sorgerechts aussprechen. Das erfordert natürlich das Einverständnis deiner Erziehungsberechtigten und der Freund*innen bzw. Genoss*innen und ein eindeutig formuliertes Vollmachtsschreiben. Weiterhin solltet ihr euch vor der Demo einmal ausführlich über alle Eventualitäten, die hierbei eintreten könnten, unterhalten haben.

Heranziehungsbescheid – was ist das?

Ein Heranziehungsbescheid ist ein Versuch der Verwaltung, Geld für Maßnahmen im Rahmen der Gefahrenabwehr wieder reinzukriegen, also in erster Linie für Ingewahrsamnahmen ohne konkreten Tatvorwurf. Im Zusammenhang mit politischen Aktionen ist uns ein solches Vorgehen bisher nur aus Niedersachsen, Hessen, Berlin und Baden-Württemberg bekannt. Ein Heranziehungsbescheid kann auch dann gegen dich verhängt werden, wenn du nur zur falschen Zeit am falschen Ort warst. Konkret bedeutet das, dass du für die Kosten eines Polizeieinsatzes herangezogen werden sollst. Die Verjährung dafür beträgt drei Jahre ab Ablauf des Kalenderjahres, in der die Kostenschuld (Gewahrsam, Polizeitransport etc.) entstanden ist. Bsp.: Ingewahrsamnahme am 11.11.2006, Verjährung am 31.12.2009. Unangenehm ist hier neben der Zahlung an den Staat zweierlei:

- Heranziehungsbescheide sind sofort vollstreckbar, d.h. selbst wenn du gegen den Bescheid Rechtsmittel eingelegt hast, musst du in der Regel erst einmal zahlen.
- In einigen Ländern, z.B. in Niedersachsen, ist das Widerspruchsverfahren abgeschafft, das heißt, du musst also als Rechtsmittel gegen den Bescheid sofort Klage einreichen; für die Klage wird ein Gerichtskostenvorschuss gefordert, der ebenfalls sofort gezahlt werden muss.

Die Heranziehung zu Kosten durch die Polizei kann rechtswidrig sein. Um entscheiden zu können, ob sich ein Vorgehen gegen den Heranziehungsbescheid lohnt, setze dich so schnell wie möglich mit der Rechtshilfegruppe vor Ort und/oder deiner*deinem Anwält*in des Vertrauens in Verbindung. Die Frist, gegen die Heranziehung anzugehen, beträgt einen Monat. Wie ist der konkrete Ablauf?

1. Schritt: Anhörung

Vor dem eigentlichen Heranziehungsbescheid bekommst du per Post einen Anhörungsbogen oder eine Einladung zur Anhörung. Ob es sinnvoll ist, auf die Anhörung zu antworten und wie, das erfrage am besten bei deiner örtlichen EA-Gruppe oder gleich bei einer*einem Anwält*in. Nimm das Anhörungsschreiben nicht auf die leichte Schulter und antworte auf keinen Fall, ohne zuvor von EA oder Anwält*in beraten worden zu sein. Es wäre nicht das erste Mal, dass die Behörde eine Kopie des Antwortschreibens an die Staatsanwaltschaft weiterleitet!

2. Schritt: Heranziehungsbescheid

Jetzt ist er da: Der wirkliche Heranziehungsbescheid kann als Zustellungsurkunde (gelben Umschlag aufheben) oder als normale Post kommen. In der Rechtsbehelfsbelehrung auf der Rückseite des Bescheids kannst du sehen, ob du Widerspruch dagegen einlegen kannst oder ob du sofort Klage einreichen musst (z.B. in Niedersachsen). Die Klage ist gebührenpflichtig. Wenn du kein Geld dafür hast, kannst du Prozesskostenhilfe dafür beantragen. Die Frist für Widerspruch und Klage beträgt einen Monat.
Auf den Heranziehungsbescheid musst du sofort reagieren, denn dieser ist sofort vollstreckbar. Das heißt, dass du den geforderten Betrag innerhalb der Zahlungsfrist, i.d.R. zwei Wochen, zahlen musst, auch wenn du Klage oder Widerspruch eingelegt hast. Allerdings kannst du einen Antrag auf Stundung (also Aufschiebung) stellen. Der muss begründet werden. Wenn du den Widerspruch bzw. die Klage gewinnst, bekommst du das zuvor gezahlte Geld zurück.

2_7_Ausreiseverbote, Meldeauflagen, „Gefährder*innenanschreiben"

In den letzten Jahren ist der Repressionsapparat – als Reaktion auf grenzüberschreitende Aktionen bzw. Aktionen im Ausland – mit immer neuen Instrumentarien um die Ecke gekommen. So gibt es für die Cops die Möglichkeit, im Rahmen polizeilicher Vorfeldkontrolle Ausreiseverbote oder

Meldeauflagen zu verhängen oder sog. „Gefährder*innenanschreiben“ zu versenden. Ursprünglich wurden diese Instrumente in erster Linie auf Hooligans angewandt. Nach den Protesten gegen den EU-Gipfel in Göteborg im Juni 2001 beschlossen die europäischen Innenminister, alle Möglichkeiten auszuschöpfen, um Aktivist*innen an der Einreise in das jeweilige gipfelveranstaltende Land zu hindern, unter anderem wurden deshalb extra neue Polizeidateien eingerichtet (z.B. LIMO – „Linksmotivierte Straftäter“). Über diese geheime Datei wurde erstmals im Februar 2006 in der Zeitung „Thüringer Allgemeine“ berichtet, nachdem ein Tag zuvor bei einer Verhandlung vor dem Verwaltungsgericht Weimar zufällig ihre Existenz erwähnt wurde. Die Limo-Datei existiert mit Sicherheit schon längere Zeit vor ihrer Erwähnung durch die Presse. So wurde von einer solchen Datei schon anlässlich des G8-Gipfels in Genua und des EU-Gipfels in Brüssel im Jahre 2001 Gebrauch gemacht.

Ausreiseverbote

Im Jahr 2007 wurden anlässlich des G8-Gipfels in Heiligendamm mehrere hundert Menschen an der Einreise nach Deutschland gehindert. Sie blieb ihnen bis zum Ende des Gipfels untersagt.
Findet ein Gipfeltreffen im Ausland statt, können deutsche Staatsbürger*innen für den Zeitraum des Gipfels durch die Bundespolizei an einer Ausreise gehindert werden. Rechtsgrundlage dafür ist in der BRD das Passgesetz (PassG), das im Jahre 2000 aufgrund der Auseinandersetzung von Hooligans mit den Cops bei der Fußballweltmeisterschaft 1998 in Frankreich verschärft wurde. Seitdem kann der Verstoß gegen ein Ausreiseverbot als Straftat verfolgt werden. Ebenfalls für Hooligans wurde in der BRD das Städteverbot geschaffen, welches Menschen untersagt, über einen gewissen Zeitraum eine Stadt zu betreten.
Nach § 10 Abs. 1 PassG ist es den zuständigen Behörden möglich, *„einem Deutschen die Ausreise in das Ausland zu untersagen, wenn Tatsachen die Annahme begründen, dass die Person die innere und äußere Sicherheit oder sonst wie erhebliche Belange der BRD gefährdet.“* So genannte erhebliche Belange sind z.B. dann gefährdet, wenn das internationale Ansehen der BRD geschädigt werden könnte. Das ist in der Logik der Cops dann der Fall, wenn Menschen mit deutscher Staatsbürgerschaft „politisch motivierte Straftaten“ im Ausland begehen. Die Unterstellung, dass es zu Straftaten kommen könnte, reicht aus, um Ausreiseverbote auszusprechen und damit internationale Vernetzung zu kriminalisieren und Widerstand zu schwächen.

Zur Begründung für die „Tatsachen, die die Annahme rechtfertigen, dass…“ werden häufig pauschal angebliche Straftaten der Betroffenen oder die Aufnahme der Betroffenen in spezielle Polizeidateien wie die „Landfriedensbruchdatei“ oder die Datei „LIMO“ angegeben. (Die Inpol-Verbunddatei „Arbeitsdatei Landfriedensbruch“ besteht seit Anfang der 1980er Jahre. Sie wurde im Laufe der Jahre immer wieder erweitert und umbenannt. Heute zählen viele „kleinere“ Dateien zu ihrem Bestand, wie bspw. die „LIMO-Datei“ oder auch die seit 1997 angelegte „Anti-AKW/Anti-Castor-Datei“.)

Meldeauflagen

Eine weitere Möglichkeit, um die Bewegungsfreiheit von Demonstrant*innen einzuschränken, sind Meldeauflagen. Wenn Meldeauflagen verhängt werden, müssen die Betroffenen sich regelmäßig entweder bei einer bestimmten Polizeidienststelle (am Wohnort) oder bei einer beliebigen innerhalb der BRD melden. Bei Zuwiderhandlung kann gegen Betroffene ein Zwangsgeld verhängt oder auch eine Ingewahrsamnahme zur Durchsetzung des Reiseverbotes angeordnet werden. Die Unterstellung, dass es zu Straftaten kommen könnte, reicht oft aus, um Ausreiseverbote und Meldeauflagen auszusprechen.

*„Gefährder*innenanschreiben“*

In verschiedenen Bundesländern wurden anlässlich der Gipfeltreffen und Castortransporte sog. „Gefährder*innenanschreiben“ an Aktivist*innen verschickt. Weil`s so „schön“ ist, hier ein Originalzitat daraus:

„Um zu vermeiden, dass Sie sich der Gefahr polizeilicher Maßnahmen im Rahmen der Gefahrenabwehr oder strafprozessualer Maßnahmen aus Anlass der Begehung von Straftaten im Rahmen demonstrativer Aktionen aussetzen, legen wir Ihnen hiermit nahe, sich nicht an o.g. Aktionen zu beteiligen.“

Meistens beruft die Polizei sich darauf, dass die Person irgendwo bei ähnlichen Aktionen schon einmal „aufgefallen“ ist, unabhängig davon, ob damals konkret gegen sie ermittelt wurde. In einigen Städten wird auf die schriftliche Version verzichtet, und die Cops nutzen die Gelegenheit, die Leute gleich direkt zu Hause zu besuchen und ihnen diese „Aufforderung“ mündlich mitzuteilen. Somit zeigen die Cops ganz deutlich, dass sie ein Auge auf eine*n haben. Aus diesen „Gefährder*innenanschreiben bzw.

-ansprachen“ ergeben sich für die Betroffenen keine rechtlichen Konsequenzen. Allerdings muss mensch sich mit der einschüchternden und abschreckenden Wirkung, die diese Maßnahme haben kann, auseinandersetzen. Macht das Anschreiben z.B. (szene-)öffentlich und diskutiert gemeinsam!

2_8_Freiheitsentziehende Maßnahmen

Es gibt verschiedene Formen freiheitsentziehender Maßnahmen, so z.B. die Ingewahrsamnahme (vgl. Kap. 2_6_Platzverweise und Ingewahrsamnahmen) als eine so genannte polizeipräventive Maßnahme. Hinzu kommt die Festnahme (repressive/strafrechtliche Maßnahme). Eine Festnahme ist das Festhalten von Personen auf rechtlicher Grundlage. In Deutschland ist nur die vorläufige Festnahme vorgesehen. Eine dritte freiheitsentziehende Maßnahme ist die Haft (Anordnung von Untersuchungs- oder Strafhaft durch eine*n Richter*in). Der Einfachheit halber sprechen wir im Folgenden immer von „Festnahme“. Die Festnahme kann erfolgen zum Zwecke

- der Ergreifung einer Person, die einer Straftat verdächtigt wird
- der Personalienfeststellung, wenn die Bullen der Meinung sind, dass an Ort und Stelle die Überprüfung der Identität nicht möglich ist
- des „Schutzes“ der*des Betroffenen vor sich selbst
- der „Rückführung“ Minderjähriger (Flucht aus einem Heim oder von „Zuhause“)
- der „Rückführung“ geflohener Inhaftierter
- der Durchsetzung eines Platzverweises – damit ist z.B. das Eingreifen nach den Polizeigesetzen der Länder bei Demos gemeint
- der Verhinderung der Begehung oder Fortsetzung einer Straftat.

Aber: Die Unterscheidung in Verdächtige/Nicht-Verdächtige ist eine reine Definitionsfrage der Beamt*innen im Dienst, d.h., dass eine Festnahme jederzeit und überall möglich ist.

Wie könnt ihr mit einer Festnahmesituation umgehen?

Wenn du an einer Demo teilnehmen möchtest, solltest du dich bereits im Vorfeld mit dem Gedanken einer möglichen Festnahme auseinandersetzen. Am besten geschieht das zusammen mit deiner Bezugsgruppe, mit der

du auf die Demo gehst. Diese sollte im Falle einer Festnahme die Rechtshilfegruppe oder den Ermittlungsausschuss anrufen. Gehst du ohne eine Bezugsgruppe auf eine Demo, solltest du dir spätestens, wenn du dort ankommst, die Telefonnummer der Rechtshilfegruppe bzw. des EA besorgen und im Falle deiner Festnahme selbst dort anrufen. Bis die Beamt*innen dich telefonieren lassen, kann allerdings etwas Zeit vergehen, ein Anruf steht dir aber in jedem Fall zu. Wenn bei deiner Festnahme andere Demo-Teilnehmer*innen in der Nähe sind, kannst du auch deinen Namen und deinen Wohnort rufen, damit andere Demonstrierende dich bei dem EA melden können. Bei diesem Vorgehen gilt es aber, zu bedenken, dass z.B. auch Nazis oder Passant*innen deine Daten erfahren könnten.
Wenn die Bullen dich „haben", versuche den Festnahmeprozess zu verzögern. In dieser Zeit kannst du dich eventuell selbst wieder etwas beruhigen. Bei der vorläufigen Festnahme kannst du allerdings schnell den Vorwurf „Widerstand gegen die Staatsgewalt" am Hals haben, wenn du dich nicht gänzlich freiwillig mitnehmen lässt. Dieses Verhalten wird in Polizeiprotokollen häufig als eine „drohende Haltung einnehmen" beschrieben. Passiver Widerstand ist zwar straffrei, wird aber oft als „drohende Haltung" ausgelegt. Entscheide dich also von Situation zu Situation neu, wie weit du mit deinem Widerstand gehen möchtest.
Frage auf jeden Fall nach dem Grund der Festnahme, das ist dein „gutes" Recht. Und frage, wohin sie dich bringen wollen. Dies kannst du laut rufen, damit auch andere wissen, wohin du gebracht wirst. Auf diese Fragen wirst du in der Festnahmesituation selten eine Antwort erhalten. Trotzdem: Auf Rechte zu bestehen, kann die Bullen verunsichern. Daher ist es sinnvoll, dass du dir im Vorfeld darüber Gedanken machst, wie du dich in einer solchen Situation des plötzlichen Zugriffs, die Angst, Schmerzen, Panik und Ohnmacht auslösen kann bzw. auslösen soll, verhalten kannst. Eine gute Vorbereitung kann dir möglicherweise helfen, dich zu beruhigen und handlungsfähig zu bleiben.
Versuche mit anderen aus deiner Gruppe, deinen Freund*innen – auch unabhängig von einer konkreten Demonstration – dir z.B. im Rollenspiel zu erarbeiten, wie du dich in Festnahmesituationen verhalten kannst. Baue dabei auf deinen eigenen Erfahrungen in Stresssituationen auf Demos oder bei Auseinandersetzungen mit Bullen auf. Wir halten es auch für sinnvoll, bei Rechtshilfegruppen oder anderen Leuten mit Erfahrung nachzufragen, ob sie so etwas mit euch machen würden. Das tun sie meist gerne!

*Ein paar Tipps,
wie du dich im Fall einer Festnahme
verhalten kannst*

- Du ziehst dich so weit wie möglich in dich selbst zurück, versuchst dich gegen die bedrohliche Situation abzuschotten und baust sozusagen einen „Verteidigungsring“ um dich auf.
- Du konzentrierst dich auf „Nebensächlichkeiten“, um ruhiger zu werden, z.B. auf Geräusche etc.
- Du konzentrierst dich – im Gegenteil – auf die festnehmenden Bullen, damit kannst du ihnen ihre bedrohliche Anonymität nehmen.
- Es ist eine sehr große Hilfe, wenn du in dieser Situation die Gewissheit hast, dass sich draußen welche um dich kümmern (deine Bezugsgruppen oder der EA).

Bei den aufgezählten Möglichkeiten handelt es sich um Denkanstöße, die von euch weiterentwickelt werden können. Leute, die für sich ein offensiveres und aggressiveres Reagieren in der Situation stimmiger finden, sollten auch hier Möglichkeiten und Grenzen genau überlegen. Hat niemand deine Festnahme beobachtet oder handelt es sich bei den Zeug*innen um desinteressierte Passant*innen, musst du damit rechnen, dass du länger alleine bleibst, weil kein*e Anwält*in (oder Bekannte*r) eingeschaltet wird, die*der versucht, mit dir Kontakt aufzunehmen. Das bedeutet gleichzeitig, dass nach deiner Festnahme zunächst nicht einmal eine minimale „öffentliche“ Kontrolle gewährleistet ist, die etwa dafür sorgen könnte, dass die Bullen nicht ganz so hart mit dir umspringen.
Wenn du bei Aktionen allein unterwegs bist, solltest du vorher mit mindestens einer vertrauten Person ausgemacht haben, dass du dich zu einer bestimmten Zeit bzw. an einem bestimmten Ort zurückmeldest. Solltest du weggesperrt werden und kannst dich nicht melden, kann diese Person daraus schließen, dass sie entsprechend reagieren muss.

Bei den Bullen

Die Dauer der Festnahme unterscheidet sich von Bundesland zu Bundesland. Allerdings können Menschen in Deutschland nur maximal bis 24:00 Uhr des Folgetages festgehalten werden. Andernfalls muss eine Vorführung vor die*den Haftrichter*in stattfinden. Als Festgenommene*r musst du nichts anderes als die folgenden Daten angeben:

- Vor- und Zuname
- Geburtsdatum und -ort
- Meldeadresse (erster Wohnsitz)
- Nationalität, Familienstand und allgemeine Berufsangabe

Wer ohne Papiere festgenommen wird und sich weigert, Angaben zur Person zu machen, muss zumindest wissen, dass dies ein Grund ist, bis zur Feststellung der Personalien festgehalten zu werden. Andererseits ist das manchmal gar nicht so blöd, weil in der Zeit die Leute draußen deine Wohnung mal wieder gründlich „aufräumen" können. Auf jeden Fall musst du aber damit rechnen, dass die Bullen, sobald sie eine Melde- oder Wohnadresse von dir wissen, dort vorbeischauen und eventuell sogar eine Durchsuchung vornehmen. Deshalb solltest du vor einer Demo oder Aktion unbedingt bei dir „ausmisten".

Oft wirst du vor dem Abtransport in die GeSa „zum Zwecke der Beweissicherung" fotografiert. Diese Fotos kommen zu den Akten und können immer wieder helfen, dich zu identifizieren. Kein Grund also, ein freundliches Gesicht zu machen! Manchmal ist es möglich und gut, mit anderen Mitgefangenen die Klamotten zu wechseln, um eine Identifizierung als „Übeltäter*in" zu erschweren. Dies kann beim Transport oder in der Sammelzelle geschehen.

Während der gesamten Zeit – auf dem Transport, in der Zelle etc. – solltest du keinesfalls über „Taten" mit anderen Gefangenen sprechen, weil es immer wieder vorkommt, dass Spitzel dabei sitzen. Wenn überhaupt, sprich nur darüber, was dir „vorgeworfen" wird, was du also laut Bullen angeblich getan haben sollst. Unabhängig davon, weshalb du eingefahren bist – ob wegen Diebstahl, Demo, Sprühen, Anschlag oder schnödem Fahren ohne gültigen Fahrausweis – du bist in einer misslichen Lage. Du bist möglicherweise nervös und unsicher und hast keinen Plan, was jetzt auf dich zukommt. Diese Unsicherheit versuchen die Bullen auszunutzen, um dich zu Aussagen zu bewegen. Sie werden probieren, dich zu überrumpeln, dich zu provozieren. Sie können dir sogar drohen, dass sie mit Gewalt ihren Willen durchsetzen werden. Sie können dich erniedrigen und dich ganz schön lange schmoren lassen. Ihr Ziel ist es immer, deinen Widerstand zu brechen und dich zu einer Aussage zu bringen. Eine andere Variante könnten nette bis sich einschleimende Bullen sein, die ihr Verständnis vortäuschen. Aber du weißt ja: MIT BULLEN REDET MENSCH NIE! Und eine einmal gemachte Aussage wirst du nicht mehr los!

Was bei einer Festnahme auf dich zukommen kann

Festnahme, erkennungsdienstliche (ED-)Behandlung und Vernehmung sind etwas anderes als Haft. Aber auch hier wird mit deiner Angst davor, dass sie dich lange in den Knast wegsperren, als Druckmittel gearbeitet. Und du stehst alleine da. So haben die vielen hunderttausend Festnahmen pro Jahr auch die Funktion der präventiven Einschüchterung.
Zu Beginn werden von jeder Person einzeln die Personalien kontrolliert. Spätestens in der GeSa wirst du nach Gegenständen durchsucht, die den Ermittlungen dienen könnten oder mit denen du dich verletzen könntest. Es kann vorkommen, dass du aufgefordert wirst, dich für die Durchsuchung ganz auszuziehen. Oft nehmen sie Ohrringe und auch Brillen ab und natürlich werden deine Taschen geleert. Alle abgenommenen Sachen werden dann in einen Karton gepackt und mit deinem Namen beschriftet und anschließend weggebracht. In diesem Fall solltest du eine Auflistung der beschlagnahmten Gegenstände verlangen. Unterschreibe aber nichts! Falls du verletzt bist, bestehe auf sofortige ärztliche Behandlung. Lass dich am besten in ein Krankenhaus fahren.
Bei kleineren Delikten kann es sein, dass du nach der Durchsuchung wieder gehen kannst. Möglich ist aber auch, dass du die nachfolgend beschriebene Prozedur (evtl. in einer anderen Reihenfolge) teilweise oder auch ganz durchmachen musst. Zunächst werden sie dich entweder in eine Zelle bringen oder sofort einen Vernehmungsversuch starten. Oft ist der Weg zur Vernehmung schon Teil der Vernehmungssituation, z.B. wenn sie dich dabei scheinbar beiläufig fragen: „Wo haben Sie denn die Jacke her?“
Bei der Vernehmung sitzen meist zwei Bullen, eine*r, um mitzuschreiben, und eine*r, um dich zu vernehmen. Spätestens hier sollst du zum Reden gebracht werden, denn sie möchten natürlich etwas herausbekommen, mit dem sie gegen dich und andere weiter vorgehen können. Läuft es nicht so, wie sich die Bullen das vorstellen, werden sie versuchen, dich weich zu kochen, dich psychisch so unter Druck zu setzen, damit du dich schließlich doch noch auf sie einlässt, gefügig wirst und sie immer mehr aus dir herauspressen können. In dieser Situation ist es wichtig, nichts zu sagen, jegliche Aussage zu verweigern! Du weißt ja: MIT BULLEN REDET MENSCH NIE!
Auch die Vernehmung beginnt mit der Personalienaufnahme. Du bist lediglich verpflichtet, deine Personalien anzugeben. Wenn du überhaupt nichts sagen willst, kannst du ihnen auch nur deinen Ausweis vorlegen. Da ihnen das meistens zu wenig ist, werden sie versuchen, zu drohen – z.B. mit einem Ordnungsgeld oder/und damit, dass du länger dableiben

musst oder mit Gewalt. Sie haben ein großes Durchhaltevermögen, wenn sie etwas aus dir herauskriegen wollen. Vielleicht werden sie wütend und fangen an dich, zu beleidigen. Sage nichts! Manchmal fragen sie Dinge, die scheinbar mit der Sache nichts zu tun haben, bei denen sich das Gefühl einstellen soll, dass die Antworten niemanden belasten können. Das können Fragen nach deiner Wohn- und Lebenssituation sein, auf welche Schule du gehst, wie viel Taschengeld du bekommst, was mit deinem Freundeskreis ist und vieles mehr. Damit wollen sie dich überhaupt erst mal zum Reden bringen. Es ist sicher schwierig, gar nichts zu sagen. Aber es macht deine Lage nicht besser, wenn du ihnen was erzählst. Manche reden, weil sie provoziert werden oder Angst haben. Doch uns ist nicht bekannt, dass es jemals etwas gebracht hätte, mit den Bullen zu reden.
Meistens sitzen bei der Vernehmung erfahrene Bullen, deren Verhörtaktiken sich erheblich unterscheiden können:

- Sie können dir drohen, dass du länger im Knast bleiben musst, wenn du nichts sagst.
- Sie können dir sagen, dass die anderen schon alles erzählt hätten und wieder draußen seien, dass dir also dein Schweigen nichts nützt.
- Die können dir sagen, dass sie mit deinen Eltern geredet hätten und die über deine Dummheit, dass du deine Freund*innen deckst, sichtlich schockiert sind.
- Sie können dir aber auch Dinge vorwerfen, mit denen du nichts zu tun haben willst, die nicht deiner politischen Überzeugung entsprechen. Sie machen das in der Hoffnung, dass du etwas erzählst, um dich von solchen Vorwürfen zu distanzieren.
- Vielleicht drohen sie dir mit Schlägen oder schlagen dich sogar.
- AUCH WENN ES SCHWIERIG IST: VERSUCHE DENNOCH, DICH VON DIESEN TAKTIKEN NICHT VERUNSICHERN ZU LASSEN!

Sofern du nicht schon ein Telefongespräch geführt hast, bestehe zu Beginn der Vernehmung darauf mit deiner*deinem Anwält*in und/oder der Rechtshilfe sprechen zu können. Du hast auf jeden Fall das Recht den EA, eine*n Anwält*in oder eine Person deines Vertrauens telefonisch zu verständigen. In der Regel werden die Bullen die Nummer für dich wählen und dich mit der Person verbinden. Jetzt ist es wichtig, dich auf dich selbst zu konzentrieren, um ruhiger und handlungsfähig zu werden.

Im Polizeigewahrsam

Entweder vor oder nach dem Vernehmungsversuch kommt sehr wahrscheinlich die Erkennungsdienstliche Behandlung (ED-Behandlung) auf dich zu (vgl. Kap. 3_4_ED-Behandlung), die in speziell dafür ausgestatteten Räumen durchgeführt wird. Bei einer ED-Behandlung werden deine Finger- und Handabdrücke genommen (dreimal jeder Finger und jede Hand), deine Körpergröße gemessen und verschiedene Fotos von dir gemacht. Manchmal füllen die Bullen auch ein Formblatt über persönliche Merkmale aus, z.B. Haarschnitt, Profil, Raucher*in. Auch wenn du schon mal ED-behandelt wurdest, machen sie das oft noch ein zweites oder xtes Mal. Die Bullen haben während der gesamten Prozedur viele Möglichkeiten, dir juristisch abgesichert mit Gewalt zu drohen und sie auch anzuwenden. Wie immer gibt es verschiedene Möglichkeiten, auf ihre Übergriffe zu reagieren. Entscheidend dabei ist, was du dir an Verhalten zutraust. Bedenke dabei, dass du den Bullen nichts „beweisen" musst; deren Bild von dir steht sowieso fest.
Umgekehrt solltest du von ihnen ein „festes Bild" als „Gegner*in" haben, unabhängig davon, wie nett sie dir begegnen. Das hilft dir, dich abzugrenzen. Du kannst dich auch einfach gar nicht verhalten, dicht machen und alles an dir abprallen lassen. Beim Fotografieren kannst du z.B. Grimassen schneiden oder den Fußboden betrachten. Du musst nicht unbedingt dein bestes Lächeln aufsetzen. Wenn sie deine Körpergröße messen wollen, dann sollen sie mal versuchen, dich so zu halten, dass sie auch stimmt. Und bei den Fingerabdrücken kannst du verwackelte Abdrücke produzieren, indem du deine Finger wegziehst. Auch am Anfang der Durchsuchung, wenn du dich ausziehen sollst, wird es ihnen schwerfallen, dir deine Hose auszuziehen, wenn du das nicht willst. Du riskierst damit allerdings ein Verfahren wegen „Widerstand gegen die Staatsgewalt" und sie werden die ED-Behandlung bzw. die Durchsuchung trotzdem durchziehen.

Es ist also Abwägungssache, wie weit du in die Konfrontation gehen willst. Klar ist, dass es mit Schmerzen verbunden sein kann, sich zu wehren. Nach dem Verhör und der ED-Behandlung kommst du in der Regel in eine Gewahrsamzelle. Diese Zellen sind manchmal stickige, siffige, zu heiße oder zu kalte Löcher. Wenn du nicht der*dem Haftrichter*in vorgeführt wirst, können sie dich bis zum Ablauf des nächsten Tages festhalten – also maximal 48 Stunden.

Ein weiterer Stressfaktor ist die erniedrigende, entwürdigende Behandlung, die Anmache. Wie du durch die Bullen behandelt wirst, hängt meist ab von deinem Geschlecht, von deiner Hautfarbe, deiner sexuellen Orientierung und deinem Aussehen (Punk oder „ordentlich" gekleidet). Die ganze Diskriminierung, die du draußen erlebst, findest du hier wieder –

bloß viel extremer. Viele Bullen leben ihre Machtposition voll aus. Als Frau erlebst du oft die übelste Anmache, die du dir draußen nicht gefallen lassen würdest. Hier kannst du dich nur schlecht wehren. Da ist er nämlich nicht nur ein Scheißmacker, sondern auch noch ein Bulle!
Das Gefühl der Ohnmacht kann sich noch verstärken, wenn du alleine eingefahren bist oder Kontakt zu deinen Freund*innen nicht möglich ist. Oft werden aber auch viele Leute zur gleichen Zeit abgegriffen und ihr begegnet euch vielleicht auf dem Weg zur ED-Behandlung oder zum Verhör. In dieser Situation möchtest du jetzt vielleicht am liebsten mit dir bekannten Leuten Kontakt aufnehmen. Bedenke aber, dass du dadurch etwas über dich und über eure Strukturen preisgibst und den Bullen möglicherweise Anknüpfungen für Nachfragen lieferst. Trotzdem solltet ihr euch z.B. zurufen, wie es euch geht, euch anlachen und gegenseitig aufmuntern.
Manchmal könnt ihr auch durch Schreien aufeinander aufmerksam machen, euch kurz unterhalten, gemeinsam Forderungen brüllen und Lärm machen. Wenn ihr gemeinsam mit anderen in eine Zelle gesteckt werdet, könnt ihr euch gegenseitig aufbauen, zusammen überlegen, wie ihr euch nun verhalten wollt. Brüllen, Singen oder gemeinsames Verschönern der Zellen ist allemal besser als alleine vor sich hin zu brüten.
In der Zelle solltet ihr aber auf keinen Fall über irgendwelche Dinge sprechen, die ihr beobachtet, getan bzw. nicht getan habt; schließlich kann es sein, dass ihr abgehört werdet oder dass die Bullen einen Spitzel in die Zelle eingeschleust haben. Es ist jedoch notwendig, dass ihr eure Namen und Adressen austauscht und darüber sprecht, was euch vorgeworfen wird. So kann die Person, die als erste rauskommt, die Leute draußen darüber unterrichten, wo ihr sitzt und welche Vorwürfe gegen euch erhoben werden. Bei Demos und anderen Aktionen solltet ihr auch die Rechtshilfe über die Situation in der GeSa unterrichten. Die Leute draußen können den Leuten im Knast effektiver helfen, z.B. anwaltliche Hilfe besorgen, wenn sie etwas Konkreteres wissen.

*Vor der*dem Haftrichter*in*

Die meisten Festnahmen enden mit einer Freilassung z.B. nach dem Ende der Demo, aus der du abgegriffen wurdest. Es kann aber auch passieren, dass die Staatsanwaltschaft bei einer*einem Haftrichter*in einen Haftbefehl beantragt. Dann wirst du der*dem Haftrichter*in vorgeführt. Das ist eine nicht öffentliche Verhandlung, deren Protokoll zu den Ermittlungsakten gelegt wird. Unter der Voraussetzung, dass die*der Haftrichter*in dich einer „Tat“ dringend verdächtigt, gibt es drei besondere „Haftgründe“, die jeweils für sich alleine einen Haftbefehl begründen:

- Fluchtgefahr; als Kriterien dafür gelten: kein deutscher Pass, kein Vermögen, keine soziale Bindung wie z.B. Familie, Arbeitsplatz, fester Wohnsitz etc.
- Verdunkelungsgefahr: Sie befürchten Beweisvernichtung oder Absprache mit anderen Beteiligten.
- Schwere der Tat: im Fall einer Anklage wegen Mordes, Totschlags, Herbeiführung einer Sprengstoffexplosion, Mitgliedschaft in einer terroristischen/kriminellen Vereinigung (§§ 129, 129a/b StGB).

Solltest du mitkriegen, dass du vor die*den Haftrichter*in geführt werden sollst, bestehe nochmals darauf, dass du deine*n Anwält*in anrufen kannst, falls es bis dahin noch nicht geklappt hat. Wenn du keine*n Anwält*in kennst oder die*den Anwält*in deines Vertrauens nicht erreichen kannst, gibt es auf den meisten Wachen Listen mit anwaltlichen Notdiensten. Die Bullen sind verpflichtet, dich mit einer*einem Anwält*in telefonieren zu lassen. Allerspätestens, wenn du vor der*dem Haftrichter*in stehst, solltest du beantragen, mit einer*einem Anwält*in telefonieren zu dürfen.
Bei der*dem Haftrichter*in wirst du aufgefordert, zur „Sache" auszusagen, was du natürlich nicht tust. Sollte jedoch die Frage der Fluchtgefahr aufgeworfen werden, ist es allerdings sinnvoll – falls vorhanden – einen festen Wohnsitz und/oder deinen Studien/Ausbildungs- oder Arbeitsplatz bzw. von dir zu versorgende Angehörige anzugeben. Zu diesen Punkten sollte mensch etwas sagen, zu allen anderen nicht! Wenn sich die*der Haftrichter*in über deine Verhältnisse informiert hat und ein Haftbefehl erlassen werden soll, musst du den Antrag stellen, keinen Haftbefehl zu erlassen oder die Außervollzugsetzung des Haftbefehls beantragen. Wird letzterem Antrag stattgegeben, bleibt der Haftbefehl zwar bestehen, du kommst aber nicht in den Knast, sondern wirst gegen Auflagen – wie beispielsweise einer täglichen Meldepflicht bei den Bullen – freigelassen. Wenn die*der Haftrichter*in keinen Haftbefehl ausstellt, musst du sofort freigelassen werden. Ansonsten kommst du in Untersuchungshaft. Bevor die*der Haftrichter*in dich abführen lässt, kannst du bzw. kann dein*e Anwält*in noch einige Anträge stellen:

- Antrag auf mündliche Haftprüfung: Das bedeutet, innerhalb von 14 Tagen wird noch einmal vor Gericht geprüft, ob deine Haft weiter bestehen bleibt. Bestehe darauf, dass der Antrag ins Protokoll aufgenommen wird. Dann musst du ihn nicht später schriftlich stellen.
- Antrag auf doppelte Aktenführung: Das heißt, dass sowohl die Staatsanwaltschaft als auch die*der Richter*in Akten zu deinem Fall besitzen. Normalerweise sind die Akten nur bei der Staatsanwaltschaft. Die

doppelte Aktenführung beschleunigt die Genehmigung von Besuchen und die Bearbeitung all deiner Anträge durch die*den Haftrichter*in, weil sie*er sich dann nicht jedes Mal die Akten von der Staatsanwaltschaft kommen lassen muss.

- Anträge auf Ausstattung mit bestimmten Gegenständen, die du in der Zelle haben willst, wie Schreibmaterial, Bücher oder Radio. Wenn diese Anträge erfolgreich sind, bekommst du diese Dinge schneller.

Nach der Entlassung

Wenn du nicht der*dem Haftrichter*in vorgeführt wurdest, musst du spätestens bis 24:00 Uhr des Folgetages aus dem Gewahrsam entlassen werden. Als erstes nach der Entlassung solltest du dich mit deinen Genoss*innen treffen, die hoffentlich vor der GeSa warten. Versuche, zu relaxen. Vielleicht möchtest du ja auch etwas essen oder trinken. In den ersten 24 Stunden nach deiner Entlassung solltest du ein Gedächtnisprotokoll schreiben (vgl. Kap. 2_10_Gedächtnisprotokolle). Und du kannst jetzt endlich mit Leuten über das Erlebte reden, um die Scheißsituation aufzuarbeiten. Du kannst über deine Ängste sprechen, über die Sachen, die du ganz gut auf die Reihe gekriegt hast, und genauso über Sachen, mit denen du Schwierigkeiten gehabt hast. Dein Gedächtnisprotokoll solltest du nicht zu Hause verwahren. Bringe es zu einer Rechtshilfegruppe oder zu einer*einem Anwält*in.

Wenn du Aussagen gemacht und damit andere eventuell belastet hast oder bei dir belastendes Material gefunden wurde, ist es wichtig, dass du mit deiner*deinem Anwält*in und den Betroffenen darüber sprichst und ihr gemeinsam überlegt, auf was nun zu achten ist. Auch wenn es dir schwer fällt, dir vielleicht saumäßig peinlich ist oder du das Gefühl hast, „versagt" zu haben: Es ist wichtig, dass Betroffene und Beteiligte frühestmöglich erfahren, dass gegen sie jetzt vielleicht auch ermittelt wird.

Zurück zur Entlassung: Wenn du im Zusammenhang mit einer Demo eingefahren bist, denk daran, dich beim EA zu melden. Bei Verletzungen: Lass dich von einer*einem Ärzt*in deines Vertrauens behandeln und die Art deiner Verletzungen attestieren. Das brauchst du, falls du vorhast, gegen die Bullen vorzugehen. Der*Dem Ärzt*in brauchst du nicht in aller Ausführlichkeit erzählen, was passiert ist.

2_9_Demonachbereitung

Es ist eine gute Idee, möglichst jede Demo, Kundgebung oder Aktion nachzubereiten. Eine gemeinsame politische Reflexion trägt dazu bei, die politische Arbeit der radikalen Linken kontinuierlich kritisch und solidarisch weiterzuentwickeln. Was war gut und was weniger? Welche Schlüsse ziehen wir daraus für die nächsten Aktionen? Kritik und Selbstkritik sind ein wichtiger Bestandteil einer politischen Weiterentwicklung, und es muss ja nicht sein, dass Fehler wiederholt werden.
Am einfachsten ist es, wenn ihr den Termin für das Nachbereitungstreffen bereits vor der Aktion absprecht. Nur so ist sichergestellt, dass alle Zusammenhänge aus der Vorbereitung ihn auch auf dem Schirm haben. Es ist sinnvoll, wenn sich kleinere Bezugsgruppen schon vor einem „großen" Nachbereitungstreffen über die Aktion ausgetauscht haben.
Gelegentlich wird das Fazit der Nachbereitung einer größeren (Szene-) Öffentlichkeit zur Verfügung gestellt, um die gewonnenen politischen Einschätzungen weiter zu diskutieren. Es kann für mögliche anstehende Gerichtsprozesse sogar sinnvoll sein, wenn es eine öffentliche Einschätzung aus dem Vor- bzw. Nachbereitungskreis gibt. Veröffentlichungen zu konkreten Gerichtsverfahren müssen allerdings immer mit den Betroffenen besprochen werden, da es sich für sie je nach Situation positiv oder negativ auswirken kann. Wenn ihr z.B. zur Nachbereitung einen Text veröffentlicht, in dem ihr unmissverständlich formuliert, dass alle Teilnehmer*innen einer Demo im Vorfeld wussten, dass ihr einen Nazi-Laden entglasen wolltet, so wird dies jedes Gericht zu Ungunsten möglicher Angeklagter auslegen. Oftmals geht es lediglich um die Art der Formulierung. Ihr solltet unbedingt politische Erfolge auch so benennen. Bezüglich des angeführten Beispiels kann dies sehr gut etwa mit der folgenden Formulierung geschehen: „Wir wurden im Rahmen der Demonstration durch die spontane Entglasungs-Aktionen des Nazi-Ladens überrascht, freuen uns jedoch explizit darüber, dass der Laden nun für einige Zeit Wind und Wetter ausgesetzt ist."
Ein Nachbereitungstreffen darf keinesfalls dazu dienen, Held*innengeschichten zu verbreiten oder eine „subjektive Schadensbilanz" aufzustellen. Beim Reflektieren über Aktionen solltet ihr darauf achten, dass keine Namen von Personen und Zusammenhängen genannt werden und Details, die auf eigene Beteiligung schließen lassen, haben hier auch nichts verloren. Schließlich sind die Nachbereitungstreffen auch für Polizei oder Geheimdienste von Interesse. Zum Abschluss wollen wir euch noch eine – unvollständige – Liste mit typischen Fragen für Nach-

bereitungstreffen mit auf den Weg geben. Was bei der Nachbereitung besprochen wird bzw. werden muss, hängt natürlich sehr von der konkreten Aktion ab.

- Wie war die Stimmung auf der Demo? Welchen Einfluss können wir in Zukunft darauf nehmen?
- War die Aktion ein Erfolg? War die politische Einschätzung, die der Aktion zu Grunde lag, richtig?
- Konnten eure Inhalte so vermittelt werden, wie ihr es euch auch in der Vorbereitung ausgemalt habt?
- Wie lief die Kommunikation/Zusammenarbeit innerhalb der Demo? Hat alles geklappt oder was ist in Zukunft zu verbessern? Wurden Absprachen eingehalten?
- Wie verlief der Einsatz der Polizei? Entsprach dieser Einsatz eurer Einschätzung? Was lief anders und was sollte daraus für zukünftige Aktionen folgern?
- Wie war euer Verhalten bei den Kooperationsgesprächen? Hat sich euer Vorgehen als richtig erwiesen?
- Wie schätzt ihr es im Nachlauf ein, die Demo nicht anzumelden?
- Wie ist eure Einschätzung zur politischen Außenwirkung der Aktion? Wie haben die Medien auf die Ankündigung und die konkreten Aktivitäten reagiert? Was lässt sich an der Öffentlichkeitsarbeit verändern?
- Wurden Parolen gerufen? Wenn ja, entsprachen diese eurem Anliegen?
- Wie war die Technik? Waren die Durchsagen gut verständlich? Wie war die Moderation der Aktion?
- War die Route für die Demo klug gewählt bzw. war es – sofern geschehen – richtig, von der abgesprochenen Route abzuweichen?
- Gab es Fest- oder Ingewahrsamnahmen? Wie kann in Zukunft darauf reagiert werden? Wie könnten sich diese Polizeiübergriffe in Zukunft verhindern lassen?
- Hat der abgesprochene Umgang mit Pressefotograf*innen funktioniert? Wurden Absprachen eingehalten? Konnte den Medienvertreter*innen euer Vorgehen nachvollziehbar nahegebracht werden?
- Hat die Zusammenarbeit der verschiedenen Strukturen (Demoleitung, Info- und Rechtshilfestruktur, Sanitäter*innen, Lautsprecherwagen, Moderation, Demospitze etc.) gut funktioniert?
- Wie war der Umgang der Polizei mit Fest- und Ingewahrsamnahmen? Durften die Betroffenen telefonieren? Wurden sie stundenlang in Ge-

fangenenbussen in der prallen Sonne gebacken? Was am Vorgehen der Polizei lässt sich zivilgesellschaftlich skandalisieren?

- Sitzen noch Leute ein? Was kann der Vorbereitungskreis noch an Solidaritätsarbeit leisten? Welche Solidaritätsarbeit ist notwendig?
- Und zuletzt solltet ihr bedenken, dass nach der Demo immer auch vor der Demo ist. Wie wollt ihr politisch am Thema weiterarbeiten?

2_10_Gedächtnisprotokolle

Es gibt viele verschiedene Situationen, in denen es sinnvoll sein kann, die Geschehnisse vor Ort in einem Gedächtnisprotokoll festzuhalten. Generalisierend betrifft das alle Situationen, bei denen du mit von dir nicht gewollten Aktionen etwa von Cops oder Nazis konfrontiert wirst.
Zumeist treten solche Situationen bei Demos und sonstigen Großveranstaltungen auf. Dazu zählen beispielsweise Festnahmen/Ingewahrsamnahmen, Übergriffe von Cops oder Nazis mit und ohne Verletzungen. Aber auch wenn du der Meinung bist, in einer bestimmten Situation von den Ereignissen überfahren zu werden, kann ein Gedächtnisprotokoll sinnvoll sein, um dich ggf. nachträglich dagegen zur Wehr setzen zu können. Dazu zählen beispielsweise Hausdurchsuchungen oder Kesselsituationen bei Demos. Auch Anquatschversuche durch den Verfassungsschutz oder die Bullen solltest du aufschreiben.

Sinnvoll ist das Schreiben von Gedächtnisprotokollen deshalb, weil so bei eventuell folgenden Prozessen, die oft erst lange Zeit danach stattfinden, relativ authentische Situationsbeschreibungen vorhanden sind, die für das Erstellen einer Verteidigungs-/Prozessstrategie von Nutzen sein können. So waren beispielsweise die Gedächtnisprotokolle des G8-Gipfels in Rostock sehr hilfreich, um durch ein Gericht die Unzulässigkeit des Gewahrsams feststellen zu lassen.

Oft ist es so, dass erst Wochen oder auch Monate nach einer Aktion Post von den Repressionsorganen ins Haus flattert, auf die ggf. reagiert werden muss. Dies funktioniert ohne Frage besser, wenn möglichst viele Fakten noch griffbereit sind. Um sicherzustellen, dass die Erinnerungen noch frisch sind, ist es dabei sinnvoll, das Gedächtnisprotokoll innerhalb von 24 Stunden nach dem Vorfall zu verfassen.

Nutzen, Verwendung und Risiken von Gedächtnisprotokollen

- Als Beschuldigte*r

Ein Gedächtnisprotokoll kann dir dabei helfen, dich gegen erhobene Vorwürfe zur Wehr zu setzen. Wenn du also wegen eines bestimmten Vorwurfs von Seiten der Repressionsorgane mit einem Ermittlungsverfahren überzogen wirst, dann hast du mit einem Gedächtnisprotokoll auch Monate später deine Erinnerungen noch konkret parat. Zusammen mit deiner*deinem Anwält*in kannst du auf dieser Basis optimal an einer Gegenstrategie feilen. Von Alleingängen (ohne Anwält*in) raten wir aber dringend ab! Die Inhalte eines Gedächtnisprotokolls können u.U. auch gegen dich (oder andere Aktivist*innen) verwendet werden – das gilt vor allem, wenn es nicht „sauber" geschrieben ist und in die falschen Hände gerät (dazu später mehr). Berate dich in jedem Fall mit einer Antirepressionsgruppe deines Vertrauens!

- Als Zeug*in

Darüber hinaus kann ein Gedächtnisprotokoll aber auch in solchen Fällen nützlich sein, bei denen gar nicht gegen dich ermittelt wird: Möglicherweise hast du ja z.B. einen Übergriff beobachtet? Dann schreib deine Beobachtungen auf und stelle das Protokoll der*dem Betroffenen (falls bekannt) oder der Antirepressionsgruppe vor Ort zur Verfügung. In diesem Fall kannst du als potenzielle*r Zeug*in für die Anwält*innen von anderen Betroffenen nützlich sein. Achte dabei aber sehr genau auf eine sichere Verwahrung des Protokolls (z.B. nicht unverschlüsselt per E-Mail versenden)! Wenn das Protokoll in die falschen Hände geraten sollte, könnten auch die Strafverfolgungsbehörden an dir als Zeug*in interessiert sein. In diesem Fall kann es schwierig werden, sich auf ein Zeugnisverweigerungsrecht zu berufen (vgl. Kap. 1_2_Aussageverweigerung).
Falls du nicht in einen möglicherweise anstehenden Prozess hineingezogen werden möchtest, kannst du das gegenüber den Betroffenen oder der

Antirepressionsgruppe äußern. Reflektiert politisch handelnde Menschen werden diesen Wunsch respektieren und entsprechend deine Beobachtungen nicht in eine Gerichtsverhandlung einführen.

- Als Betroffene*r

Oft besteht bei Betroffenen von Repressionsmaßnahmen auch der Wunsch, gegen Übergriffe etc. vorzugehen (z.B. prügelnde Cops, Einkesseln von Demos, Hausdurchsuchungen mit Verwüstungen – die Liste ist lang). Auch dafür sind Gedächtnisprotokolle durchaus gut zu gebrauchen. In diesem Fall gilt es jedoch viel mehr zu beachten als bei den oben beschriebenen Fällen: Auf keinen Fall solltest du im Alleingang und ausschließlich nach gründlicher Vorbereitung mit deiner Antirepressionsgruppe oder einer*einem vertrauenswürdigen Anwält*in vorgehen! Die Risiken sowohl von Gegenanzeigen als auch von Gefährdungen Dritter durch getroffene Aussagen, die ja bei eigenen Anzeigen gemacht werden müssen, sind real und nicht zu unterschätzen (vgl. Kap. 1_3_Unsere Strukturen schützen und Einsatz verdeckter Ermittler*innen). Einige Antirepressionsgruppen raten deshalb generell von eigenen Klagen ab, andere Gruppen hingegen sind bei schweren Vorkommnissen geneigt, dich zu unterstützen. Wenn dir aber jemand vorbehaltlos und ohne intensive Abwägung zu einem solchen Schritt rät, bist du definitiv ohne politisches Gespür (also schlecht) beraten!

Inhalt eines Gedächtnisprotokolls

Vorab: Ein Gedächtnisprotokoll darf weder dich noch andere belasten – dieser Punkt hat absolute Priorität vor allen anderen Aspekten! Außerdem enthält das Protokoll ausschließlich Fakten. Vermutungen und Emotionen haben hier wirklich gar nichts zu suchen. Vielmehr soll ein solches Protokoll eine möglichst sachliche und detaillierte Beschreibung der Vorgänge enthalten. Dabei kann es prinzipiell sehr schwierig werden, ein Ereignis angemessen, ausführlich und möglichst präzise zu beschreiben, ohne dabei sich selbst, andere Aktivist*innen oder solidarische Dritte zu belasten. Dies ist u.U. auch gar nicht möglich. Hier beginnen die Tücken der Praxis. Genaue, abgewogene und unmissverständliche Formulierungen sind gefragt. Im Zweifelsfall sind einzelne Aspekte wegzulassen, anstatt sie zu beschönigen. Dabei hilft es, sich beim Verfassen in die Gegenseite hineinzuversetzen: Welche Inhalte könnte ein*e Staatsanwält*in für ihre*seine Zwecke nutzen? Derartige Inhalte müsst ihr umformulieren oder ganz streichen!

Im Folgenden einige exemplarische Tipps mit sicherlich idealisierten Beispielen:
Am Anfang sollte der Name der*des Verfasser*in, das Datum und die Uhrzeit des Ereignisses und der genaue Ort des Geschehens (Straße, Kreuzung, Ampel etc.) stehen. Dann sollte das Beobachtete so genau wie möglich beschrieben werden. Also: Was ist passiert? (z.B.: „Mindestens drei Cops aus der ersten Reihe sprühten mit Pfefferspray in die Menge der Demonstrant*innen und zwar gezielt auf Kopfhöhe.“) Wer wurde verletzt? (z.B.: „Mir haben sofort die Augen gebrannt.“) Wer wurde festgenommen? (z.B. „Ich wurde durch zwei nicht gekennzeichnete Bullen in blauer Uniform zu Boden gestoßen und mit Kabelbinder gefesselt.“) In diesem Sinne weiter, bis die Situation in ihrer Gänze beschrieben ist (weitere ggf. festzuhaltende Stichpunkte findest du im Anhang zu diesem Kapitel). Dabei kann es auch sinnvoll sein, die Situation vor dem Ereignis zu schildern und eine persönliche Lageeinschätzung abzugeben: Ob es ruhig war, ob die Cops schon die ganze Zeit provoziert haben, ob ein enges Spalier gebildet wurde oder ob es Auseinandersetzungen gab (z.B. „Vor dem Pfeffereinsatz war die Demo völlig entspannt.“).
Zur allgemeinen Personenbeschreibung von unbekannten Handelnden („Angreifer*innen“) gehören neben dem zugeschriebenen Geschlecht und der ungefähren Größe auch das mutmaßliche Alter, Haarfarbe und -länge, Klamotten, Tattoos sowie unter Umständen Körperbau bzw. allgemeines Aussehen. Weiterhin solltest du auf Auffälligkeiten achten – Frisuren, Klamotten, Narben, Verbände – eben alles, womit die Person, die den Übergriff ausgeführt hat, aus einer Masse herausgefiltert werden kann. Auch bei Cops bieten sich trotz der Uniformierung mehrere Möglichkeiten, Unterschiede festzustellen. Neben der Nummer der jeweiligen Einheit finden sich auch schon einmal Markierungen auf Uniformen oder Helmen, verschiedene Knüppel oder auch unterschiedliche Handschuhe in derselben Einheit. Auch Besonderheiten wie ein fehlender Helm, ein „verzierter“ Knüppel oder ein auffälliger Dialekt sollten mit ins Gedächtnisprotokoll, ermöglichen sie doch u.U. eine nachträgliche Identifizierung.
Wir weisen darauf hin, dass auch Nebensächlichkeiten wichtig sein können. So ist es z.B. sinnvoll, darauf einzugehen, ob es geregnet, geschneit oder gehagelt hat oder ob die Sonne schien. Klar ist auch, dass in der Abenddämmerung nicht so viel erkennbar ist wie bei hellem Tageslicht oder bei guter Beleuchtung. So konnte mithilfe solcher Details bei Verfahren auch schon der ein oder andere Cop unglaubwürdig gemacht werden. Sehr hilfreich sind auch Skizzen von Übergriffen. Wenn du so etwas hinzufügen kannst, freut sich jede Rechtshilfegruppe.

Was in einem Gedächtnisprotokoll **in keinem Fall** etwas zu suchen hat, sind Beschreibungen strafbarer Handlungen von dir oder anderen Aktivist*innen (z.B. „Ich habe mich gegen die Festnahme gewehrt und der vermummte Typ hat die Bullen als Arschlöcher beschimpft."). Auch Beschreibungen von Aktionen, die mit dem eigentlichen Übergriff an sich nichts zu tun haben, gehören nicht in das Protokoll (z.B. „Während ich fixiert wurde, sah ich, wie einige Demonstrant*innen Schotter aus dem Gleisbett entfernten."). Hier handelt es sich eindeutig um eine Gefährdung von Leuten und Strukturen.

Ganz wichtig ist auch, nichts zu beschönigen oder schlimmer darzustellen, um eventuell Vorteile für die Opfer von Übergriffen herausholen zu wollen. Dies kann nämlich ganz schnell nach hinten losgehen und gegen eine*n verwendet werden. Zum Beispiel, wenn dein*e Anwält*in von falschen Tatsachen ausgeht und dann böse Überraschungen erlebt. Zweifelhafte (belastende) Inhalte also weglassen und nicht umdichten!

Weiterhin: **Ein Gedächtnisprotokoll enthält ausschließlich die Namen der Verfasser*innen und der Menschen, die den Cops in diesem Zusammenhang sowieso bekannt wurden.** Es ist Aufgabe aller Beteiligten (also Verfasser*in, Rechtshilfegruppe, ggf. Anwält*in), dafür zu sorgen, dass diese Namen nicht in falsche Hände geraten! Wer sonst noch an der Demo teilnahm, hat im Protokoll nichts zu suchen – schon gar nicht mit Klarnamen. Genannt werden können und sollten aber die Namen von Cops oder Neonazis, die entweder zufällig gefallen sind oder auf Anfrage herausgegeben wurden.

Abschließend möchten wir unterstreichen, dass Held*innentaten in Gedächtnisprotokollen nichts zu suchen haben. Verzichte darauf, glorreiche Geschichten zu erzählen (weder deine eigenen noch die von anderen Handelnden), denn damit belastest und gefährdest du dich und andere!

Wohin mit dem Gedächtnisprotokoll?

Am besten aufgehoben sind Gedächtnisprotokolle bei der Rechtshilfe/EA-Gruppe deines Vertrauens. Diese bewahrt die Gedächtnisprotokolle an sicheren Orten auf und gibt sie auch nur in Absprache mit dir an Anwält*innen weiter. Eben durch die Zusammenarbeit mit Anwält*innen, aber auch dadurch, dass bestimmte Situationen oder Ereignisse von den Rechtshilfegruppen beleuchtet und ausgewertet werden, wird das Gedächtnisprotokoll hier sinnvoll genutzt. Des Weiteren kann oftmals erst dadurch eine Verbindung zu verschiedenen Betroffenen von Übergriffen hergestellt werden, falls das gewünscht ist. Da die Handhabung von Gedächtnisprotokollen von Rechtshilfegruppe zu Rechtshilfegruppe aller-

dings unterschiedlich sein kann, erkundige dich am besten bei der entsprechenden Gruppe vor Ort, ob sie dein Gedächtnisprotokoll benötigen und wie du es ihnen am besten zukommen lassen kannst.
Findest du in deiner Umgebung keine Rechtshilfegruppe, solltest du das Gedächtnisprotokoll direkt zu einer*einem Anwält*in deines Vertrauens geben. Sofern du es zur Not bei dir zu Hause aufbewahren musst, speichere es am besten auf deinem verschlüsselten Computer und versieh es immer mit dem Vermerk „Für meine*n Verteidiger*in". Damit ist der Inhalt für die Cops tabu. Falls sie es dennoch lesen/beschlagnahmen sollten (wozu sie kein Recht haben), darf zumindest der Inhalt des Protokolls vor Gericht nicht verwendet werden. Falls du es (aus welchen Gründen auch immer) doch in Papierform bei dir zu Hause deponieren musst oder willst, dann bewahre es in einem zugeklebten Briefumschlag mit der Aufschrift „Für meine*n Verteidiger*in" auf.
Und denk daran: Ein Gedächtnisprotokoll darf niemals per Post, gefaxt oder unverschlüsselt per E-Mail (vgl. Kap. 4_2_ComputerUnsicherheit) verschickt werden. Gib es am besten persönlich bei einer Kontaktadresse ab. Bei der Vernichtung von Gedächtnisprotokollen – auch den Entwürfen oder Kopien, die nicht mehr gebraucht werden – darauf achten, dass sie nicht einfach so im Altpapier landen, sondern geschreddert o.ä. werden.

Was sonst noch zu beachten ist

Es ist immer besser, handschriftlich verfasste Gedächtnisprotokolle abzutippen, da sie durchaus noch mal gelesen werden müssen. Für die Gruppen, die Gedächtnisprotokolle erhalten, sollte klar sein, dass sie damit verantwortungsbewusst umgehen müssen. Also: An einem sicheren Ort aufheben, sie nicht ohne Absprache mit ggf. weiteren Betroffenen an Anwält*innen weitergeben und sie in keinem Fall für Polizei und Justizbehörden zugänglich machen.
Alles in allem sind Gedächtnisprotokolle eine Möglichkeit, unsere Ausgangsposition in einem nachfolgenden Verfahren zu verbessern. Deshalb: RAFF DICH AUF!

Gedächtnisprotokoll – für meine*n Verteidiger*in *(Dieser Zusatz ist wichtig! Er sichert deiner*deinem Verteidiger*in den Zugriff auf das Protokoll, falls es doch in die Hände der Cops geraten sollte.)*

Name und Kontakt: Datum und Uhrzeit des Ereignisses:

Genauer Ort des Geschehens: (*Straße, Kreuzung etc.*)

Beschreibung des beobachteten Vorfalls: (*so genau wie möglich*)

- Art des Übergriffes (*Fest-, Gewahrsamnahme, Prügelorgie, Wegtragen, Angriffe etc.*)
- Wer wurde festgenommen/angegriffen?
- Zeug*innen (*nur, falls unerlässlich, keine Klarnamen, ggf. Abkürzungen verwenden*)
- Anzahl, Diensteinheit, Ausrüstung und Aussehen der Cops/ Angreifer*innen
- KFZ der Angreifer*innen (*Kennzeichen, Marke, Farbe, Besonderheiten etc.*)
- Die Situation und damit zusammenhängende Ereignisse:
  - Allgemeine Stimmung (*Partystimmung, Kessel, Rennen, aggressiv, aufgeheizt, eher ruhig etc.*)
  - Vorgehen der Angreifer*innen (*nach Befehl, Ansagen, gezielt, wahllos, aggressiv, impulsiv etc.*)
  - Wurde Gewalt von den Angreifer*innen ausgeübt? Wenn ja, wie? (*Schlagstock, Tritte etc.*)
  - Haben die Angreifer*innen gefilmt/fotografiert?
  - Entfernungen (*zwischen dir und Demo, Cops und Demo, einzelnen Polizist*innen und deren Einheit etc.*)
  - Zeit zwischen einzelnen Begebenheiten (*Aktion – Übergriff, Aufenthalt in der Polizeiwanne oder davor etc.*)
  - Genaue chronologische Reihenfolge (*z.B. Ansagen der Cops – Zugriff*)
  - Wurde jemand verletzt? Wenn ja, wodurch und durch wen?
  - Wurde medizinische Hilfe zugelassen bzw. geleistet? Von wem? (*Attest der*des Hausärzt*in!*)
- Wie wurde argumentiert/begründet? (*z.B. Grund der Ingewahrsamnahme*)

- Wie haben Umstehende (evtl. auch Cops) reagiert? (*eskalierend durch Anfeuern, Klatschen etc. oder deeskalierend etwa durch Protestieren oder Eingreifen*)
- Ablauf und Umstände in der Gefangensammelstelle (GeSa)?
- Wurde der Verbringungsort nach einer Ingewahrsamnahme bekannt gegeben?

Was steht nicht im Gedächtnisprotokoll:

- (Klar-)Namen von Menschen, die den Cops in diesem Zusammenhang nicht bekannt wurden (ausschließlich Name der Verfasser*in und Namen der ggf. Verhafteten)
- strafrechtlich relevante Aktionen durch dich oder andere Aktivist*innen

2_11_Vorladungen

*Vorladung zu den Bullen als Beschuldigte*r*

Ganz wichtig: Vorladungen zu den Bullen (auch LKA und BKA) müssen nicht befolgt werden! Nach der Strafprozessordnung (StPO) hat die Polizei keinerlei Zwangsmittel in der Hand, eine Vorladung durchzusetzen. Diese haben nur Staatsanwaltschaft und Richter*in. Wer nicht hingeht, muss keine Gründe dafür angeben und auch nicht befürchten, einfach abgeholt zu werden.

Die Vorladungen werden normalerweise mit der Post geschickt. Es kann aber auch passieren, dass angerufen und nachgefragt wird, ob du nun kommst oder nicht. Du bist weder verpflichtet, mitzuteilen, ob du hingehst, noch musst du Gründe angeben. Hier gilt uneingeschränkt die Regel: Wir haben den Bullen nichts zu sagen!

Hast du den Termin verstreichen lassen, passiert erst mal gar nichts, bis dann vielleicht ein Strafbefehl, die Anklageschrift oder eine Vorladung zur Staatsanwaltschaft kommt. Eine Vorladung zur Staatsanwaltschaft gibt es jedoch nur selten. Nochmal: Wir können nur raten, nicht zu den Bullen zu gehen, aber Kontakt mit der Rechtshilfe oder Anwält*in aufzunehmen. Denn die Gefahr, dass wir den Bullen ungewollt Infos über uns selbst, andere oder Zusammenhänge geben, ist sehr groß, wenn wir erst mal da sind. Damit sind auch Infos gemeint, die mit der in der Vorladung angegebenen Sache erst mal nichts zu tun haben (vgl. Kap. 1_2_Aussageverweigerung).

*Vorladung zur Staatsanwaltschaft als Beschuldigte*r*

Beschuldigte sind verpflichtet, einer Ladung zur Staatsanwaltschaft Folge zu leisten. Dir muss mitgeteilt werden, welcher Tat du beschuldigt wirst (§ 136 Abs. 1 StPO). Jede*r Beschuldigte hat das Recht, die Aussage zu verweigern (§ 136 Abs. 1 StPO). Darauf muss dich die*der Staatsanwält*in auch hinweisen! Du musst nur die Personalien angeben und sagen, dass du die Aussage verweigerst. Du hast das Recht auf Strafverteidigung, welche du zur Vorladung mitnehmen solltest (§ 137 StPO). Wenn du also eine Vorladung von der Staatsanwaltschaft bekommst, musst du dich unbedingt vorher mit deiner*deinem Anwält*in beraten.

Die Staatsanwaltschaft ist die Anklagebehörde. Deine Vorladung dient dazu, die Anklage zu untermauern. Alles, was du dort sagst, kann gegen dich verwendet werden. Selten kann eine Einlassung aber auch dazu führen, dass die Anklage fallen gelassen wird. Dies aber auch nur dann, wenn die Aussichten auf eine Verurteilung sowieso schon gering waren. Gleichzeitig kann es aber auch bedeuten, dass du zwar aus dem Schneider bist, aber deine Aussage dazu beiträgt, andere Menschen zu belasten. Deshalb grundsätzlich: KEINE AUSSAGEN MACHEN!

Viele haben Angst, dass die Staatsanwaltschaft aus einer Aussageverweigerung Rückschlüsse auf eine Tatbeteiligung ziehen kann. Das kann natürlich passieren. Dabei sollte allerdings nicht vergessen werden, dass auch in „unpolitischen" Prozessen Aussageverweigerung weit verbreitet ist. Zumindest die*der Richter*in darf dir, rein juristisch, daraus keinen Strick drehen.

Wenn die Vorladung eintrifft, kannst du die Aussageverweigerung schriftlich mitteilen. Dies kann dein Rechtsbeistand für dich erledigen. Oft wird dann nicht auf der Vorladung bestanden. Es gibt aber keine Verpflichtung für die Staatsanwaltschaft, auf die Vorführung zu verzichten. Wenn in der

Ladung schon die Vorführung angedroht wird, solltest du der Staatsanwaltschaft schriftlich die Aussageverweigerung mitteilen und gleichzeitig bei der*dem Ermittlungsrichter*in Rechtsmittel gegen die angedrohte Vorführung einlegen. Dies bedeutet, dass die Staatsanwaltschaft einen Antrag auf gerichtliche Entscheidung der*des Richter*in stellen muss. Lässt dich die*der Ermittlungsrichter*in vorführen, gibst du auch dort nur die Personalien an und erklärst nochmal, dass du von deinem Recht auf Aussageverweigerung Gebrauch machst.
Wenn du nicht freiwillig zur Vorladung gehst, ist es möglich, dass du zwangsvorgeführt wirst (§ 163a Abs. 3 StPO). Bei der Zwangsvorführung kann es passieren, dass du schon am Abend vorher von den Bullen abgeholt und die Nacht über im Polizeigewahrsam festgesetzt wirst. Nach der Zwangsvorführung musst du aber wieder freigelassen werden.
Egal, ob du freiwillig der Ladung folgst oder zwangsweise vorgeführt wirst, mach dir klar, was für eine Situation auf dich zukommt: Die Staatsanwaltschaft klagt dich an, auch wenn die Person, die vor dir sitzt, gerade freundlich ist. Das Sicherste ist also immer, ausschließlich die Personalien anzugeben und sonst nichts zu sagen.

Vernehmung und Aussageverweigerung

Im Sinne des rechtsstaatlichen Verfahrens soll die Vernehmung durch die Ermittlungsbehörden, also Bullen und Staatsanwaltschaft, den Beschuldigten die Möglichkeit geben, sich von den erhobenen Vorwürfen zu entlasten. Die Bullen und die Staatsanwaltschaft haben jedoch bei Vernehmungen das Ziel, so viel wie möglich aus Verdächtigen rauszuholen, sich ein Bild zu machen, die betreffende Person einzuschätzen und sie zu überführen: Und das möglichst durch ein Geständnis. Dein bester Schutz: Aussageverweigerung!
Als Grundsatz im Strafprozess – und das trifft auch für die Vernehmungssituation zu – gilt, dass niemand sich selbst belasten muss. Jede*r Beschuldigte darf die Aussage verweigern, ohne dass ihr*ihm dies zum Nachteil ausgelegt werden darf. Das heißt zwar nicht, dass Bullen und Staatsanwält*in dies nicht doch tun, aber ein*e Richter*in darf damit keine Verurteilung begründen. Jede Aussage, auch wenn sie sich nur teilweise auf die Beschuldigung bezieht, darf im Prozess gegen dich verwendet werden. Es kann ihr dann nur noch eine weitere, abweichende Aussage hinzugefügt werden. Im Prozess werden meist die vernehmenden Bullen gehört und es bleibt der freien Beweiswürdigung des Gerichts überlassen, wem es nun mehr glaubt und auf welche Aussage es sich stützen will. Alles, was eventuell zu sagen wäre, kannst du – nach reiflicher Überle-

gung mit deinen eigenen Leuten, Anwält*innen und der Rechtshilfe – auch noch später vor Gericht sagen und auf gar keinen Fall den Bullen oder der Staatsanwaltschaft. Das läuft dir nicht weg. Aber eine voreilige Aussage schadet bestimmt. Im Übrigen haben Angeklagte im Prozess immer das letzte Wort.

Gegenüberstellung

Die Gegenüberstellung ist eine besondere Form der Vernehmung. Sie ist nach § 58 Abs. 2 StPO unter verschiedenen Zeug*innen bzw. zwischen Zeug*innen und der*dem Beschuldigten zulässig. Ein Recht zur Vorführung Beschuldigter haben nur Staatsanwaltschaft und Richter*in. Die Bullen können aber vorläufig Festgenommene zur Gegenüberstellung zwingen. Mit dieser Praxis soll versucht werden, die*den Täter*in zu identifizieren oder zu überführen. Sollst du Zeug*innen gegenübergestellt werden, bestehe auf jeden Fall darauf, dass die Gegenüberstellung ausgesetzt wird, bis dein Rechtsbeistand da ist. Mach dich aber darauf gefasst, dass es nicht klappen könnte.

*Vernehmungssituation als Beschuldigte*r im Ermittlungsverfahren*

Landest du trotz deiner Verweigerungshaltung durch Festnahme oder Zwangsvorführung bei der Staatsanwaltschaft, hast du das Recht auf Aussageverweigerung und Rechtsbeistand. Das müssen sie dir auch mitteilen. Außerdem müssen sie dir sagen, welcher Tat du beschuldigt wirst. Das machen sie in den wenigsten Fällen. Denn sie wollen ja gerade deine Unsicherheit ausnutzen und möglichst viel aus dir herausholen, wenn sie dich schon einmal alleine in der Mangel haben. Bestehe darauf, zu erfahren, ob du als Zeug*in oder Beschuldigte*r verhört wirst, weil du deinem Status entsprechend unterschiedliche Rechte hast. Es ist schon oft vorgekommen, dass aus einer*einem Zeug*in ein*e Beschuldigte*r geworden ist.
Wir empfehlen in diesem Zusammenhang einige Trockenübungen, z.B. Rollenspiele, bei denen du dich in die Situation hineindenkst, um ein bisschen vorbereitet zu sein auf das, was da auf dich zukommt. Bestehe darauf, eine*n Anwält*in zu verständigen. Nimm aber keine*n, die*der dir von den Bullen oder der Staatsanwaltschaft empfohlen wird oder geholt werden soll. Du kannst dir ja selber vorstellen, was das für eine*r ist. Bestehe auf deiner eigenen Wahl.
Die Verhörsituation trifft dich fast immer unvorbereitet. Das gehört zur Taktik der Bullen und der Staatsanwaltschaft. Für dich ist diese Situation

eine Ausnahme. Für sie ist sie Routine. Du bist unvorbereitet. Sie arbeiten mit genauen Instruktionen und eingeübter Taktik. Du bist von den Personen deines Vertrauens abgeschnitten. Sie können sich jederzeit beraten und neue Anweisungen holen. Du kennst deine Rechte nur unvollkommen, bist nervös und aufgeregt. Sie wissen das und sind darauf gedrillt, deine Lage auszunutzen. Du weißt nicht, was sie mit dir machen werden, wie lange das Verhör dauert, was dann passiert. Sie haben eine genaue Vorstellung davon. Du fühlst dich hilflos, mies, hast Angst und die Unsicherheit macht dich fertig. Sie wollen genau das und nutzen es aus. Es ist deutlich leichter, eine Aussageverweigerung durchzuhalten, als dich aus irgendetwas rauszureden: Du musst nicht immer über die Grenzen des zulässigen Gesprächs nachdenken. Es kostet Willenskraft und Energie, sich ständig zu überprüfen. Und diese Kraft gebrauchst du besser dazu, mit der Situation überhaupt fertig zu werden. Bullen oder Staatsanwaltschaft kannst du nicht in deinem Sinne beeinflussen und mit Sicherheit erst recht nicht in dieser Situation. Lass dich also nicht auf politische Diskussionen ein. Leute, denen „zu Unrecht" etwas vorgeworfen wird, fällt es in der Regel schwerer, zu schweigen: Auch wenn du deine Unschuld bezüglich des konkreten Tatvorwurfs nachweisen kannst, mache keine Aussagen. Denn damit erzählst du immer etwas über Zusammenhänge, Freund*innen und dich selbst. Auch hier gilt: Alles, was du aussagen willst, kannst du später nach reiflicher Überlegung im Prozess aussagen.

Verhörmethoden

Es gibt jede Menge Methoden, mit denen aus Leuten Aussagen oder zumindest Äußerungen, mit denen die Ermittler*innen etwas über uns erfahren oder die Glaubwürdigkeit anderer Aussagen überprüfen können, herausgekitzelt werden. Das Ganze funktioniert natürlich nicht so einfach. Mit Vernehmungstechniken sind Psycholog*innen und Kriminolog*innen befasst. Und selbst wenn die Bullen, die die Vernehmung durchführen, nicht geschult sind, haben sie zumindest Routine und Erfahrung. Egal, wie sie dir kommen: Es sind alles Strategien und Taktiken – nicht irgendein persönliches Verhalten.
In § 136a StPO werden verbotene Verhörmethoden gegenüber Zeug*innen und Beschuldigten angeführt. Alle Formen des sogenannten „Verhörs dritten Grades" werden davon erfasst – seien es Versprechungen, Täuschungen, Drohungen, z.B. die Eltern oder Arbeitgeber*innen zu informieren, Vergewaltigung, Medikamentenverabreichung, sanfter Zwang wie Ermüdung oder harter Zwang wie Schläge, grelles Licht oder Schlafentzug. Werden nachweislich solche Methoden angewendet, darf die dabei zustan-

de gekommene Aussage in einem Prozess nicht verwendet werden. Falls du verletzt worden bist, solltest du dir nach der Entlassung die Verletzungen attestieren lassen und dir Zeug*innen suchen, die aussagen, dass du vorher völlig okay warst.
Wir versuchen nachfolgend, einige Verhörmethoden zu beschreiben. Diesen Absatz haben wir nicht geschrieben, um dir Angst zu machen, sondern um dir eine Möglichkeit zu geben, dich auf eine derartige Situation vorzubereiten. Außerdem sollen dir die Beispiele deutlich machen, wie gefährlich es ist, sich bei den Bullen zu äußern bzw. was auf dich zukommen kann.
Prinzipiell lassen sich zwei Arten von Verhören unterscheiden. Es gibt Verhöre, bei denen die vernehmende Person überlegen und autoritär die Vernehmung führt und ständig Fragen stellt, die auf dich einprasseln. Direkte Fragen werden schnell gestellt und mehrfach wiederholt, damit dir keine Zeit zum Nachdenken bleibt. Beispiel aus einem Bullenbuch über Verhörmethoden: „Woher haben Sie die Schramme auf der Backe? Von X oder Y? Wieviel Geld haben Sie genommen? Wieviel Geld haben Sie ihnen gegeben? Wo haben Sie das Geld?“ Seltener werden hierbei die Frageformen „Warum“ oder „Wieso“ benutzt, die eigentlich voraussetzen, dass bestimmte Tatsachen bereits erwiesen sind. Damit ist noch relativ leicht umzugehen: Einfach still sein, gar nix sagen!
Zum anderen gibt es das eher informelle Gespräch, das das Gefühl vermitteln soll, du könntest mitbestimmen, worüber geredet wird. Diese Vernehmungsmethode beruht auf der Selbstverständlichkeit, dass Menschen antworten, wenn sie angesprochen werden. Da ist es schon schwieriger, sich distanziert zu verhalten. Da wird mal harmlos über dies und das geplaudert – übers schwüle Wetter, über Zigarettenmarken – und plötzlich bist du mitten im Verhör, beim Tatvorwurf, sei es durch eine geschickte Wendung des Gesprächs oder durch eine Fangfrage. Zitat aus einem Bullenbuch: „Es gibt ja so viele Dinge, über die mensch sich unterhalten kann: Personalien, Schul-, Berufsausbildung, Familie und dergleichen, und nach einer Weile harmlosen Plauderns merkt der Vernommene plötzlich, dass wir mitten in der Erörterung seiner Tat sind, ohne dass ihm das recht zu Bewusstsein gekommen ist.“ Wenn du dich erst mal auf so ein „Gespräch“ eingelassen hast, können sie dich leichter zu impulsiven Reaktionen oder Rechtfertigungen bringen. Niemand sollte übrigens meinen, bei so einem „Gespräch“ Informationen aus den Bullen herausholen zu können: Bullen sind immer im Dienst!
Eine weitere Strategie ist die der Verunsicherung. Das taktische Vorgehen besteht z.B. darin, Beschuldigte glauben zu lassen, die Bullen wüssten schon alles. Oft wird bei getrennter Vernehmung mehrerer Verdächtiger,

die keinen Kontakt miteinander haben, eine angebliche Aussage anderer vorgehalten. Oder es wird dir vorgehalten, wo du überall gesehen worden bist, was angeblich bei der Hausdurchsuchung gefunden wurde usw. Sie können dir Videoausschnitte/Fotos zeigen oder Tonbänder von Gesprächen vorspielen, an denen du teilgenommen hast, die sie mit Wanzen oder übers Telefon aufgenommen haben: Lass dich davon nicht in Panik versetzen!
Sicherlich ergibt ein richterlich genehmigtes Abhören eines Telefons „legales“, also beweissicheres Material. Aber auch an sich „illegal“ erlangtes Material kann unter bestimmten Voraussetzungen im Prozess verwendet werden. Also: Nerven behalten, auf keinen Fall etwas zu dem abgehörten Material sagen! Lass dich auch nicht darauf ein, irgendwas zu erklären oder richtig zu stellen, wenn auf Grund dieser Aufnahme ein falscher Verdacht gegen dich oder andere entsteht oder falsche Schlüsse gezogen werden.

„Guter Bulle, böser Bulle“

Ein beliebtes Mittel ist die Rollenverteilung unter zwei verhörenden Bullen, um deine Anspannung zu erhöhen. Der eine ist knallhart, der andere gibt den Weichen. Ein Beispiel aus einem Bullenbuch: „Der Beamte A zeigt dem Beschuldigten sein ganzes Mitgefühl und verhält sich ihm gegenüber sehr freundlich und aufgeschlossen. Nach kurzer Zeit verlässt er den Raum; er bedauert, dass er nicht helfen könne, aber der Beschuldigte sage ja doch nicht die Wahrheit. Nun kommt der Beamte B herein und behandelt den Beschuldigten auf eine höchst unfreundliche Art. Ein wenig später, sozusagen am Kulminationspunkt der Unfreundlichkeit, kommt A wieder in den Vernehmungsraum, hält dem Kollegen B sein unfreundliches Verhalten vor und veranlasst B, den Raum zu verlassen, damit er, A, sich mit dem Beschuldigten unterhalten kann. B bemerkt noch einige Unhöflichkeiten über die widerspenstige Art des Beschuldigten und verlässt lautstark den Raum. Danach nimmt A die Vernehmung wieder in seinem freundlichen Ton auf.“ Manchmal wird an die Einsichtsfähigkeit und Vernunft der Beschuldigten appelliert – „was geschehen ist, ist geschehen, es gibt keinen Grund zu schweigen, das macht alles nur noch schlimmer“ oder „Sie sind doch nicht auf den Kopf gefallen, Sie sehen doch, wie schlecht es für Sie aussieht, mit einer Aussage können Sie Ihre Lage nur verbessern.“ Manchmal wird so getan, als ob die Tat und die Tatumstände klar wären und die Vernehmung der*dem Beschuldigten nur noch mal die Chance geben soll, aus ihrer*seiner Sicht die Dinge zu schildern, zu erklären oder gerade zu rücken. Gerade bei politischen Hintergründen äußern die Bullen auch mal Verständnis für die Tat oder die Umstände, die angeblich dazu geführt haben. Oder sie geben dir zu verstehen, dass dich ja nur jemand anderes da mit reingezogen oder verleitet hat und bieten dir so die Möglichkeit, dich quasi zu entschuldigen – wobei du aber zugeben musst, dass du immerhin dabei warst und mitgemacht hast.

Lass dich auch nicht von Versprechungen beeindrucken: Oft wird für eine Aussage die Einstellung des Verfahrens, die Entlassung oder ein niedrigeres Strafmaß in Aussicht gestellt. Für solche Versprechungen müssen die Bullen nicht einstehen. Das können sie auch gar nicht, denn all das entscheiden Staatsanwaltschaft oder Richter*in. Überhaupt musst du mit allen möglichen Tricks rechnen.

Wird z.B. ein Pärchen abgegriffen, werden sie versuchen, es gegeneinander auszuspielen: „Deinem Typ scheint es ja nichts auszumachen, dich in so was mit reinzuziehen, und den willst du decken?" Oder es wird an einen „Schutzimpuls" appelliert, denn schon manche haben ausgepackt, um die*den andere*n zu entlasten. Sofern du bereits im Knast einsitzt, können die Bullen dir drohen, deine Haftbedingungen zu verschlechtern, wenn du die Aussage verweigerst. Das ist Schwachsinn, darauf haben sie keinen Einfluss. Wenn sie dich aus dem Knast noch mal zum Verhör holen, ist das Beste: Du sagst, dass du wieder in den Knast zurück willst, weil du keine Aussage machst. Und nur das! Sie sind nach der Strafprozessordnung dann verpflichtet, dich in den Knast zurückzubringen.

Manchmal ist es möglich, schon im Knast zu sagen, dass du keine Aussage machst, wenn die Justizangestellten sagen, dass du einen Termin bei der Kriminalpolizei hast. Wenn du Glück hast, wirst du dann gar nicht erst zum Polizeipräsidium gebracht. Mach hier trotzdem keinesfalls eine Aussage. Vertraue nie den Bullen oder der*dem Staatsanwält*in, sondern nur dir selbst!

All dieser Taktiken und Tricks sollte sich jede*r bei einer Vernehmung bewusst sein. Die Bullen werden so lange versuchen, dich einzuschüchtern oder zu verunsichern, bis du keine innere Widerstandskraft mehr hast. Sie behandeln dich wie Dreck, betasten dich, legen dir Handschellen an, schubsen dich herum, machen dich an oder machen sich über dich lustig, verprügeln dich vielleicht. Du bist gezwungen, deine eigene Hilflosigkeit ihnen gegenüber auch noch zu bestätigen, wenn du um Feuer oder die Erlaubnis bitten musst, aufs Klo gehen zu dürfen. Du überstehst diese Situation besser, wenn du versuchst, von dir aus etwas dagegen zu setzen, um selbstbewusst zu bleiben und nicht die Nerven zu verlieren. Versuche, regelmäßig ruhig und tief zu atmen. Setze ihnen deine ganze Phantasie entgegen: Stell dir vor, wie klein, ohnmächtig und lächerlich sie sind.

„Gegenspielen"

Im direkten Gegenüber mit den Bullen können „Spielchen" eine Art Hilfestellung geben. Denn über das Ausdenken dieser Spielregeln und die Konzentration darauf, dass mensch sie einhält, behältst du die Situation stets im Kopf, wirst nicht unvorsichtig und bestimmst zumindest ein bisschen den Ablauf mit: Bei Blickkontakt die Sekunden zählen und länger durchhalten. Oder umgekehrt, demonstrativ weggucken – nie überrascht schauen, vor jeder Bewegung bis drei zählen. Das, was du sagen willst, als Antwort geben: Also auf jede Frage monoton als Antwort Forderungen nach Rechtsanwält*in oder Telefonieren stellen.
All das sind nur Bespiele. Du musst für dich überlegen und rauskriegen, was am besten ist. Versuche, nicht zu verzweifeln. Du kannst es durchhalten, auch wenn du vor der U-Haft Angst hast oder dich alleine und verlassen fühlst: Früher oder später kommst du raus oder zur*zum Haftrichter*in. Spätestens dort kannst du jemanden informieren. Selbst, wenn du unter verschärften Bedingungen wegen §§ 129 StGB (vgl. Kap. 3_2_Ermittlungen nach den §§ 129a/b StGB) in U-Haft kommst, bekommst du Anwält*innenbesuch – zwar nicht sofort, aber nach wenigen Tagen. Denn hier müssen auch Anwält*innen erst einen Besuchsantrag stellen. Bei diesem Besuch kannst du dich dann darum kümmern, wer benachrichtigt werden soll, was du brauchst usw. Nimm dir fest vor, nicht auszusagen. Denke dabei immer daran, dass jede klitzekleine Aussage dich und deinen Freund*innenkreis gefährden kann. Und noch etwas ist wichtig: Kaum jemand von uns wird sich total gut und richtig in so einer Situation verhalten können und ALLES richtig machen: Verzweifele nicht an dir selbst, wenn nicht alles hinhaut. Solltest du – aus welchen Gründen auch immer – doch irgendwelche Aussagen gemacht haben, ist es sehr wichtig, mit diesem Verhalten offen und ehrlich umzugehen. Besprich dich hinterher mit deinen Genoss*innen, der Rechtshilfe, deinem Rechtsbeistand, ob und wie noch etwas zu retten ist. Besprecht, was die Fehler möglich gemacht hat, wie ein weiterer Umgang aussehen könnte und wie es möglich ist, die gemachten Fehler und Erfahrungen weiterzugeben und eine kollektive Auseinandersetzung und ein gemeinsames Lernen zu initiieren.

3_0_Der Weg eines Ermittlungsverfahrens

3_1_Das Ermittlungsverfahren

An dieser Stelle beschreiben wir den Weg eines Ermittlungsverfahrens. Da es aber immer auf den Einzelfall ankommt, kann es hier nur eine grobe Orientierung geben. Ein Ermittlungsverfahren läuft üblicherweise so ab, wie es im Folgenden gezeigt wird.
Ein laufendes Ermittlungsverfahren kann eine enorme Belastung für die Betroffenen darstellen. Dabei sind die Ungewissheit und die Ohnmachtssituation die größten Stressfaktoren: „Was für eine Strafe bekomme ich? Kann ich nach einer Verurteilung den gewünschten Beruf noch ausüben?“ Ganz wichtig ist dabei, dass du nicht alleine gelassen wirst, dass du dich auf Freund*innen und Genoss*innen verlassen kannst und von ihnen nach besten Kräften unterstützt wirst.

Beginn einer Ermittlung

Die Polizei beginnt gegen dich zu ermitteln, wenn aus ihrer Sicht ein Anfangsverdacht besteht, dass du eine Straftat oder Ordnungswidrigkeit begangen hast. Polizist*innen sind im Ermittlungsverfahren „Hilfsbeamte der Staatsanwaltschaft“. „Herrin des Verfahrens“ ist immer die Staatsanwaltschaft, für die die Polizei die (Drecks-) Arbeit macht. Deswegen kann die Polizei auch keine verbindlichen Versprechungen machen (z.B. Straffreiheit, Strafnachlass bei Aussagen, Haftverschonung). Diese Entscheidungsbefugnis liegt nicht bei der Polizei, sie ist immer Sache der Gerichte!

Aus welchen Gründen kann ein Anfangsverdacht auf dich fallen?

- Während einer Aktion wirst du in Gewahrsam genommen o.ä.
- Auswertung von Videos oder Fotos, Handys (Funkzellenüberwachung), Sozialen Netzwerken (Internet allgemein), Auswertung von DNA-Analysen, Aussagen anderer, eigene Aussagen, unterstellte „geistige Nähe“ zu kriminalisierten Strukturen.

Im Einzelnen:

a) Wenn du bei einer Aktion/Demo von der Polizei vorläufig festgenommen wirst, kannst du davon ausgehen, dass gegen dich ermittelt wird. Denn wenn kein Verdacht einer Straftat oder Ordnungswidrigkeit gegen dich vorliegt, darfst du (eigentlich) überhaupt nicht festgenommen werden. Aber auch nach einer Ingewahrsamnahme kann ein Ermittlungsverfahren gegen dich eingeleitet werden, wenn vorher Aktionen stattgefunden haben und die Täter*innen noch von der Polizei gesucht werden. Bei einer Verhaftung ist ein Haftbefehl gegen dich ergangen, in dem die Tatvorwürfe sowie Beweismittel und Haftgründe – oft Verdunkelungs- oder Fluchtgefahr – angeführt sind.

b) Es kann aber auch sein, dass vor Ort überhaupt nichts passiert ist und du überhaupt keinen Kontakt mit der Polizei hattest und trotzdem gegen dich ermittelt wird, ohne dass du zunächst überhaupt etwas davon weißt. Die Polizei filmt z.B. regelmäßig und flächendeckend Demonstrationen ab und wertet die Bilder später aus, um damit vermeintliche Straftäter*innen zu finden. Insbesondere beim Vorwurf des Landfriedensbruchs ist dies eine häufig angewandte Methode. Auch die Auswertung sozialer Netzwerke (z.B facebook) oder sonstiger Internetplattformen (z.B. youtube oder indymedia) wird von der Polizei vorgenommen, weil immer mehr „Knallköpfe" Filme oder Fotos von Aktionen ins Internet stellen und andere damit gefährden!
Das klassische Abhören von Telefonen, die Funkzellenüberwachung bei Handys oder die Auswertung gefundener Fingerabdrücke kann auch zur Einleitung eines Ermittlungsverfahrens führen. Die Polizei kann auch aufgrund von Spuren ermitteln, die mit Hilfe einer DNA-Analyse gefunden wurden. Wenn z.B. Täter*innen eines Landfriedensbruchs gesucht werden, kann die Polizei versuchen, Anhaftungen an gefundenen Glasscherben oder Steinen einer DNA-Analyse zu unterziehen. Wenn ihr vorher zu einem anderen Anlass bereits eine Speichelprobe abgegeben habt, kann die Polizei die Spuren mit der DNA-Kartei abgleichen.

c) Oder du wirst durch Aussagen anderer belastet, die dich mit einer Straftat oder Ordnungswidrigkeit in Verbindung bringen. Auch davon weißt du zunächst nichts. Auch eigene Aussagen – z.B. in einer Zeugenvernehmung – können einen Tatverdacht auf dich lenken. Richtig ist daher zunächst immer: keine Aussagen bei Polizei und Justiz (vgl. Kap. 1_2_ Aussageverweigerung)!

Ermittlungen

Auf welche Art und Weise die Polizei im Einzelnen ermittelt, ist unterschiedlich. Es kann sein, dass du eine Vorladung zu einer Beschuldigtenvernehmung bei der Polizei bekommst – in der Vorladung steht dann in Stichworten, weshalb gegen dich ermittelt wird. Oder dir wird ein Anhörungsbogen zugeschickt, den du ausfüllen und zurückschicken sollst. Wurdest du bereits vorläufig festgenommen, unterbleibt die Ladung zur Beschuldigtenvernehmung aber oft, weil du gleich nach der Festnahme Gelegenheit hast (vgl. Kap. 2_8_Freiheitsentziehende Maßnahmen), zu den Vorwürfen Stellung zu nehmen. Zur Erinnerung: keine Aussage!
Bei schwerwiegenderen Vorwürfen (z.B. § 129a StGB, Anschläge) wird von der Polizei wesentlich aufwendiger ermittelt. So können Telefone und soziale Netzwerke (wer schreibt was über wen?) überwacht werden oder es wird Bildmaterial (Fotos, Videos) ausgewertet. Du kannst observiert werden, deine Wohnung und dein Auto können durchsucht werden oder die Polizei ermittelt zunächst in deinem Umfeld: Freund*innen, Arbeitskolleg*innen, Mitschüler*innen oder Mitbewohner*innen werden über dich befragt, dein Umfeld bekommt massenhaft Vorladungen zur Zeug*innenbefragung, die Polizei kommt in die Schule oder zu deiner Arbeit, um so den Druck auf dich zu erhöhen.
Du kannst auch zu einer ED-Behandlung (vgl. Kap. 3_4_ED-Behandlung) oder zur Abgabe einer Speichelprobe vorgeladen werden, wenn sich die Polizei von der Auswertung von Fingerabdrücken oder sichergestelltem DNA-Material Aufklärung verspricht. Wir raten dazu, nicht hinzugehen. Manchmal verläuft die Sache im Sande und wird fallengelassen. Allerdings sollte die örtliche Rechtshilfegruppe oder ein*e Rechtsanwält*in informiert werden. Du kannst gegen die Anordnung einer ED-Behandlung bzw. Abgabe einer Speichelprobe auch Widerspruch einlegen, dann wird im Verwaltungsverfahren die Rechtsmäßigkeit der Anordnung überprüft werden. Auch hier raten wir zur Einschaltung einer*eines Rechtsanwält*in. Wenn allerdings die Rechtmäßigkeit der ED-Behandlung bzw. Abgabe einer Speichelprobe festgestellt wird, kann es passieren, dass du von der Polizei abgeholt wirst, falls du der Vorladung nicht folgst. Das heißt, das Gesetz verlangt dann von dir, dass du die ED-Behandlung bzw. Speichelprobe tatsächlich über dich ergehen lassen musst – eine Aussage musst du aber nach wie vor nicht machen, und das solltest du auch nicht tun! Die Fingerabdrücke werden dann mit den in zahlreichen Dateien gespeicherten Fingerabdrücken verglichen – gleiches gilt für das Ergebnis der DNA-Analyse.
Wenn du nicht zu einer polizeilichen Beschuldigten- oder Zeug*innenvorladung erscheinst, kann es sein, dass die Polizei zu dir nach Hause

kommt, allerdings in diesem Fall „nur“, um dich an die Vorladung zu „erinnern“. Damit soll Druck auf dich ausgeübt werden, da du sowohl als Beschuldigte*r als auch als Zeug*in das Recht hast, ohne Angabe von Gründen die Aussage bei der Polizei zu verweigern!
Die beschriebenen Ermittlungsmaßnahmen können gleichzeitig oder nacheinander, alle zusammen oder einzeln angewandt werden. Hat die Polizei alles ermittelt, was sie konnte oder wollte, gibt sie das ganze Material an die Staatsanwaltschaft weiter, die anschließend über das weitere Vorgehen entscheidet. Die Polizei kann und darf ein Ermittlungsverfahren niemals selbst einstellen – auch wenn das in polizeilichen Vernehmungen immer wieder angedeutet wird – nach dem Motto „wenn du jetzt aussagst, wird dir nichts passieren“. Das ist eine polizeiliche Vernehmungstaktik, mit der Druck auf dich ausgeübt werden soll. Deshalb: keine Aussagen!
Wenn du erfährst, dass gegen dich ein Ermittlungsverfahren läuft, raten wird dazu, sofort eine*n Rechtsanwält*in deines Vertrauens einzuschalten sowie die örtliche Rechtshilfegruppe zu informieren. Ein*e Rechtsanwält*in kann Akteneinsicht beantragen und damit Klarheit darüber erhalten, weswegen genau gegen dich ermittelt wird und welche Beweise die Polizei gegen dich hat. Auch die Menschen in deinem politischen und persönlichen Umfeld müssen von der Einleitung des Ermittlungsverfahrens erfahren, weil sie leicht selbst betroffen sein könnten und weil du ihre Unterstützung brauchst.

Staatsanwaltschaft

Die Staatsanwaltschaft entscheidet, wie es weitergeht. Sie prüft das von der Polizei übergebene Material dahingehend, ob ein „hinreichender Tatverdacht“ gegen dich besteht. Dies ist immer dann der Fall, wenn sie der Meinung ist, dass du anhand des vorliegenden Beweismaterials wahrscheinlich vom Gericht verurteilt werden wirst. Die Staatsanwaltschaft kann auch eigene Ermittlungen anstellen oder das Verfahren mit der Maßgabe der Durchführung weiterer Ermittlungen wieder an die Polizei zurückgeben. Ladungen der Staatsanwaltschaft oder des Gerichts sollte Folge geleistet werden (sonst kann mensch polizeilich vorgeführt werden).
Bezüglich des Rechts auf Aussageverweigerung muss zwischen Beschuldigten und Zeug*innen unterschieden werden: Beschuldigte haben immer das Recht, die Aussage zu verweigern („Niemand muss zu seiner eigenen Überführung beitragen!“). Zeug*innen können sich auf ein eigenes Zeugnis- (z.B. bei Verwandtschaft mit den Beschuldigten) oder Aussageverweigerungsrecht (z.B. bei Gefahr der eigenen Belastung) berufen (vgl. Kap. 1_2_Aussageverweigerung).

Die Staatsanwaltschaft kann das Ermittlungsverfahren einstellen oder es weiter betreiben. Dabei spielt mit Sicherheit eine Rolle, ob es ein politisches Verfahren ist, wer die Beschuldigten sind oder wie groß der Aufwand der Ermittlungen war. Auch die persönliche Haltung der*des zuständigen Staatsanwält*in spielt dabei eine große Rolle. Oftmals geht es hier recht willkürlich zu.

Gründe für eine Einstellung des Ermittlungsverfahrens

- Einstellung nach § 170 StPO
- Einstellung nach § 153 StPO
- Einstellung nach § 153 a StPO
- sonstige Einstellungsgründe (z.B. § 154 StPO)

Besteht nach dem Akteninhalt und den darin enthaltenen Beweismitteln kein hinreichender Tatverdacht gegen dich, der eine Verurteilung wahrscheinlich macht, muss die Staatsanwaltschaft das Ermittlungsverfahren gegen dich einstellen. Dies kommt vor allem dann vor, wenn die Polizei vor Ort keine Beweissicherung betrieben hat und jede*n verdächtigt hat, die*der greifbar war. Du musst von der Einstellung nur informiert werden, wenn du vorher zum Tatvorwurf vernommen worden bist oder wenn ein Haftbefehl gegen dich bestand. Wenn nicht, wirst du von der Verfahreneinstellung nicht informiert. Achtung: Das Ermittlungsverfahren kann jederzeit wieder neu aufgenommen werden, wenn sich später neue Verdachtsmomente gegen dich ergeben!

§ 153 StPO

Besteht ein hinreichender Tatverdacht gegen dich, aber die Staatsanwaltschaft ist der Meinung, dass alles nur „Kleinkram“ ist und kein „öffentliches Interesse an der weiteren Strafverfolgung besteht“, kann sie das Verfahren wegen „Geringfügigkeit“ ohne Auflagen einstellen. Auch hier wirst du nur davon informiert, wenn du vorher vernommen oder anwaltlich vertreten worden bist. Dieses Vorgehen kommt öfters bei „Massenverfahren“ vor. Die Polizei hat bei einer Aktion (z.B. Castor-Proteste, Demos) massenhaft Menschen in Gewahrsam genommen und gegen alle pauschal ein Ermittlungsverfahren eingeleitet. Die Staatsanwaltschaft hat dann oft

kein Interesse daran, sich großen Stress zu machen – zumal wenn eigentlich nicht viel passiert ist.
Achtung: Hier kann nach der Einstellung nur dann wieder gegen dich ermittelt werden, wenn sich später der Verdacht eines Verbrechens (= Straftaten mit der Mindeststrafandrohung von einem Jahr Gefängnis) gegen dich ergibt. Wenn die dir vorgeworfene Gesetzesüberschreitung gleichzeitig den Tatbestand einer Ordnungswidrigkeit erfüllt, kann trotz der (strafrechtlichen) Verfahrenseinstellung eine Geldbuße gegen dich wegen der Ordnungswidrigkeit verhängt werden.

§ 153a StPO

Oft wird ein Ermittlungsverfahren auch nach § 153a StPO eingestellt. Diese Verfahrenseinstellung wird nicht ohne deine Zustimmung wirksam und sie „kostet" dich auch etwas. Eine solche Einstellung kommt in Betracht, wenn zwar ein hinreichender Tatverdacht gegen dich besteht, die Staatsanwaltschaft und das Amtsgericht aber der Meinung sind, dass eine Strafverhandlung entbehrlich ist und das öffentliche Interesse an der weiteren Strafverfolgung auch ohne Verurteilung befriedigt werden kann. Weil du aber nicht „ganz umsonst" davonkommen sollst, wird das Verfahren dann gegen eine Auflage (Geldbuße oder Arbeitsauflage) eingestellt. Auch diese Vorgehensweise wird oft bei „Massenverfahren" praktiziert. Häufig ist aber ein erstes „Pilotverfahren" notwendig, in dem eine solche Verfahrenseinstellung in einer Hauptverhandlung erreicht werden kann – mit Folgen für alle anderen Verfahren. Deswegen ist es gerade in Massenverfahren sehr wichtig, dass das erste Verfahren gut vorbereitet wird, da es Signalwirkung hat. Betroffenen-Treffen, Koordination und gemeinsame Absprachen sind hier sehr hilfreich.
Es wird in Rechtshilfegruppen immer wieder diskutiert, ob ein solcher „Deal" (Einstellung des Verfahrens gegen Auflage) sinnvoll ist oder nicht. Es können viele Argumente dafür und dagegen gefunden werden. Wichtig für die Betroffenen ist es, zu klären, ob sie eine – u.U. lange und belastende – Gerichtsverhandlung durchstehen können oder wollen und welche Meinung/Erwartung das persönliche und politische Umfeld vertritt. Die Chancen, bei einer Gerichtsverhandlung einen Freispruch erreichen zu können, sind oft nicht kalkulierbar.
Bei einer Einstellung nach § 153a StPO hast du die Sicherheit, dass nach der Erfüllung der Auflagen (Bezahlung der Geldbuße bzw. Ableistung der Arbeitsstunden) das Verfahren endgültig eingestellt wird. Achtung: Auch hier kann das Verfahren nur wieder aufgenommen werden, wenn sich später der Verdacht auf ein Verbrechen (s.o.) ergibt.

Sonstige Einstellungsgründe

Es gibt noch einige andere Einstellungsgründe in der StPO, auf die hier nicht näher eingegangen werden kann. Am häufigsten kommt noch eine Einstellung nach § 154 StPO vor. Wenn gegen dich mehrere Ermittlungsverfahren laufen, kann die Staatsanwaltschaft sich auf die schwersten Vorwürfe konzentrieren und deswegen die Verfahren wegen weniger schwerwiegenden Strafvorwürfen einstellen („Mengenrabatt“).

ACHTUNG: Bei allen Verfahrenseinstellungen gilt, dass sie nicht im Bundeszentralregister (BZR) gespeichert werden und in keinem Führungszeugnis auftauchen. In den Computerdateien von Polizei und Staatsanwaltschaft werden allerdings auch die eingestellten Verfahren noch lange gespeichert.

Weiterleitung des Verfahrens an das Strafgericht

Wenn das Ermittlungsverfahren nicht eingestellt wird, hat die Staatsanwaltschaft zwei Möglichkeiten für ihr weiteres Vorgehen:

- Anklageschrift
- Strafbefehlsantrag

Anklageschrift

Wenn die Staatsanwaltschaft eine Hauptverhandlung gegen dich durchführen und deine Verurteilung erreichen will, schreibt sie eine Anklageschrift und legt diese dem Gericht vor. Das Gericht muss dann entscheiden, ob die Anklage mit den dort angeführten Beweismitteln eine Verurteilung wahrscheinlich macht. Außerdem muss das Gericht entscheiden, ob es die Eröffnung des Hauptverfahrens mangels hinreichenden Tatverdachts ablehnt oder ob es das Hauptverfahren gegen dich eröffnet. Vor der Entscheidung des Gerichts wird dir die Anklageschrift zugestellt und du bekommst Gelegenheit, eine Stellungnahme abzugeben und Beweisanträge zu stellen. Spätestens jetzt solltest du eine*n Rechtsanwält*in mit deiner Vertretung beauftragen und auch Akteneinsicht beantragen.

Strafbefehl

Das Gericht erlässt einen Strafbefehl gegen dich, wenn deine Tatbeteiligung „offenkundig" erscheint und eine Verurteilung aus Sicht des Gerichtes nahezu sicher ist. Durch den Strafbefehl wirst du – ohne vorherige Verhandlung! – auf schriftlichem Wege wegen einer Straftat zu einer Strafe verurteilt. Innerhalb von zwei Wochen nach der Zustellung des Strafbefehls (die Frist beginnt dann, wenn der Zustellungsumschlag – gelb mit Datum drauf – in deinem Briefkasten liegt) kannst du gegen den Strafbefehl Einspruch einlegen. Deshalb unbedingt den Umschlag aufbewahren. Auch hier solltest du sofort eine*n Rechtsanwält*in einschalten (vgl. Kap. 3_5_Strafbefehle und Bußgelder).

Kosten eines Straf-/Ermittlungsverfahrens

Ein Straf-/Ermittlungsverfahren kann teuer werden. Hier folgt eine kurze Aufstellung, womit du in der Regel zu rechnen hast. Zu unterscheiden sind die Verteidiger*innenkosten von den Gerichtskosten nebst Entschädigung für Zeug*innen und Sachverständige, wenn diese im Verfahren beteiligt sind. Für Verteidiger*innen gelten gesetzliche Rahmengebühren (vgl. Kap. 3_11_ Rechtsanwält*innen). Außerdem kommt es auf den Umfang der anwaltlichen Tätigkeit an.

Gerichtskosten bestehen aus den Gebühren und Auslagen des Gerichts, diese Gebühren sind abhängig vom Strafmaß. Dazu können noch Entschädigung für Zeug*innen (Fahrtkosten, Verdienstausfall) und Sachverständige (Gutachter*innen aller Art) kommen. Bei der Höhe dieser Kosten kommt es immer auf den Einzelfall an, sie können nicht pauschal geschätzt werden. Je mehr Zeug*innen vorgeladen werden, desto teurer das Verfahren. Auch Gutachten sind sehr teuer. Wenn das Strafverfahren ohne Hauptverhandlung eingestellt wird, z.B. gemäß §§ 153, 153a StPO, trägt die Staatskasse die Gerichtskosten. Die Betroffenen müssen dann aber in der Regel ihre Verteidiger*innenkosten selbst bezahlen.

3_2_Ermittlungen nach den §§ 129a/b StGB

Der § 129 (kriminelle Vereinigung) mit seinen Geschwisterparagraphen 129a (terroristische Vereinigung) und 129b (ausländische terroristische Vereinigung) des deutschen Strafgesetzbuches (StGB) ist wohl eine der relevantesten Rechtsvorschriften des deutschen Politstrafrechts und trägt unrühmliche Beinamen wie Schnüffel- oder Gesinnungsparagraf. Mit Hilfe des § 129 StGB wird die Bildung, Werbung, Unterstützung und Mitgliedschaft in einer „kriminellen Vereinigung" genauso wie der Versuch der Gründung einer solchen verfolgt. Die Definition einer so titulierten „Vereinigung" ist umfangreich und bewusst unscharf gehalten und bezieht sich auf die Begehung „krimineller" Handlungen. So können z.B. „Fälscherringe" und „organisierter Drogenhandel" verfolgt werden, aber auch die Verfolgung von Kommunist*innen in den 1950er/1960er Jahren wurde durch den § 129 StGB legitimiert. Der wesentliche Inhalt wird gleich im ersten Absatz erläutert:

„Wer eine Vereinigung gründet, deren Zweck oder deren Tätigkeit darauf gerichtet sind […] Straftaten zu begehen oder wer sich an einer solchen Vereinigung als Mitglied beteiligt, wird mit einer Freiheitsstrafe von einem bis 10 Jahren bestraft." (Anm.: dieses Strafmaß gilt für den § 129a, bei einer Verurteilung nach § 129 beträgt die höchste Strafe 5 Jahre)

Geschichte und Merkmale der §§ 129a/b

Die Strafrechtsparagrafen 129, 129a und 129b gehören zu den tragenden Säulen des politischen Strafrechts der BRD.

§ 129

Die Geschichte des § 129 reicht bis ins frühe 19. Jahrhundert zurück. Im Jahre 1822 wurden erstmals Vereinigungen wegen „revolutionärer Umtriebe und demagogischer Verbindungen" verboten und ihre Mitglieder verfolgt. Seine erste große politische Anwendung gegen linke Strukturen fand der § 129 im deutschen Kaiserreich, als von 1871 bis 1890 die zu dieser Zeit noch revolutionäre Sozialdemokratie kriminalisiert wurde. Damals wurden August Bebel und Wilhelm Liebknecht wegen Unterstützung einer kriminellen Vereinigung inhaftiert, weil sie in einer Rede im Parlament positiven Bezug auf die Pariser Kommune nahmen. In der Bundesrepublik kam es zur ersten vermehrten Verwendung des Paragrafen in den 1950er Jahren (mit Neufassung des § 129 aus dem Jahr 1951), einhergehend mit dem Verbot von kommunistischen Gruppierungen und Parteien.

§ 129a

Die Erweiterung um den § 129a wurde 1976, zu Beginn des „deutschen Herbstes", vorgenommen, als mit Hilfe des Terrorismusparagrafen die Stadtguerilla „Bewegung 2. Juni" und die „Rote Armee Fraktion" (RAF) bekämpft werden sollten. Ursprünglich sollte die RAF wegen Hochverrats angeklagt werden. Dies hätte jedoch eine politische Relevanz und entsprechende Solidarisierung in der Bevölkerung bedeutet, welche vom Staat ausdrücklich nicht gewünscht war, so dass hier lieber auf das Konstrukt der „kriminellen" bzw. „terroristischen" Vereinigung zurückgegriffen wurde.

Zusammen mit dem § 129a wurden durch weitere Änderungen der Strafprozessordnung die Rechte der Angeklagten und ihrer Verteidiger*innen stark beschnitten. So wurden in dieser Zeit die Voraussetzungen für Massenkontrollen, für den Ausschluss missliebiger Veteidiger*innen, für die Verhinderung kollektiver Verteidigungsmöglichkeiten sowie für Isolationshaftbedingungen geschaffen. 1987 wurde der § 129a erweitert, um einem erstarkten militanten und autonomen Widerstand besser repressiv begegnen zu können. In den Katalog wurden nun auch die Straftatbestände „gefährliche Eingriffe in den Bahnverkehr" und „Zerstörung wichtiger Arbeitsmittel" aufgenommen, um Störaktionen gegen Atomtransporte, Verkehrsblockaden und andere Formen autonomer Alltagsmilitanz abzudecken.

Im Jahr 2003 wurde der erweiterte § 129a erstmals eingegrenzt. Die verfolgte „terroristische" Vereinigung muss nun „staatsgefährdende Ziele" haben oder zu einer „erheblichen Schädigung des Ansehens des Staates oder einer internationalen Organisation" führen. Dies hat im Verfahren gegen die „Militante Gruppe" erstmals dazu geführt, dass der § 129a nicht angewendet werden durfte. Allerdings haben die Ermittler*innen dann einfach den § 129 herangezogen und das Verfahren wegen „krimineller" Vereinigung fortgeführt. Seither hat der § 129a für linke Gruppierungen an Bedeutung verloren, was praktisch wenig Auswirkungen hat, weil regelmäßig statt der „terroristischen" auf die „kriminelle Vereinigung" – den § 129 – zurückgegriffen wird.

§ 129b

Die Einführung des § 129b erfolgte kurz nach dem 11. September 2001. Mit diesem Paragrafen verfügt der Staatsapparat über rechtliche Mittel, um auch in Deutschland Menschen zu kriminalisieren, welche „kriminellen Gruppen im Ausland" angehören sollen. Das bedeutet, dass angebliche Mitglieder von im Ausland operierenden Organisationen in der BRD verfolgt werden dürfen, auch wenn sie im „Rechtsraum" der Bundesrepublik keine Straftaten begehen oder begangen haben. Und genauso wie bei den §§ 129 und 129a sind auch deren Unterstützer*innen und die dafür Werbenden kriminalisierbar. Eine politische Verfolgung im Ausland, die den Betroffenen früher ein Recht auf Asyl in der Bundesrepublik ermöglichte, kann nun im Rahmen des § 129b genutzt werden, um die Betroffenen strafrechtlich zu verfolgen und zu bestrafen. Türkische und kurdische Oppositionelle beispielsweise, die nach Deutschland immigrierten, werden wegen ihrer vermeintlichen extremistischen Gesinnung verfolgt. Die Mitgliedschaft in migrantischen Vereinen oder Telefonate mit Freund*innen im Ausland können dabei schon als Indiz für eine vermeintliche Zugehörigkeit zu einer terroristischen Organisation ausreichen. Der Staat will damit Handlungsspielräume und die politische Arbeit Oppositioneller verhindern. Als Grundlage solcher Ermittlungen werden auch Foltergeständnisse herangezogen, wie etwa im Fall von DHKP-C Aktivist*innen aus der Türkei. Hier stützen sich deutsche Behörden auf erpresste und erfolterte Aussagen aus türkischen Verhören, was u.a. gegen die nach ihren eigenen demokratischen Prinzipien geformte „UN-Antifolterkonvention" verstößt. Im Vorfeld von Ermittlungen nach § 129b legt die Tagespolitik, vornehmlich bestimmt durch die Interessenlage der gemeinsamen europäischen Sicherheitspolitik sowie der NATO-Staaten, Listen fest, die Vereinigungen als terroristisch einstufen. Danach könnte beispielsweise eine Infoveranstaltung zur politischen Lage in Kolumbien hier in der BRD in ein „Werben für die terroristische FARC" umgedeutet und nach § 129b verfolgt werden.

Was ist laut Gesetz eigentlich eine terroristische bzw. kriminelle Vereinigung?

Im Folgenden wollen wir auf drei besondere Merkmale der §§ 129, 129a und 129b eingehen:

- Die Begriffe „kriminelle Vereinigung" und „terroristische Vereinigung"

- Wie wird mensch zum Mitglied einer „terroristischen“ bzw. „kriminellen“ Vereinigung?
- Werbung und Unterstützung

Die Begriffe „kriminelle Vereinigung“ und „terroristische Vereinigung“

Im Duden steht folgende Worterklärung zum Begriff „Terrorismus“: *„Schreckensherrschaft: das Verbreiten von Terror durch Anschläge und Gewaltmaßnahmen zur Erreichung eines bestimmten (politischen) Zieles.“* Den Begriff kriminell erklärt der Duden wie folgt: *„zu strafbaren, verbrecherischen Handlungen neigend“.*
Diese Begriffsdefinitionen lassen eine Fülle von Interpretationen zu. Die europäischen Justizminister haben sich kurz nach dem 11. September 2001 auf eine Definition terroristischer Strafakte geeinigt. Dies sind solche Taten, die *„beabsichtigen, eine Bevölkerung ernsthaft zu bedrohen, oder Behörden oder eine internationale Organisation dazu zwingen, etwas Bestimmtes zu tun oder zu unterlassen, oder die fundamentalen politischen, verfassungsmäßigen, wirtschaftlichen oder sozialen Strukturen eines Landes zu destabilisieren oder zu zerstören“.*
Straftaten wie Mord, Entführung, Geiselnahme und deren Androhung gehören zur Liste der terroristischen Akte genauso wie *„schwere Beschädigungen an staatlichen oder öffentlichen Einrichtungen, einem Transportsystem, einer Infrastruktur* (z.B. Computernetzwerke), *einer in der Erde befestigten Plattform* (z.B. Bohrinsel), *einem öffentlichen Platz oder Privateigentum zu verursachen, wodurch Menschenleben gefährdet oder ein beträchtlicher Schaden hervorgerufen werden kann.“*
Im § 129a sind Mord, Totschlag, Völkermord, Freiheitsberaubung, Brandstiftung, Herbeiführen einer Überschwemmung, der gefährliche Eingriff in den Straßen-, Schienen- und Luftverkehr als Katalogstraftaten aufgeführt. Das lässt den Schluss zu, dass die BRD-Regierung maßgeblich Einfluss auf die europäische Sichtweise und Definition des Terrorismusbegriffes hatte.
Im Gegensatz zu diesem neuen Geschwisterparagrafen wird bei dem „alten“ § 129 das Strafmaß für vergleichbare Straftaten geringer angesetzt. Des Weiteren fehlt der Straftatkatalog. Unter einer „kriminellen Vereinigung“ wird eine Gruppierung verstanden, die darauf ausgerichtet ist, allgemein Straftaten zu begehen. Der § 129 wird aber in der Umsetzung oft gegen politische Zusammenhänge eingesetzt. Dies geschieht in der Praxis unabhängig davon, ob die Gruppierung tatsächlich existiert oder (wie so

häufig) ob ihre Existenz von den Repressionsbehörden einfach auf der Grundlage abenteuerlicher Indizienkonstruktionen behauptet wird. Auf dieser konstruierten Grundlage eröffnen sich den Ermittlungsbehörden weitreichende Befugnisse zum Ausspionieren von politisch unliebsamen Bewegungen und Strömungen.

Wie wird mensch zum Mitglied einer „terroristischen" bzw. „kriminellen" Vereinigung?

Unter einer Vereinigung versteht der Rechtsstaat einen Personenzusammenschluss aus mindestens drei Personen. Was in den §§ 129 unter Strafe gestellt wird, wird jeweils auch durch andere Paragrafen des StGB abgedeckt. Wozu wurden dann überhaupt diese Paragrafen geschaffen? Zum einem wird mit den §§ 129 schon die Planung und die Androhung von Straftaten verfolgbar, also Handlungen, die bereits im Vorfeld der eigentlichen Tat stattfinden. Diese Vorverlagerung der Strafbarkeit bedeutet, dass nicht mehr nur der Versuch oder die Vollendung von Straftaten verfolgt werden kann, sondern schon deren Vorbereitung. Nach diesen Paragrafen muss es also nicht einmal mehr zum Versuch der Durchführung kommen, um die Repressionsorgane aktiv werden zu lassen.
Die zweite (und noch wichtigere) Besonderheit der §§ 129 ist, dass die bloße Mitgliedschaft in einer nach §§ 129 kriminalisierten Vereinigung verfolgbar ist. Genau an diesem Punkt setzt die Willkür bei laufenden Ermittlungsverfahren ein. Ein nahezu beliebiger Personenkreis kann durch abenteuerlich konstruierte vermeintliche Gruppenzusammenhänge in den Fokus der Ermittlungsbehörden geraten. „Geistige Nähe" wird hier oft als entscheidendes Kriterium herangezogen. Die Beweisführung im Verfahren erfolgt mosaikartig, d.h. die „Beweise" werden so zusammengefügt, dass das von den Repressionsorganen gewünschte Bild entsteht. Wer oder was als eine Vereinigung nach §§ 129 gilt, entscheidet zwar letztendlich ein Gericht, aber zum einen gehen einer Gerichtsentscheidung oft jahrelange Ermittlungen voraus (die zur Schnüffelei genutzt werden), und zum anderen werden in den letztendlich gefällten Urteilen auch mit haarsträubenden Argumentationslinien konstruierte Gruppenzusammenhänge viel zu oft bestätigt. Außerdem ist es im Vergleich zu denjenigen Paragrafen des StGB, die konkrete Straftaten abdecken, z.B. Sachbeschädigung, Brandstiftung etc., nicht mehr notwendig, den einzelnen Mitgliedern eine konkrete Tatbeteiligung nachzuweisen. Nach den §§ 129 reicht für eine Verurteilung die Mitgliedschaft in einer Gruppe, der solche Straftaten zugeordnet werden. Das wiederum führt dazu, dass eine bloße Mitglied-

schaft zum einen mit höheren Strafen belegt werden kann, als es die „klassischen“ Paragrafen des StGB vorsehen, ohne dass zum anderen bestimmten Personen konkret eine Tat nachgewiesen werden müsste.
In der Praxis hat sich die Rechtsauffassung durchgesetzt, dass zu einer „kriminellen“ bzw. „terroristischen Vereinigung“ drei oder mehr Personen gehören, die über einen längeren Zeitraum in einer Gruppe organisiert sein müssen. Die konkrete Auslegung dieser „Anforderung“ unterliegt der staatlichen Interpretation, wie das Beispiel des § 129-Verfahrens in Dresden 2011 deutlich zeigt. Hier sollten anfangs 44 Personen in einer „kriminellen Gruppe“ organisiert gewesen sein. Diesen wurde ein Konglomerat verschiedener nicht aufgeklärter Straftaten zur Last gelegt. Einerseits sollen sie nach einem Angriff von Nazis auf eine Demo und ein Hausprojekt Gegenmaßnahmen ergriffen haben. Andererseits sollen sie für die Organisation von Gegendemonstrationen (Blockaden) gegen die rechte Szene und für Sachbeschädigungen und Körperverletzungen zu verschiedenen Zeiten an verschiedenen Orten und in immer verschiedener Zusammensetzung gemeinsam verantwortlich sein.
Für die Verfolgung von Angeklagten nach § 129b öffnen sich für die Behörden Wege der Strafverfolgung, welche nach „klassischem“ deutschem Rechtssystem nicht möglich wären. So genügt es für eine Verfolgung bereits, dass sich die „Opfer“ oder vermeintlichen „Täter*innen“ auf deutschem Staatsgebiet aufhalten, auch wenn die vorgeworfene Tat sich im Ausland abgespielt hat bzw. die angeblich unterstützte „terroristische“ Gruppe nur im Ausland aktiv ist. Bei einer Verfolgung nach § 129b wird – wie bei den beiden anderen §§ 129 – von künftigen Straftaten ausgegangen. So sind auch hier Ermittlung und Verurteilung möglich, ohne dass eine Straftat überhaupt begangen oder der Versuch dazu unternommen worden wäre. Bei Ermittlungen nach diesen Paragrafen besteht außerdem die Möglichkeit, Menschen, allein wegen des Verdachtes auch ohne Vorliegen der klassischen Haftgründe – Flucht-, Wiederholungs- und Verdunkelungsgefahr – in Untersuchungshaft stecken zu können, da eine Ermittlung allein schon als Haftgrund ausreicht.

Was ist Werben und Unterstützen?

Ob nun §§ 129, 129a oder 129b: Eine vermeintliche Werbung für oder Unterstützung von „kriminellen“ und „terroristischen“ Gruppierungen reicht schon für eine strafrechtliche Verfolgung aus. Die Begriffe „Werben“ und „Unterstützen“ können von der Staatsmacht breit ausgelegt werden. Das Eintreten für dieselben politischen Ziele wie die verfolgte (angebliche) Vereinigung kann als Werben und Unterstützen gedeutet werden, ebenso

das Erstellen eines Soli-Flugblattes (beispielsweise für die Unterstützung eines Hungerstreiks für bessere Haftbedingungen). Auch das Benutzen ähnlicher Symbole, z.B. eines roten Sterns, kann als Werben oder Unterstützen gelten. Diese Gründe wurden schon Ende der 1970er Jahre von Gerichten herangezogen, um Menschen als Unterstützer*innen der RAF zu verurteilen. Als Unterstützung können auch Spendensammlungen, Solikonzerte und Infoveranstaltungen gewertet werden.
Aufgrund dieses Konstrukts fanden im Sommer 2013 mehrere Razzien in Vereinsräumen, in Wohnungen und an Arbeitsplätzen in Köln, Duisburg, Dortmund, Hamburg, Berlin und Wuppertal mit dem Vorwurf der Unterstützung der „Anatolischen Förderation“, einer der DHKP-C nahen Gruppierung, statt. Ein geringer Anfangsverdacht ist also schon ausreichend, um Ermittlungen einzuleiten.

Heutige Anwendungsgebiete

Die §§ 129, 129a und 129b haben sich als „Ermittlungsparagrafen“ herausgestellt. Denn oftmals geht es den Ermittlungsbehörden überhaupt nicht um die Bestrafung angeblicher Mitglieder von kriminellen oder terroristischen Vereinigungen, sondern um die Kriminalisierung angeblicher Sympathisant*innen, um die Lähmung bzw. das Ausspionieren von emanzipatorischen Bewegungen. In den Ermittlungsverfahren werden bei Hausdurchsuchungen regelmäßig persönliche Aufzeichnungen, Computer und Telefone beschlagnahmt, um die Daten auszulesen und festzustellen, wer mit wem zu tun hat. Der Verlust dieser Mittel behindert nicht nur die politische Arbeit, sondern bietet oftmals personenbezogene Ermittlungsansätze, wie auch das Erstellen von Bewegungsbildern und Kontaktprofilen durch Observationen und Funkzellenabfragen (vgl. Kap. 4_0_Überwachung). Durch die überproportional häufige Anwendung der Paragrafen gegen eine bestimmte politische Strömung werden diese zu Gesinnungsparagrafen, die beliebig angewendet werden. Die Beispiele hierfür sind zahlreich: Die § 129b-Verfahren in Stuttgart und Hamburg, die Verfahren gegen die „Militante Gruppe“ in Berlin und die sog. „Elbe-RAF“ in Magdeburg aus dem Jahre 2003 sowie das Dresdner Verfahren gegen die sogenannte „Antifa-Sportgruppe“.
Zusammengefasst fungieren die Paragrafen als juristische Allzweckwaffe gegen politische Arbeit. Durch die Ermittlungen wird die Szene verunsichert, und die politische Arbeit verlagert sich oftmals in reine Antirepressionsarbeit. Von der Kriminalisierung der Betroffenen geht außerdem oft eine Abschreckungswirkung aus, was auch zu einer Entsolidarisierung mit den Betroffenen führen kann (aber nicht sollte!).

Ermittlungen nach den §§ 129

Der § 129a gibt Ermittler*innen noch mehr Spielraum für willkürliches Vorgehen und dient seit seiner Einführung vornehmlich der Ausspitzelung und Kriminalisierung linker Gruppierungen. Dafür wurde die Definition „Terrorismus" im Straftatenkatalog ständig erweitert. So wurde die Terrorkeule bald auch gegen Hausbesetzter*innen, Gegner*innen der Frankfurter Startbahn West, Autonome und Antifaschist*innen geschwungen.
Die Anschläge vom 11. September 2001 in den USA dienten 2002 als Vorwand zur Einführung des schon lange in der Schublade gelegenen § 129b „terroristische Vereinigung im Ausland". Allein außenpolitische Interessen der Bundesregierung und die Einschätzungen ihrer Partnerländer definieren, wer als Terrorist*in verfolgt und wer als Freiheitskämpfer*in hofiert wird. Für eine Verfolgung nach § 129b muss die Bundesregierung ihre Zustimmung geben. Schon dies zeigt, dass es sich hier um ein politisches Kampfinstrument handelt.
Den §§ 129, 129a und 129b ist gemeinsam, dass sie einen Fremdkörper im deutschen Strafrecht bilden, indem sie nicht auf individuell nachzuweisende Straftaten abzielen, sondern Einzelpersonen aufgrund ihrer Gesinnung in Kollektivhaftung für Organisationsdelikte nehmen. Es genügt die bloße Mitgliedschaft in der jeweiligen „kriminellen" oder „terroristischen" Vereinigung. Damit verstößt dieses Sonderstrafrecht gegen die Grundsätze des Schuld- und Tatstrafrechts. Das macht deutlich, dass die §§ 129 zum Ausspionieren vorzugsweise des linken politischen Spektrums benutzt werden. Oftmals bekommen die observierten Personen zunächst gar nichts von den staatlichen Schnüffelleien mit.
Im Fokus der Repressionsorgane steht bei der Anwendung der §§ 129 nicht die Aufklärung von tatsächlich begangenen Straftaten, vielmehr geht es ihnen darum, Informationen über ansonsten schlecht zugängliche Strukturen zu beschaffen. Dies zeigte sich auch in dem Verfahren gegen die Antifa [M] aus Göttingen aus dem Jahr 1996, in welchem 14.000 Telefonate abgehört und 17 Betroffene angeklagt wurden. Ergebnis des Verfahrens war eine Einstellung mit der Auflage, dass die Beschuldigten erklären, dass sie das Versammlungsgesetz in Zukunft beachten werden. Dass die §§ 129 hauptsächlich Ermittlungsparagrafen sind, somit folglich in erster Linie der Informationsbeschaffung dienen, belegt auch die Tatsache, dass im Zusammenhang mit ihnen nach einem besonderen Rechtsstatus ermittelt werden kann. Zuständig für die Ermittlungen nach §§ 129a und b ist immer die Bundesanwaltschaft. Die ermittelnde Behörde ist das Bundeskriminalamt (BKA), u. U. wird sie durch ein Landeskriminalamt (LKA)

unterstützt. Das bedeutet vor allem eine Zentralisierung der Information. Im Gegensatz dazu ist bei einem § 129-Verfahren das LKA zuständig.
Nach der Strafprozessordnung besteht bei §§ 129-Verfahren die Möglichkeit zu großflächiger Telefonüberwachung des Umfeldes (Freund*innen, Bekannte, Wohngemeinschaften, Arbeitskolleg*innen, politische Zusammenhänge). Auch Telefonzellen oder völlig Unbeteiligte können abgehört werden. Mit dieser Begründung wurden 2011 die Funkzellenabfragen gegen die Teilnehmer*innen einer Anti-Nazidemonstration in Dresden sowie gegen sämtliche sich dort im Umkreis aufhaltende Personen angeordnet. In diesem Zusammenhang wurden Verbindungsdaten von mindestens 10.000 Menschen erfasst. Weiterhin besteht bei Ermittlungen nach den §§ 129 die Möglichkeit zu Großrazzien, zur Errichtung von Kontrollstellen im Straßenverkehr und auf öffentlichen Plätzen mit der Möglichkeit der Identitätsfeststellung und Durchsuchung von Unbeteiligten sowie die Möglichkeit der Rasterfahndung, gleichbedeutend mit der Massenspeicherung von personenbezogenen Daten.
Einhergehend mit dem Ermittlungsverfahren können besondere Haftbedingungen bis hin zur vollständigen Isolationshaft (auch in der U-Haft) angewendet werden. Überwachung von Anwält*innenbesuchen, Trennscheibe bei Besuchen und Kontrolle von Anwält*innen sind weitere Ausnahmereglungen.
Die Gerichtsbarkeit bei §§ 129a- und b-Verfahren liegt bei den Oberlandesgerichten. Es zeigt sich deutlich, dass die Gerichte nur scheinbar unabhängig und unvoreingenommen sind. Die Gesetze, nach denen sie urteilen, werden von der Politik geschaffen und sind zuvorderst dafür da, den gesellschaftlichen Status quo zu erhalten und die Staatsmacht zu schützen und zu stützen. Das Sonderrecht, das mit den §§ 129, 129a, 129b verbunden ist, setzt rechtsstaatliche Prinzipien wie Gleichheitsgrundsatz, Unschuldsvermutung und Notwendigkeit eines konkreten Tatvorwurfs außer Kraft. Hier zeigt sich, dass die Politik das Recht für ihre eigenen Zwecke nutzt. Und dieses Sonderrecht richtet sich vornehmlich gegen linke Zusammenhänge, nicht nur gegen militante, sondern auch gegen soziale Bewegungen. Herrschendes Recht ist Recht der Herrschenden oder konkreter, um mit den Worten des Strafverteidigers Rolf Gössner zu sprechen: *„… mit dem 129a als Kristallisationskern eines aktivierten komplexen Sonderrechtssystems verfügen die Ermittler über ein praktikables Instrumentarium, das nicht nur repressiv, sondern präventiv und operativ genutzt werden kann. Verunsicherung der Szene, Entsolidarisierung und Abschreckung sind zwangsläufige Folgeerscheinungen dieser Kriminalisierungsstrategie“* (Gössner, 1991, S. 42f.).

Europäische Sicherheitspolitik

Im Sommer 2001 kam es zu einer gemeinsamen Initiative der europäischen Justiz- und Innenminister*innen, deren Ziel darin bestand, dem „weltweiten Terrorismus“ entgegenzuwirken. Zu dieser Zeit wurden der europäische Haftbefehl, eine europäische Antiterroreinheit und eine engere Zusammenarbeit der Geheimdienste der EU (vgl. Kap. 5_0_Europa) vereinbart. Ebenso wurde dort eine „Terrorliste“ verabschiedet, die beständig überarbeitet und erweitert wird. Auf dieser Liste sind Organisationen sowie Einzelpersonen aufgeführt, welche die EU als „terroristisch“ einschätzt. Alle hier Aufgeführten können in der BRD nach § 129b strafrechtlich verfolgt werden.
Ein weiterer Schritt zur „Stärkung der europäischen Sicherheit“ war die Einführung sich ähnelnder Antiterrorgesetze in allen Mitgliedstaaten. So wurde z.B. im Jahr 2002 in Griechenland der § 187, ein Pendant zum deutschen § 129, eingeführt. Der Begriff Extremismus taucht seitdem vermehrt in der öffentlichen Diskussion in Griechenland auf, z.B. in Form der „Theorie der zwei Extreme“, der griechischen Variante der Extremismustheorie. Die in diesem Zusammenhang geforderten Antiterrormaßnahmen werden nun mittels des § 187 von der griechischen Regierung angewandt, wie etwa gegen die öko-sozialen Kämpfe auf Halkidiki. Die europäische Harmonisierung der Justiz ist nicht zu übersehen. Orientiert wird sich dabei an den Erfahrungen aus der fast 200-jährigen Geschichte des deutschen § 129.
Auch in Zukunft müssen wir mit einer Verschärfung der §§ 129 und einer Vernetzung der EU-Staaten rechnen. Es wird zu einer zunehmenden Kriminalisierung von sozialen Kämpfen kommen, der wir nur über Information, die Unterstützung der Betroffenen sowie den Zusammenhalt innerhalb unserer Strukturen entgegenwirken können: **Solidarität ist unsere Waffe!**

3_3_Kontrollen und Durchsuchungen

First contact

Der direkte Kontakt mit der Staatsmacht ist immer unangenehm. Es gibt verschiedene Situationen, in denen du mit den Cops in Kontakt kommen kannst. Du kannst sie nicht vermeiden, aber durch eine überlegte Reaktion die unangenehmen Konsequenzen so gering wie möglich halten. Dafür ist

es gut, deine Möglichkeiten zu kennen und diese am besten mit vertrauten Personen im Vorfeld gedanklich schon mal durchzuspielen.
Grundsätzlich gibt es Maßnahmen nach den Polizeigesetzen der Länder (PolG) und nach der Strafprozessordnung (StPO). Maßnahmen nach dem PolG sind präventiv. Das heißt, hier werden die Cops tätig, weil sie behaupten, es bestehe eine Gefahr, die abgewehrt werden müsse. Das betrifft z.B. Kontrollen an sogenannten „gefährlichen Orten" oder Durchsuchungen im Vorfeld von Demonstrationen. Maßnahmen nach der StPO sind repressiv. In diesen Fällen bist du schon Beschuldigte*r oder Zeug*in einer (behaupteten) Straftat. Wichtig für dich ist, zu erfahren, ob die Cops präventiv (nach PolG) oder repressiv (nach StPO) handeln, da es für die unterschiedlichen Maßnahmen verschiedene Rechtswege und andere Fristen zu beachten gilt. Die Cops sind verpflichtet, dir die Rechtsgrundlage ihres Handelns zu nennen.
Wir werden im Folgenden keine Unterscheidung zwischen Maßnahmen nach den Polizeigesetzen und nach der Strafprozessordnung machen, da diese für dich in der konkreten Situation zunächst keinen Unterschied macht.

Personenkontrollen/Kontrollbereiche

Wenn du in eine Personenkontrolle gerätst, frage nach dem Grund für das Vorgehen der Cops, den sie dir eigentlich mitteilen müssen. Bestehe außerdem darauf, dass die Cops dir ihre Namen und Dienstnummern sagen. Auch das müssen sie. Lege Widerspruch gegen die Kontrolle ein. Aber nichts unterschreiben! Schreibe nach der Kontrolle ein Gedächtnisprotokoll und melde dich bei der nächsten Rechtshilfegruppe, um die Situation zu besprechen.
Die Cops können Personenkontrollen, auch außerhalb von politischen Aktionen, anlassunabhängig durchführen. Grundsätzlich gilt allerdings, dass du nur kontrolliert werden darfst, wenn von dir eine „Gefahr" ausgeht. Diese Gefahr müssen die Cops begründen. In Ausnahmefällen ist eine Kontrolle auch ohne eine von dir ausgehende Gefahr möglich: Zum Beispiel wenn du dich an einem sog. „verrufenen Ort"/„gefährlichen Ort" aufhältst oder du dich in einem sog. „Kontrollbereich"/„Gefahrengebiet" befindest. Diese Kontrollbereiche müsstest du aber auch als solche erkennen können. Allein die Behauptung der Cops genügt in der Regel nicht.
Letzte Möglichkeit der Cops, dich „verdachtsunabhängig" zu kontrollieren, ist deren Behauptung, du würdest auf einer Straße laufen, die „von erheblicher Bedeutung für die grenzüberschreitende Kriminalität" ist. Außerdem könnten die Cops eine potenzielle Gefährdungslage „erfin-

den", um sich eine Handlungsgrundlage zu verschaffen. Im Zuge einer Personenkontrolle kannst du zur Feststellung deiner Identität festgehalten, durchsucht und ED-behandelt (vgl. Kap. 2_8_ Freiheitsentziehende Maßnahmen u. Kap. 3_3_Kontrollen und Durchsuchungen) werden. Hier ist es hilfreich, wenn du dich ausweisen kannst, obwohl es hierzulande eigentlich keine Ausweismitführungspflicht gibt. Andernfalls besteht die Möglichkeit, dass du zur Identitätsfeststellung mitgenommen wirst. Du hast das Recht, eine Person deines Vertrauens zu benachrichtigen. Das ist aber in der Praxis nicht immer durchsetzbar. Wenn du telefonieren darfst, denk daran, dass damit automatisch die Daten der angerufenen Person bekannt sind und dass Anrufe mitgehört werden. Sage nur die Standardinfos: Wo und wann wurdest du mitgenommen? Wo bist du? Wie lange wollen sie dich da behalten? Was wird dir vorgeworfen?

Kontrollstelle/Straßensperre

Im Vorfeld größerer Demos richten die Cops manchmal Straßenkontrollen ein, insbesondere auf den Hauptanreisewegen. Hier können sie eine Menge Daten von Aktivist*innen bekommen. Theoretisch dürfen dabei keine Personalien festgestellt werden. Es ist ja schließlich dein Recht, anonym an angemeldeten politischen Veranstaltungen teilzunehmen. In der Praxis werden die Cops Gründe suchen, um dich trotzdem zu kontrollieren und möglichst viele Daten zu bekommen. Die Datensammelwut kannst du in Grenzen halten, wenn du deine Rechte kennst und durchsetzen kannst.

Wenn du angehalten wirst, frage zuerst nach dem Grund der Kontrolle. Soll es eine allgemeine Verkehrskontrolle sein, dürfen die Cops nur die Papiere der*des Fahrer*in einsehen. Die persönlichen Daten anderer Personen dürfen die Cops bei einer Verkehrskontrolle nicht erheben, auch wenn sie das versuchen. Vorteilhaft ist es, das Warndreieck, die Sicherheitsweste und den Sanikasten vorn im Wagen liegen zu haben, damit du das gleich vorzeigen kannst. Begründen die Cops ihre Maßnahme mit einer allgemeinen Personenkontrolle oder Fahndung, dürfen sie von allen Personen die Personalien feststellen. Dafür dürfen sie dich dann aber nicht mehr wegen Verkehrssicherheit stressen. Achte darauf, dass die Cops nicht während der Maßnahme ihren Ermächtigungsgrund ändern und z.B. Stress wegen des Sanikastens machen und außerdem alle Personalien aufnehmen (wollen). Erinnere sie daran, weswegen sie dich angehalten haben. Du kannst auch immer noch mal darauf hinweisen, dass du zu einer angemeldeten Veranstaltung möchtest und keinen Grund für Durchsuchung und/oder

Personalienfeststellung siehst. Wie bei all diesen unangenehmen Repressionsmaßnahmen gilt:

- Frage nach der Rechtsgrundlage!
- Frage nach dem genauen Grund der Maßnahme!
- Achte darauf, dass es bei dem angegebenen Grund bleibt und die Cops nicht unwidersprochen weiter Repressionen durchführen! Funktioniert nicht immer, aber Stress machen ist angebracht!
- Frage, wer die Maßnahme/Kontrolle angeordnet hat!
- Frage nach den Namen/Dienstnummern der durchführenden Cops!

Auf Fragen der Cops musst du nur folgende Daten angeben: Vor- und Familiennamen, Geburtsdatum und -ort, Meldeadresse, Familienstand, allgemeine Berufsbezeichnung und die Staatsangehörigkeit – sonst nichts! Gibst du keine oder falsche Auskünfte, kann ein Bußgeld verhängt werden. Zweifeln die Cops an deinen Angaben, können sie dich ebenfalls zur Identitätsfeststellung mittels ED-Behandlung mitnehmen. Deshalb ist es prinzipiell ratsam, den Ausweis dabei zu haben. So bekommen die Cops nicht auch noch Fotos und Fingerabdrücke von dir.

Durchsuchung von Personen

Im Zuge einer Personalienkontrolle, bei einer ED-Behandlung, beim Verdacht auf Straftaten, zur Sicherstellung von Dingen (Drogen, Waffen, Vermummungsgegenstände etc.) oder wenn du dich in einem „Gefahrengebiet“ aufhältst, können die Cops dich in der Regel auch durchsuchen. Durchsucht werden können alle Sachen, die du dabei hast sowie deine Haare, Achselhöhlen, Körperöffnungen etc. Nach den Zuschreibungen, die die Polizei macht, kannst du als „Frau“ eine „Frau“, als „Mann“ einen „Mann“ für diese Maßnahme verlangen. Frage auf jeden Fall nach dem Grund der Durchsuchung. Verlange eine Liste der beschlagnahmten Gegenstände, aber unterschreibe nichts! Verlange, dass eine Person deines Vertrauens bei der Durchsuchung dabei ist. Wollen die Cops Blutproben, brauchen sie dafür einen richterlichen Beschluss. Lege Widerspruch ein! Verweigere dein Einverständnis! Kontaktiere so schnell wie möglich eine*n Anwält*in.

Hausdurchsuchung

Eine Wohnungsdurchsuchung kann leider nicht einfach dadurch verhindert werden, dass die Tür nicht geöffnet wird. Wer nicht öffnet, muss sich

im Zweifelsfall ein neues Schloss kaufen. Wer ein Klingeln an der Tür hört, mit der Aufforderung der Cops, zu öffnen, sollte sich darauf einstellen, was sogleich geschehen wird. Achte darauf, belastendes Material nie in deiner Wohnung zu lagern und diese regelmäßig „gut aufzuräumen“.
Atme erst einmal tief durch und versuche trotz der bedrohlichen Situation, Ruhe zu bewahren. Rufe dir ins Gedächtnis, was du über Hausdurchsuchungen weißt. Das kann dir helfen, dich zurecht zu finden und keine vermeidbaren Fehler zu begehen. Nachdem du die Tür geöffnet hast, könnten eine Vielzahl von Cops eintreten. Manchmal werden sie sogar von Staatsanwält*innen begleitet. Die Cops werden bewusst forsch auftreten, um dich einzuschüchtern. Wenn es zu einer Durchsuchung deiner Wohnung kommt, beachte folgende Punkte:

Ruhe bewahren!

Wenn du es schaffst, ruhig zu bleiben, wirst du auch unnötige Gespräche mit den Bullen vermeiden, insbesondere wirst du zum Tatvorwurf schweigen. Darüber hinaus wirst du auch keine anderen unüberlegten Handlungen begehen. Wer dabei erwischt wird, Beweismittel zu verstecken oder zu vernichten, läuft Gefahr, in Untersuchungshaft zu kommen. Solche „Irreführungsversuche“ können den Cops dazu dienen, eine sogenannte Verdunkelungsgefahr anzunehmen und diese ist nach § 112 StPO ein Haftgrund. Außerdem deuten sie sie als Indiz für deine Schuld. Ob es trotzdem sinnvoll ist, hängt von der konkreten Situation ab. Da du dabei meistens unter Zeitdruck stehst, solltest du dir dein Vorgehen in einer solchen Situation am besten vorher gut überlegen. Insbesondere solltest du dir überlegen, ob sich kriminalisierbare Materialien überhaupt in deiner Wohnung befinden müssen.
Ruhe zu bewahren bedeutet aber auch, Aggressionen gegen die Cops zu unterlassen. Wenn sie deine Sachen durchwühlen, ist dies sicher schwer zu ertragen, aber vielleicht immer noch besser, als am Ende wegen Widerstand gegen Vollstreckungsbeamt*innen belangt zu werden. Die Cops sind angehalten, bei einer Durchsuchung sorgsam mit deinen Sachen umzugehen. Doch oft halten sie sich nicht daran. Es ist ihnen erlaubt Beweisstücke und den Ort, wo sie sich befanden, zu fotografieren. Versuche also, ruhig zu bleiben, und lege hinterher ggf. Rechtsbehelfe z.B. für eventuelle Entschädigungsansprüche ein.

Den Durchsuchungsbeschluss zeigen lassen!

Lass dir den richterlichen Durchsuchungsbeschluss noch auf der Türschwelle zeigen und lies ihn ruhig und genau durch. Sage den Cops, sie sollen solange warten. Mitunter gibt es keine schriftliche Anordnung, da auch mündliche richterliche Beschlüsse zulässig sind. Lass dir in diesem Fall den Tatvorwurf mündlich erklären! Vergiss dabei nicht, zu fragen, was überhaupt gesucht wird! Danach fragst du nach dem Dienstausweis der*des Einsatzleiter*in. Notiere dir Namen und Dienstnummer! Bei „Gefahr in Verzug“ können die polizeilichen Maßnahmen ohne richterliche Überprüfung sofort durchgeführt werden und es braucht keinen richterlichen Durchsuchungsbeschluss. Diese Begründung dient den Bullen dazu, sich den Umweg über die*den Richter*in zu ersparen. Bestehe in diesem Fall auf einen Beschluss und lege Widerspruch ein! Auch wenn dies meist erfolglos ist, probiere es trotzdem! Beim Lesen eines schriftlichen Durchsuchungsbeschlusses achte auf folgende Inhalte, um hinterher rechtlich gegen die Durchsuchung vorgehen zu können:

- Auf welchen Namen ist der Beschluss ausgestellt?
- Welche Räumlichkeiten sollen durchsucht werden?
- Wie lautet der Vorwurf beziehungsweise der Verdacht?
- Was soll gesucht werden?
- Ist der Beschluss unterschrieben? Von wem?
- Wie alt ist der Beschluss? (falls älter als 6 Monate, ist der Beschluss ungültig)
- Gibt es einen Haftbefehl?
- Stehen noch andere Namen auf dem Durchsuchungsbeschluss?

Die Cops dürfen nur Räumlichkeiten durchsuchen, für die der Beschluss ausgestellt wurde. Wohnst du in einer WG, sind nur dein Zimmer und gemeinsam genutzte Zimmer wie Gemeinschaftsräume, Küche, Bad, Dachboden oder Keller von Belang. Die Zimmer deiner Mitbewohner*innen sind tabu. Gut ist daher, die Zimmertüren mit Namen zu kennzeichnen. Bei Eheleuten oder eingetragenen Lebenspartnerschaften ist dies schwieriger durchzusetzen, weil davon ausgegangen wird, dass du die Räume deiner*deines Partner*in mitbenutzt. Da dies jedoch eine Unterstellung ist, solltest du trotzdem insistieren, dass wirklich nur deine Räume durchsucht werden. In Kinderzimmern dürfen die Cops sich nur umschauen. Nur bei offensichtlicher Mitbenutzung durch die*den Beschuldigte*n dürfen sie auch dort herumschnüffeln.

Immer zum Tatvorwurf schweigen!

Sage während der Durchsuchung nichts zum Tatvorwurf! Auch Gespräche mit Mitbewohner*innen können versehentlich Infos enthalten, die für die Bullen nützlich sind. Das gilt auch für beiläufige Bemerkungen oder auch nur Gesten und Blicke. Während der Hausdurchsuchung findet zwar keine Vernehmung statt. Aber die Cops laufen mit gespitzten Ohren durch deine Räumlichkeiten. Unterdessen nehmen sie Äußerungen auf, die später gegen dich verwendet werden könnten. Häufig ist sogar ein Cop nur dazu da, dich zu beobachten. Es geht ihnen vor allem darum, zu beobachten, wohin du schaust oder dich dabei zu ertappen, wie du versuchst, Beweismittel zu beseitigen. Denk daran: Als Beschuldigte*r hast du das Recht zu schweigen! Über dieses Recht müssen dich die Cops aufklären. Das wissen die Cops natürlich und deshalb erfolgt die Belehrung oft noch an der Wohnungstür. Es besteht Gefahr, dass du in der Aufregung die Belehrung nicht wahrnimmst. Umso wichtiger ist es, dass du während der Durchsuchung zu deiner eigenen Sicherheit zum Tatvorwurf schweigst.

*Eine*n Anwält*in und weitere Zeug*innen benachrichtigen!*

Versuche so schnell wie möglich, deine*n Anwält*in herbeizutelefonieren. Dieses Telefonat muss dir gestattet werden. Falls du dies mit deinem Handy machst, schaltest du danach dein Handy am besten aus, damit es von den Cops nicht einfach ausgelesen werden kann. Es ist schon vorgekommen, dass die Cops auf deine*n Anwält*in gewartet haben. Es kann sich also lohnen, darauf zu beharren, erst mit der Hausdurchsuchung zu beginnen, wenn dein*e Anwält*in eingetroffen ist. Überhaupt ist es das Beste, wenn dein*e Anwält*in zugegen ist. Wenn du dich schon an der Wohnungstür so verhältst, zeigst du, dass du dich nicht überrumpeln lässt und vermittelst den Eindruck, die eigenen Rechte genau zu kennen. Außerdem beeinflusst du eventuell die Cops dahingehend, bei der folgenden Durchsuchung vorsichtiger zu Werke zu gehen und nicht gegen gesetzliche Regelungen zu verstoßen.
Bei einer Hausdurchsuchung müssen auch Zeug*innen (mindestens eine*r) zugelassen werden. Häufig bringen die Cops schon sog. neutrale Zeug*innen, z.B. aus der örtlichen Verwaltung mit. Du solltest darauf bestehen, eigene Zeug*innen, also dir vertraute Personen, dabei zu haben. Es ist umso leichter, dein Recht durchzusetzen, wenn welche da sind oder schnell kommen können. Sie können dich unterstützen und z.B. das Vorgehen der Cops beobachten. Dafür ist es hilfreich, schon vorab an

Unterstützer*innentelefonketten in deinem Umfeld zu denken (Vorsicht Abhörgefahr!). Auch wenn das Beharren auf eigene Zeug*innen nicht immer klappt, solltest du es trotzdem versuchen. Deine Zeug*innen solltest du sorgsam auswählen, denn die anwesenden Cops widmen ihnen gesteigerte Aufmerksamkeit. Könnten sie etwas mit dem Anlass für die Hausdurchsuchung zu tun haben, sind sie nicht die Richtigen. Meistens müssen Unterstützer*innen, die aufs Grundstück gelassen werden, sich ausweisen und ihre Daten werden gespeichert. Aber auch alle, die draußen bleiben, sollten den Cops auf die Finger schauen. Vor allem gilt es zu beobachten, ob Einzelne ohne Zeug*innen in Nebengebäude/-zimmer gehen und ob womöglich etwas „Mitgebrachtes" deponiert wird.
Bestehe darauf, dass die Cops jeweils nur ein Zimmer durchsuchen und sich darauf beschränken, was im Durchsuchungsbeschluss genannt ist. Dazu bedarf es oft viel verbaler Kraft. Es lohnt sich aber, denn oft versuchen die Cops mehrere Räume gleichzeitig zu durchsuchen. Bestehe darauf, dass du oder ein*e von dir bevollmächtigte*r Zeug*in in jedem Raum dabei ist. Die Durchsuchung der einzelnen Zimmer sollte also nacheinander stattfinden. Du (oder wahlweise dein*e Zeug*in) hast auf jeden Fall ein Anwesenheitsrecht, auch wenn die Cops Stadtbedienstete als Zeug*innen mitgebracht haben.
Wenn es zu einer Durchsuchung deiner Wohnung kommt,

- Lass dir den Durchsuchungsbeschluss zeigen!
- Schweige immer zum Tatvorwurf!
- Benachrichtige eine*n Anwält*in und weitere Zeug*innen!
- Und vor allem: bewahre die Ruhe!

Beschlagnahmen bei Hausdurchsuchungen

Bei Wohnungsdurchsuchungen kommt es fast immer zu Beschlagnahmen. Beschlagnahmt werden dürfen Gegenstände, die als Beweismittel für das Verfahren von Bedeutung sein könnten. Aber auch Sachen, die die Cops zufällig finden und die eine strafrechtliche Relevanz haben könnten, dürfen mitgenommen werden.
Die Beschlagnahme muss grundsätzlich von einer*einem Richter*in angeordnet werden. Lass dir den Beschlagnahmebeschluss zeigen, sofern er schriftlich vorliegt. Nur bei Gefahr in Verzug dürfen auch Polizei oder Staatsanwaltschaft die Beschlagnahme von Gegenständen anordnen. Behaupten die Cops, es läge Gefahr in Verzug vor, sie bräuchten daher keine richterliche Anordnung, lass dir das begründen. Zu beachten dabei ist, dass

Hausdurchsuchung und Beschlagnahme zwei getrennte Maßnahmen sind. Sie müssen daher auch einzeln begründet werden.
Natürlich sind die Cops auch an persönlichen Aufzeichnungen wie Tagebüchern etc. interessiert, da sie Informationen über dich und dein persönliches Umfeld enthalten. Denke schon vorher an geeignete Aufbewahrungsplätze! Willst du nicht, dass die Cops in deinen Papieren lesen, kannst du es ihnen per Widerspruch untersagen. Dann werden die Unterlagen gesichtet, versiegelt und der Staatsanwaltschaft vorgelegt, also im Zweifelsfall für Wochen oder Monate mitgenommen. Es gilt also im Einzelnen abzuwägen, was sie vor Ort lesen dürfen.
Oft werden auch PCs, Laptops oder Datenträger beschlagnahmt. Deswegen sollten Daten generell verschlüsselt werden (vgl. Kap. 4_2_ComputerUnsicherheit). Zudem ist es sinnvoll, Backups von dir wichtigen Daten und Dokumenten anzufertigen. Diese sollten sich jedoch nicht in deiner Wohnung befinden. Auch wenn dies bei politischen Hausdurchsuchungen bisher selten ein Thema war, sei hier auf die strafrechtliche Relevanz von mp3- oder Filmarchiven zweifelhafter Herkunft verwiesen.
Das Beschlagnahmte wird in ein sogenanntes Beschlagnahmeverzeichnis eingetragen. Überprüfe, ob diese Auflistung richtig aufgenommen wurde. Alles, was sie mitnehmen, sollte im Beschlagnahmeverzeichnis genau mit Titel, Farbe, Größe, Fundort beschrieben sein, damit nichts verwechselt oder hinzugefügt werden kann. Auch wenn sie nichts mitnehmen, sollte dies protokolliert werden. Aus dem Beschlagnahmeverzeichnis sollte außerdem hervorgehen, dass du mit der Beschlagnahme nicht einverstanden bist und dass du eine richterliche Überprüfung der Durchsuchung beantragst. Lege mündlich Widerspruch ein und beharre darauf, dass die Cops dies im Protokoll festhalten. Unterschreibe nichts persönlich: kein Protokoll, kein Widerspruch! Dazu bist du nicht verpflichtet. Im Gegensatz dazu müssen Einsatzleiter*in und Zeug*innen auf jeden Fall unterschreiben. Die*der Einsatzleiter*in vermerkt, dass du die Unterschrift verweigert hast. Lass dir den Durchschlag des Beschlagnahmeverzeichnisses geben. Darauf hast du ein Recht.
Des Weiteren solltest du mit deiner*deinem Anwält*in besprechen, ob es sinnvoll ist, der Beschlagnahme sofort juristisch zu widersprechen. Dadurch erreichst du, dass die Staatsanwaltschaft innerhalb von drei Tagen die Bestätigung für die Beschlagnahme durch eine*n Richter*in einholen muss. Diese*r prüft dann, ob die Beschlagnahme aufrecht erhalten wird. Dieser Widerspruch kann ebenso nachgereicht werden.

Hausdurchsuchung in deiner Abwesenheit

Als Beschuldigte*r hast du das Recht, bei der Durchsuchung dabei zu sein. Sie kann aber auch ohne dich durchgeführt werden. Solltest du während deiner Abwesenheit von einer gerade bei dir stattfindenden Hausdurchsuchung erfahren, versuche den Tatvorwurf herauszufinden und erkundige dich nach eventuellen Haftbefehlen. Wenn du dann am Ort des Geschehens erscheinst, könnte es sein, dass du zur ED-Behandlung mitgenommen wirst (vgl. Kap. 3_4_ED-Behandlung). Entscheide daher nach Beratung mit deiner*deinem Anwält*in, ob du nach Hause gehst. Sollte dein rechtlicher Beistand in deiner Nähe sein, nimm sie*ihn am besten mit zur Durchsuchung.

Im Anschluss an eine Hausdurchsuchung

Sobald die Cops weg sind, solltest du ein Gedächtnisprotokoll (vgl. Kap. 2_10_ Gedächtnisprotokolle) zu den Ereignissen anfertigen. Dieses sollte folgende Fakten enthalten:

- Datum, Uhrzeit
- Anzahl der Cops, Zeug*innen und ggf. der Staatsanwaltschaft
- Einheit, Namen der Cops soweit bekannt
- Ablauf mit Zeiten und Wortwechsel
- Was haben sie gesucht?
- Was haben sie mitgenommen?
- Wie haben sie sich verhalten?
- Konntest du deine Rechte wahrnehmen?

Besonders wichtig wird das Gedächtnisprotokoll, wenn du keinen anwaltlichen Beistand hattest und du deine*n Anwält*in noch informieren musst. Da mit der Zeit kleine Details im Gedächtnis verblassen, ist es sinnvoll, alles zeitnah (innerhalb von 24 Stunden) niederzuschreiben.

Abhörgefahr nach einer Durchsuchung

Wenn eine Hausdurchsuchung bei dir gelaufen ist, musst du damit rechnen, dass dein Telefon und Handy abgehört werden. Weise deine Gesprächspartner*innen auf das mögliche Abhören hin! Klebe dir als Erinnerung einen Zettel „Abhörgefahr“ neben oder auf das Telefon!

Nach der Hausdurchsuchung ist, je nach Tatvorwurf, die Ermittlung nicht abgeschlossen. Überlege dir also, wen du anrufst. Die Telefonüberwachung kann den Cops weitere Informationen geben. Das gilt natürlich auch für E-Mails, Chats und soziale Netzwerke.

Razzia

Nach Demos oder anderen Aktionen werden auch manchmal Camps, Szenetreffs, etc. gerazzt. Ein Abschließen der Tür oder eine Blockade des Camp-Eingangs kann ein bisschen Zeit verschaffen. Ihr könnt euch beruhigen und kurze Absprachen zum weiteren Vorgehen treffen. Kriminalisierbare Gegenstände, wie beispielsweise Vermummungsmaterial, können ggf. noch verschwinden. Du solltest zumindest versuchen, die Sachen so zu lagern, dass sie niemandem eindeutig zuzuordnen sind. Beschlagnahmt werden sie bei einer Razzia wahrscheinlich so oder so. Um im Fall der Fälle möglichst viel Zeit zu haben, kann es sinnvoll sein, schon vorher abzusprechen, wie ihr euch informiert, was zu tun ist und wer sich jeweils kümmert. Denkt dabei daran, dass Handys und Funk abgehört werden.

Bei Veranstaltungen

Teilweise kommt es vor, dass bereits laufende Veranstaltungen ohne euer Wissen verboten und anschließend gerazzt werden. Die Begründungen können dann baurechtliche Maßnahmen, Verunglimpfung des Staates, Verabredung von Straftaten, Unterstützung oder Werbung für terroristische Vereinigungen o.ä. sein. Diese Verbote erfolgen kurz vor oder nach dem Veranstaltungsbeginn und können auf juristischem Weg nicht immer rechtzeitig beseitigt werden. Unabhängig vom Verfahrensausgang haben die Cops hier erst mal die Möglichkeit, die Veranstaltung praktisch zu verhindern. Das bedeutet, dass sie alle Fenster und Ausgänge unter ihre Kontrolle bringen, um danach alle Leute einzeln zu durchsuchen und deren Personalien festzustellen.
So geschehen zum Beispiel im Juni 2014 in Berlin: Ein Großaufgebot der Berliner Polizei versuchte, einen selbstverwalteten Projektraum zu stürmen. Dort sollte eine Infoveranstaltung stattfinden. Die Cops versuchten ohne Vorwarnung und ohne Durchsuchungsbeschluss, die Räume zu razzen. Dies konnte zunächst verhindert werden. Nachdem sich die Cops einen Durchsuchungsbeschluss besorgt hatten und mit gewaltsamem Eindringen drohten, entschieden sich die Aktivist*innen in den Projekträumen, diese freiwillig zu verlassen, um unnötigen Schaden von Menschen

und Einrichtung zu vermeiden. Bei allen fand eine Identitätsfeststellung und Durchsuchung statt.
Im Vorfeld von Veranstaltungen ist es also wichtig, ein gemeinsames Vorgehen abzusprechen. Es kann sinnvoll sein, zusammen zu bleiben, damit nicht Einzelne ohne weiteres festgenommen werden können. Die Ausweisherausgabe sollte zunächst geschlossen verweigert werden. Falls das nicht möglich ist, schütze zuerst illegalisierte Personen. Da sind der Fantasie keine Grenzen gesetzt. Von Verstecken über Flucht oder das Ausleihen von Ausweisen kann alles versucht werden. Papiere, Notiz- und Adressbücher oder Redebeiträge, die auf keinen Fall in die Hände der Cops gehören, verbrennst du im Notfall vor Ort. Im Nachhinein sind hier die Anmelder*innen der Veranstaltung bzw. die Anmieter*innen der Räume besonders von juristischen Folgen betroffen. Gern werden sie auch zu Rädelsführer*innen gemacht. Überlegt also, welche Personen sich dafür eignen, Räume anzumieten oder Veranstaltungen anzumelden.

3_4_ED-Behandlung (Erkennungsdienstliche Behandlung)

Eine erkennungsdienstliche Behandlung (ED-Behandlung) – nicht zu verwechseln mit Identitätsfeststellung (ID-Feststellung) – soll den Cops die einwandfreie Identifizierung und Wiedererkennung einer Person ermöglichen und ist im Rahmen eines Strafverfahrens und/oder zur sog. Gefahrenabwehr möglich.
Wurden Aktivist*innen früher meist im Rahmen von Ingewahrsamnahmen wegen vermeintlicher oder tatsächlicher Aktionen erkennungsdienstlich behandelt, so ist inzwischen eine Verschärfung dieser Praxis festzustellen. Zusätzlich zu den ad hoc durchgeführten Maßnahmen, z.B. bei einem Castortransport, werden Aktivist*innen (teilweise sogar vor möglichen Aktionen) angeschrieben und zur ED-Behandlung vorgeladen. Wenn ihr auf solche Vorladungen nicht reagiert, müsst ihr mit einer zwangsweisen Vorführung rechnen. Nehmt daher umgehend Kontakt zu eurer Antirepressionsgruppe auf, wenn ihr eine Vorladung bekommt!
Bei einer ED-Behandlung können Fotos und Videos des Gesichts, besonderer Körpermerkmale (Tattoos, Narben, Male) und Ganzkörperfotos gemacht werden. Außerdem werden u.U. Finger- und Handballenabdrücke genommen und Messungen (Gewicht, Größe etc.) durchgeführt. Die Cops dürfen euch nicht zwingen, dafür bestimmte Kleidung anzuziehen oder euch beim Abfilmen in einer bestimmten Weise zu bewegen. Entscheidet

in der Situation selbst, inwieweit ihr euch gegen solche Aufforderungen der Cops zu Wehr setzen wollt und könnt.
Die juristische Auseinandersetzung mit der Thematik ED-Behandlung ist kompliziert und definitiv eine Angelegenheit für deine*n Anwält*in. Hinzu kommt, dass es in den verschiedenen Bundesländern unterschiedliche Bestimmungen gibt und zudem die Auslegung dieser Bestimmungen an den verschiedenen Gerichten unterschiedlich gehandhabt wird. Wir beschränken uns daher auf die für die politische Praxis wesentlichen Unterschiede:

Repressive ED-Behandlung für die Durchführung des Strafverfahrens

Die repressive ED-Behandlung für die Durchführung des Strafverfahrens wird nach § 81b 1. Alternative StPO eingeleitet, wenn z.B. am Tatort gesicherte Fingerabdrücke später in der Ermittlungsakte auftauchen. Ihr könnt als Beschuldigte aufgefordert werden, eigene Abdrücke zu Vergleichszwecken zur Verfügung zu stellen (aber nicht mehr!). In der Praxis versuchen die Cops, alle möglichen Merkmale zu erheben und die komplette ED-Behandlung durchzuführen.
Um festzustellen, in welchem Umfang die Cops persönliche Eigenschaften von dir überhaupt erheben dürfen, ist es erforderlich (am besten über eine*n Anwält*in), in die Ermittlungsakte zu schauen. So könnt ihr nachvollziehen, welche Beweise gesichert wurden, wer Beschuldigte*r ist und welche persönlichen Merkmale zu Vergleichszwecken hierfür in Betracht kommen. Gegen die Anordnung der ED-Behandlung kann ein Antrag auf gerichtliche Entscheidung bei dem zuständigen Amtsgericht gestellt werden. Dabei ist Eile geboten.

Präventive ED-Behandlung

Die präventive ED-Behandlung nach § 81b 2. Alternative StPO bedeutet so viel wie die Aufnahme in die „Verbrecher*innenkartei“ mit Lichtbildern, Fingerabdrücken, Messungen etc. Bereits ein Verdacht der Cops, dass von einer*einem betroffenen Aktivist*in zukünftig eine Straftat ausgehen könnte, wird in den Vorladungen regelmäßig als Begründung für eine ED-Behandlung angeführt. Hiergegen kann in einigen Bundesländern Widerspruch eingelegt werden. In anderen Bundesländern gibt es kein Widerspruchsverfahren. Hier muss direkt Klage beim zuständigen Verwaltungsgericht eingereicht werden.

In jedem Fall

Wenn ihr eine Ladung zur ED-Behandlung (egal welcher Art) erhaltet, geht schnellstmöglich zur Antirepressionsgruppe oder gleich zur*zum Anwält*in eures Vertrauens. Ihr müsst so schnell wie möglich gerichtlichen Rechtsschutz beantragen, weil ein Widerspruch o.ä. die Cops ggf. nicht an der Durchsetzung der ED-Behandlung hindert. Achtet auf Fristen! Die Cops setzen die ED-Behandlung nämlich schon mal mit Zwangsmitteln durch. Hierfür können sie euch auch von zu Hause, von der Schule oder von der Arbeit abholen.
Sollte sich eine ED-Behandlung nicht verhindern lassen, kann nach einiger Zeit die Datenlöschung beantragt werden (vgl. Kap. 4_0_Überwachung). Insgesamt betrachten wir die ED-Behandlung nicht nur als Problem der betroffenen Aktivist*innen oder als juristische Fachfrage für den EA. Vielmehr wünschen wir uns solidarische Unterstützung und Ideen, das Thema öffentlich zu skandalisieren und so politischen Druck aufzubauen (z.B. eine spontane Antirepressionsdemo zum örtlichen Polizeirevier).

3_5_Strafbefehle und Bußgelder

Mit Strafbefehlen oder Bußgeldbescheiden kannst du bestraft werden, ohne dass vorher eine Gerichtsverhandlung gegen dich durchgeführt wurde. Irgendwann kommt mit der Post ein Brief in dem steht, dass du wegen einer dir vorgeworfenen Straftat oder Ordnungswidrigkeit Geld bezahlen sollst. Die Bedeutung dieser Verfahrensarten ist groß, insbesondere bei Verfahren gegen viele Menschen gleichzeitig, z.B. beim Castorwiderstand. Die Justiz verspricht sich davon eine Entlastung.

Mit einem Strafbefehl können Verstöße gegen Strafgesetze geahndet werden. Beispiele hierfür sind: Körperverletzung, Widerstand gegen Vollstreckungsbeamt*innen, Landfriedensbruch, Hausfriedensbruch, Passivbewaffnung auf Demonstrationen oder ein Verstoß gegen das Vermummungsverbot während einer Demonstration.
Mit einem Bußgeldbescheid können sogenannte Ordnungswidrigkeiten geahndet werden. Beispiele: Plakatieren, Teilnahme an einer nicht genehmigten oder aufgelösten Demonstration oder das Mitführen von Vermummungsgegenständen. Strafbefehle werden von den Amtsgerichten erlassen, Bußgeldbescheide von einer Behörde, z.B. dem Regierungspräsidium oder der Kreispolizeibehörde. Vorher findet ein Ermittlungsverfahren gegen dich statt (vgl. Kap. 3_1_Das Ermittlungsverfahren). Eine Gemeinsamkeit von Strafbefehlen und Bußgeldbescheiden ist, dass ohne vorherige Verhandlung vor einem Gericht entschieden wird und dass innerhalb von zwei Wochen Einspruch eingelegt werden muss. Sonst wird der Strafbefehl oder der Bußgeldbescheid rechtskräftig (und damit endgültig).

Strafbefehle (§§ 407-412 StPO)

Die*Der Amtsrichter*in entscheidet, ob der von der Staatsanwaltschaft beantragte Strafbefehl erlassen werden soll oder nicht. In der Regel entspricht das Amtsgericht dem Antrag der Staatsanwaltschaft. Erfahrungsgemäß wird das Mittel des Strafbefehls benutzt:

- um zu einer schnellen Bestrafung zu kommen und dich so abzuschrecken. Nach dem Motto: „Die Strafe folgt der Straftat auf dem Fuß“;
- um einer Gerichtsverhandlung mit möglicherweise widersprüchlichen Zeug*innenaussagen auszuweichen und ohne Beteiligung der Öffentlichkeit entscheiden zu können;
- bei anscheinend eindeutigen Beweisen gegen dich wie Zeug*innenaussagen, Fotos, Videoaufnahmen etc., die eine Strafverhandlung aus der Sicht des Gerichts überflüssig machen oder
- um die Justiz selbst zu entlasten, weil ein Strafbefehlsverfahren weniger Arbeit für die Justiz bedeutet. Dabei wird darauf spekuliert, dass du es versäumst, fristgerecht Einspruch einzulegen, sodass es nicht zu einer Gerichtsverhandlung kommt.

In der Regel werden mit einem Strafbefehl Geldstrafen verhängt. Solltest du diese nicht zahlen, wird gegen dich eine Ersatzfreiheitsstrafe verhängt. Jeder Tagessatz wird mit je einem Tag Gefängnis abgegolten.

Jugendliche

Gegen Jugendliche bis zu 18 Jahren – dabei gilt das Alter zum Tatzeitpunkt – darf kein Strafbefehl ergehen. Deshalb braucht ihr euch nicht zu wundern, dass es Verfahren gibt, in denen gegen Jüngere eine Gerichtsverhandlung bei der*dem Jugendrichter*in stattfindet, während andere „nur" einen Strafbefehl bekommen. Bei Leuten zwischen 18 und 21 Jahren kann ebenfalls noch das Jugendstrafrecht mit den gleichen Folgen angewandt werden. Schau in dem Anschreiben des Gerichts genau nach, ob da irgendetwas von Jugendgerichtsgesetz (JGG) steht. Anstelle des Strafbefehls gibt es bei Jugendlichen auch das sogenannte „vereinfachte Jugendstrafverfahren". Das ist dann eine Gerichtsverhandlung, in der kein*e Staatsanwält*in direkt mitmischt (aber möglicherweise indirekt Einfluss nimmt!).
Darüber hinaus werden Jugendliche zwischen 14 und 17 Jahren bzw. Heranwachsende zwischen 18 und 21 Jahren meistens noch von der Jugendgerichtshilfe zu einer Besprechung eingeladen. Da muss niemand hingehen. Wenn du doch hingehen willst, solltest du dich unbedingt vorher mit rechtskundigen Personen wie Rechtsanwält*innen oder mit der Rechtshilfegruppe unterhalten. Es ist immer wichtig, nichts zu der vorgeworfenen Straftat zu sagen. Die Jugendgerichtshilfe hat die Aufgabe, den Lebenslauf bzw. deine persönliche Entwicklung zu erforschen und in einer späteren Strafverhandlung einen Vorschlag zur Art der Bestrafung zu machen. Bei Heranwachsenden soll die Jugendgerichtshilfe eine Stellungnahme dazu abgeben, ob Jugend- oder Erwachsenenstrafrecht angewendet werden soll. Das Gericht ist aber an den Vorschlag der Jugendgerichtshilfe nicht gebunden (vgl. Kap. 3_9_Das Jugendstrafrecht). Die Jugendgerichtshilfe wird aber auf jeden Fall alle Informationen, die sie in dem Gespräch gewonnen hat, an das Gericht weitergeben, auch wenn die Mitarbeiter*innen nett oder verständnisvoll tun. Auch hier solltest du das Recht, die Aussage zu verweigern, in Anspruch nehmen.

Strafen

Mit einem Strafbefehl können u. a. folgende Strafen verhängt werden (§ 407 StPO):

- Eine Geldstrafe (selten auch zur Bewährung ausgesetzt). Wenn eine Geldstrafe nicht bezahlt wird, kann eine Ersatzfreiheitsstrafe angeordnet werden: Für jeden Tagessatz – Geldstrafen werden nach Tagessätzen berechnet und bemessen sich am Einkommen – einen Tag Knast, unabhängig von der Höhe eines Tagessatzes.

- Der Entzug der Fahrerlaubnis für bis zu zwei Jahre, wenn mensch sich als „ungeeignet“ zum Führen von Kraftfahrzeugen erweist, z.B. bei angeblicher Teilnahme an einer Autobahnblockade mit dem Pkw.
- In Ausnahmefällen ist auch die Verhängung einer Freiheitsstrafe bis zu einem Jahr auf Bewährung möglich, aber nur wenn mensch im Ermittlungsverfahren anwaltlich vertreten wurde.

Einspruch

Wir empfehlen, immer Einspruch gegen einen Strafbefehl einzulegen, damit Zeit ist, in Ruhe zu überlegen, wie mit dem Verfahren umgegangen werden soll. Auf diese Möglichkeit wird nur im Kleingedruckten des Strafbefehls hingewiesen!
Der Einspruch muss innerhalb von zwei Wochen nach der Zustellung des Strafbefehls eingelegt werden und hat zur Folge, dass eine Hauptverhandlung vor Gericht anberaumt wird. Dein Einspruch gegen den Strafbefehl wird aber als unzulässig verworfen, wenn du unentschuldigt (z.B. ohne ärztliches Attest oder wichtigen persönlichen Grund) nicht zu der anberaumten Gerichtsverhandlung kommst. Es kann dir auch passieren, dass die Strafe im Fall einer Verurteilung in der Gerichtsverhandlung höher ausfällt als im Strafbefehl! Der Einspruch kann allerdings noch kurzfristig zurückgezogen werden und die Gerichtsverhandlung wird abgesagt. Ganz selten kann es sein, dass das Verfahren auch ohne Gerichtsverhandlung doch noch eingestellt wird, wenn der Widerspruch von der Staatsanwaltschaft akzeptiert wird.
Um einen Einspruch einzulegen, brauchst du keine*n Rechtsanwält*in. Es müssen auch keine bestimmte Form eingehalten und/oder Gründe genannt werden.

Einspruchsentwurf:
Hiermit lege ich gegen den Strafbefehl vom (Datum/Aktenzeichen), zugestellt am (Datum), Einspruch ein.

(Datum) (Unterschrift).

ACHTUNG: Unterschrift auf keinen Fall vergessen!

Das Zustellungsdatum ist der Tag, an dem du den Strafbefehl von der*dem Postzusteller*in ausgehändigt bekommst oder an dem ein Benachrichtigungszettel in deinen Briefkasten geworfen wird, der dich darüber infor-

miert, dass ein Schriftstück (mit Aktenzeichen) bei der Post hinterlegt wurde. Auf dem Benachrichtigungszettel oder auf dem gelben Briefumschlag ist das Datum vermerkt, an dem die zweiwöchige Frist beginnt. Deshalb musst du den Briefumschlag mit dem Eingangsdatum aufheben. Der Einspruch muss innerhalb dieser beiden Wochen beim Gericht angekommen sein. Du musst das im Zweifel beweisen können (z.B. mit Sendebericht, Einwurfeinschreiben, Empfangsbestätigung). Rechne zur Sicherheit eine Postlaufzeit von mindestens drei Tagen ein. Mit einem Einschreiben kannst du das Absendedatum nachweisen. Gleiches gilt für die Erhebung des Einspruches per Fax: Der Sendebericht sollte unbedingt aufgehoben werden.
Wenn ein Einspruch eingelegt wird, verhindert dieser zunächst, dass der im Strafbefehl enthaltene Schuldspruch und die Strafe rechtskräftig werden. Bedenke dabei, dass nach dem Ablauf der Einspruchsfrist ein Einspruch nicht mehr anerkannt wird. Allerspätestens nach dem Einspruch solltest du dich mit der nächsten Rechtshilfegruppe, anderen Betroffenen oder ggf. einer*einem Rechtsanwält*in in Verbindung setzen.
Wenn du im Urlaub weilst oder aus anderen Gründen nicht zu Hause anzutreffen bist, kann es passieren, dass du vom Strafbefehl erst erfährst, wenn die 2-Wochen-Frist für den Einspruch schon abgelaufen ist. Dann musst du zusätzlich zum Einspruch noch einen Antrag auf Wiedereinsetzung in den vorherigen Stand stellen. Dies muss innerhalb einer Woche passieren, gerechnet ab dem Tag, an dem du vom Strafbefehl erfahren hast.

Entwurf/Beispiel:
Hiermit beantrage ich die Wiedereinsetzung in den vorherigen Stand und lege gegen den Strafbefehl vom (Datum), zugestellt am (Datum), Einspruch ein.
Begründung:

- Datum der Kenntnisnahme (1-Wochen-Frist beachten!)
- Urlaubsabwesenheit, Arbeits-, Studienabwesenheit etc.

(Datum) (Unterschrift).

ACHTUNG: Unterschrift auf keinen Fall vergessen!

Anders als der Einspruch selbst muss der Wiedereinsetzungsantrag begründet werden, weil nur bei nachvollziehbaren und beweisbaren Gründen eine Wiedereinsetzung gewährt werden muss. Die Gründe müssen

glaubhaft gemacht werden und zwar innerhalb einer Woche, nachdem du von der Zustellung des Strafbefehls (bzw. des Bußgeldbescheids) erfahren hast.
Für deine Abwesenheit können Beweise verlangt werden. Wirf also Tankquittungen, Hotelrechnungen, Fahrkarten, Flugtickets etc. erst nach der Rückkehr weg. Es kann aber auch eine eidesstattliche Versicherung abgegeben werden, in der du erklärst, von wann bis wann du abwesend warst und wann du von dem Strafbefehl erfahren hast. Für den Wiedereinsetzungsantrag solltest du professionelle Hilfe in Anspruch nehmen, da es viele juristische Details zu beachten gilt.
Du selbst oder eine*n Rechtsanwält*in kann Akteneinsicht beantragen. Damit erfährst du Konkretes über die gegen dich erhobenen Vorwürfe, die Beweismittel und die Umstände des Verfahrens, beispielsweise, ob ein Spitzel irgendwo in einer Gruppe dabei war oder ob verdeckte Ermittler*innen eingesetzt wurden. In den Akten befinden sich eventuell auch Telefonabhörprotokolle, Foto- oder Videoaufnahmen. Aber Vorsicht! Wenn du selbst Akteneinsicht beantragst, wird dir die Akte nicht geschickt, sondern du musst sie dir meist im Büro der Staatsanwaltschaft oder im Gericht ansehen.
Wenn du Einspruch eingelegt hast und das Verfahren nicht eingestellt wird, muss das Amtsgericht einen Verhandlungstermin festsetzen, in dem über den Einspruch und den gegen dich erhobenen Vorwurf entschieden wird.
Du kannst den Einspruch bis zu Beginn der Gerichtsverhandlung aber auch zurücknehmen. Hat die Gerichtsverhandlung schon begonnen, muss die Staatsanwaltschaft der Rücknahme des Einspruchs zustimmen. Wenn du den Einspruch so rechtzeitig zurücknimmst, dass eventuell geladenen Zeug*innen noch abgesagt werden kann, kostet dich der Einspruch nichts. Können Zeug*innen und Gutachter*innen nicht mehr rechtzeitig ausgeladen werden und fahren vergeblich zur nicht stattfindenden Gerichtsverhandlung, bekommen sie ihre Auslagen wie Verdienstausfall oder Fahrtkosten ersetzt und du musst das dann bezahlen. Also: Wenn der Einspruch zurückgenommen werden soll, solltest du das am besten ein paar Tage vor der anberaumten Gerichtsverhandlung machen.

Bußgeldbescheide

Ein Bußgeldbescheid wird von einer Behörde zur Ahndung von Ordnungswidrigkeiten erlassen. So erhalten z.B. Castor-Gegner*innen immer wieder Bußgeldbescheide wegen unerlaubten Betretens von Gleisanlagen. Weiter werden häufig wegen Verstößen gegen das Versammlungsgesetz oder wegen unerlaubten Plakatierens Bußgelder verhängt. Eine Verurteilung zu einem Bußgeld wird nicht ins Führungszeugnis aufgenommen. In den entsprechenden Dateien von Polizei und Verfassungsschutz werden diese Ordnungswidrigkeiten dennoch gespeichert. Ein Bußgeld ist aber keine Vorstrafe und wird im Bundeszentralregister nicht gespeichert.

Einspruch gegen einen Bußgeldbescheid

Auch gegen einen Bußgeldbescheid kannst du innerhalb von zwei Wochen Einspruch einlegen. Es gilt dasselbe wie für einen Einspruch gegen einen Strafbefehl (s.o.). Das Gerichtsverfahren nach Einsprüchen gegen Bußgeldbescheide weist einige Besonderheiten auf. So hat die*der Amtsrichter*in dort weitreichende Möglichkeiten, den Ablauf des Verfahrens zu bestimmen, z.B. welche Zeug*innen gehört werden und welche nicht. Rechtsmittel gegen das Urteil des Amtsgerichts einzulegen, ist in diesem Fall nur sehr eingeschränkt möglich, so bei Verurteilungen zu Geldbußen über 250 € oder zur Klärung wichtiger Rechtsfragen. Die*Der Amtsrichter*in ist in diesen Verfahren oft die erste und einzige Instanz!
Oftmals ist in der Gerichtsverhandlung kein*e Staatsanwält*in anwesend. Zudem ist zu erwähnen, dass das Gericht grundsätzlich nicht an die Höhe des ursprünglich verhängten Bußgeldes gebunden ist. Es kann das Bußgeld erhöhen oder herabsetzen oder auch das Verfahren einstellen. Es ist in bestimmten Fällen auch möglich, dass das Gericht über den Vorwurf ohne Verhandlung ausschließlich schriftlich entscheidet. In diesem Fall darf das Bußgeld nicht erhöht werden. Solch ein schriftliches Verfahren muss vorher angekündigt werden. Du kannst einem solchen Vorgehen widersprechen und damit eine Verhandlung erzwingen.
Wenn ein Bußgeld nicht bezahlt wird, kann gegen dich Erzwingungshaft bis zu drei Monaten (in der Regel sechs Wochen) verhängt werden. Damit sollst du doch noch zum Bezahlen gezwungen werden. Die Erzwingungshaft kann (muss aber nicht) ausgesetzt werden, wenn tatsächliche Zahlungsunfähigkeit nachgewiesen wurde. Nach Absitzen der Höchstfristen der Erzwingungshaft darf diese nicht mehr wiederholt werden. Die Geldbuße ist dann aber immer noch zu bezahlen.

3_6_Prozesskostenhilfe, Beratungshilfe, Rechtsschutzversicherung

Prozesskostenhilfe

Prozesskostenhilfe, die z.B. im Zivilprozess möglich ist, gibt es weder in Straf(-befehls)verfahren noch im Bußgeldverfahren. Wenn du verurteilt wirst, musst du die Strafe, die Gerichtskosten und die*den eigene*n Anwält*in selbst bezahlen. Oder mensch muss eine Soli-Kasse organisieren bzw. sich bei der Roten Hilfe frühzeitig über Unterstützungsmöglichkeiten erkundigen. Wenn du freigesprochen wirst, muss die Staatskasse die gesamten Kosten (Gerichts- und Anwält*innenkosten) übernehmen.

Beratungshilfe

Dagegen ist es möglich, sich auf Kosten der Staatskasse auch in Straf- oder Bußgeldverfahren anwaltlich beraten zu lassen. Die Inanspruchnahme dieser sogenannten Beratungshilfe ist jedoch nur bis zur Bekanntgabe des Strafbefehls möglich. Es wird allerdings lediglich eine Erstberatung und keine weitere Vertretung bezahlt. Beratungshilfe muss bei den örtlichen Amtsgerichten beantragt werden. Hierzu müssen Einkommensnachweise vorgelegt und bestimmte Einkommensgrenzen beachtet werden.

Rechtsschutzversicherung

Bei Ordnungswidrigkeitsverfahren und bei fahrlässig begangenen Straftaten können die Verfahrens- und Anwaltskosten von Rechtsschutzversicherungen übernommen werden, sofern dies im Leistungsumfang enthalten ist. Geldstrafen bzw. Bußgelder zahlen die Versicherungen allerdings nicht. Dem Gericht ist es egal, wer die Strafe oder das Bußgeld letztendlich bezahlt – ob du selbst, die Versicherung oder Soli-Gruppen.

3_7_Die Prozessführung

In diesem Kapitel beschäftigen wir uns mit der Hauptverhandlung im Strafprozess. Rechtsmittel wie Revision, Berufung etc. werden hier nicht behandelt. Das Kapitel ist in drei Abschnitte untergliedert. Unter „Der Strafprozess“ werden die handelnden Personen im Gerichtssaal und der reguläre – rein formale – Ablauf eines Gerichtsverfahrens dargestellt. Durch die Auseinandersetzung mit der Rolle der Justiz im Prozess versuchen wir, eine Grundlage zur Entwicklung von Prozessstrategien zu schaffen, von denen wir euch im Abschnitt „Prozessstrategien“ die Strategie der „kreativen Antirepression“, die rein juristische Verteidigung und die politische Prozessführung vorstellen. Zum Schluss gibt es dann noch ein paar Tipps, die den Umgang mit der Institution „Gericht“ hoffentlich ein bisschen erleichtern.

Beteiligte am Strafprozess

Die Anordnung der anwesenden Personen im Gerichtssaal ist im Wesentlichen immer gleich: Am Kopf des Raumes steht – meistens leicht erhöht – der lange Richter*innentisch, hinter dem sich je nach Gerichtsart entweder ein*e vorsitzende*r Richter*in oder ein*e Richter*in mit Beisitzer*innen – also ebenfalls Berufsrichter*innen – und/oder mit ehrenamtlichen juristischen Laien verschanzt und von oben herab „Recht spricht“. Meist sitzt auch noch ein*e Protokollant*in dabei.
U-förmig dazu sitzt auf der einen Seite die*der Angeklagte und eventuell die Verteidigung. Ihr könnt dort theoretisch auch ohne Rechtsbeistand sein – dazu später mehr. In manchen Fällen (z.B. bei hoher Straferwartung ab ca. einem Jahr, bei schwieriger Sach- und Rechtslage und bei U-Haft) bekommst du vom Gericht eine*n Pflichtverteidiger*in beigeordnet (vgl. Kap. 3_11_ Rechtsanwält*innen), die*den du dir aber grundsätzlich selber aussuchen darfst. Ansonsten hast du eine*n von dir ausgewählte*n „Wahl“-Verteidiger*in (RA*in). Auf der anderen Seite, also dir gegenüber, ist der Platz der Staatsanwaltschaft (StA). In der Mitte dieser u-förmigen Anordnung befinden sich meist ein Stuhl, Tisch und Mikrophon. Das ist der Platz für Zeug*innen und Sachverständige, die vernommen werden.
An der offenen Seite des „U“ stehen die Stuhlreihen für die Öffentlichkeit und die Presse, die nur bei Jugendgerichtsverfahren und auf besonderen Antrag ausgeschlossen werden können (geregelt im GVG, §§ 171a ff.). Manchmal sitzen da Jurastudent*innen, Schulklassen, Familienangehörige und im günstigsten Fall Freund*innen und Genoss*innen, die dir den

Rücken stärken. Oft sind bei politischen Prozessen noch uniformierte Gerichtsdiener*innen oder Schließer*innen im Saal, die sich bei Bedarf auch mal als Rausschmeißer*innen betätigen.

Der Prozessverlauf

Wenn die Richter*innen den Prozesssaal betreten, müssen alle Anwesenden aufstehen. Selten einmal verzichten die Richter*innen durch eine Handbewegung oder stillschweigend auf diese „Ehrbezeugung". In der Regel bestehen sie darauf. Bei Nichtbeachtung kann es da schon den ersten Ärger wegen Missachtung des Gerichts geben. Deshalb können auch Ordnungsstrafen verhängt werden.

Als nächstes wird die Anwesenheit der geladenen Zeug*innen festgestellt, die dann herausgehen und vor dem Gerichtssaal warten müssen, bis sie zu ihrer Vernehmung aufgerufen werden. Dann wird die*der Angeklagte nach den Personalien befragt, anschließend wird die Anklageschrift verlesen. Da alle Beteiligten diese bereits kennen, wird sie oft in einem atemberaubenden Tempo heruntergerattert.

Anschließend erfolgt die Befragung des*der Angeklagten durch die*den Richter*in zur Sache. Mensch kann sich als Angeklagte*r zur Sache äußern oder nicht (vgl. Kap. 1_2_ Aussageverweigerung) und/oder an diesem Punkt eine Prozesserklärung verlesen. Je nachdem, was sich daraus ergibt, müssen Zeug*innen vernommen werden. Diese sind bereits vorher durch das Gericht, auf Antrag von Verteidigung oder Staatsanwaltschaft, geladen worden. Es kommt auch vor, dass (neue) Zeug*innen während des Prozesses aufgerufen werden. Zeug*innen können neben „unbeteiligten" Beobachter*innen auch die*der Geschädigte selbst sein, sofern es eine geschädigte Person gibt. Häufig handelt es sich um Bullenzeug*innen, die die Festnahme vorgenommen oder am Tatort Spuren gesichert haben. Gelegentlich werden Sachverständige oder Gutachter*innen hinzugezogen.

Bei der sogenannten Beweisaufnahme soll die*der Angeklagte nach jeder einzelnen „Beweiserhebung" befragt werden, ob sie*er dazu etwas zu erklären habe. Auch hier muss selbstverständlich die*der Angeklagte nichts sagen. Ist die Beweisaufnahme abgeschlossen, halten erst die StA und dann die Verteidigung ihre Plädoyers. Das bedeutet, sie bewerten juristisch das, was euch vorgeworfen wird, und beantragen meist ein bestimmtes Strafmaß oder auch einen Freispruch.

Das letzte Wort hat die*der Angeklagte. Sie*er kann es nutzen, keinen Gebrauch davon machen oder sich den Ausführungen der Verteidigung anschließen.

Nach einer Pause von einigen Minuten, Stunden oder Tagen wird das Urteil verkündet. Dies kann nur in Anwesenheit der*des Angeklagten geschehen. Bei der Urteilsverkündung müssen im Regelfall alle Anwesenden aufstehen. Auch hier droht bei Nichtbeachtung eine Ordnungsstrafe.
Fast alles, was im Gerichtssaal passiert, verläuft nach einem starren Schema und hat einen ritualisierten Ablauf. Um dich mit einer solchen Situation vertrauter zu machen, ist es gut, Freund*innen oder „Gleichgesinnte" zu deren Prozessen zu begleiten. Es ist ohnehin gut für eine betroffene Person, wenn sie*er mitkriegt, dass sie*er mit diesem Prozessmist nicht allein dasteht. Und du kannst dir die Gerichtsprozedur und auch den Gerichtssaal genauer angucken.

Repression durch Strafprozesse

Die Justiz ist ein Instrument der Herrschaftsabsicherung. Einige Thesen hierzu findest du im Einleitungskapitel „Was ist Repression?". Die Justiz deutet politisches Handeln und radikalkritisches Denken in strafbare Handlungen um und entpolitisiert es damit. Die Beschuldigungen heißen dann zum Beispiel Nötigung, Hausfriedensbruch, Landfriedensbruch oder Bildung einer kriminellen oder terroristischen Vereinigung. Die politischen Hintergründe und Motive der „Täter*innen" spielen in den Prozessen häufig keine Rolle. In Prozessen, die aus Perspektive der Aktivist*innen einen politischen Gehalt haben, hat die Justiz eine wichtige Funktion: Sie soll anstelle einer politischen Auseinandersetzung mit den Mitteln des Strafrechts arbeiten. Sie soll die*den potenzielle*n oder bereits gefährliche*n Gegner*in in die Knie zwingen. Sie soll staatliche Macht ausweiten und stabilisieren; sie soll in der Gesellschaft die Akzeptanz der bestehenden Herrschaftsordnung sichern – nicht zuletzt auch durch das von ihr ausgehende Drohpotenzial.
Einen Prozess führen zu müssen, ist ätzend, und jeder*jedem fallen auf Anhieb tausend Sachen ein, die sie*er lieber täte. Wenn du aber schon mal da bist, solltest du wenigstens ansatzweise versuchen, die Situation in deinem Sinne zu nutzen. Unsere Politik braucht nicht an der Tür des Gerichtssaals zu enden. Wenn die Justiz unsere politischen Inhalte außen vor lässt, können wir zumindest versuchen, sie in den Gerichtssaal zu tragen.

Prozessstrategien

So unterschiedlich das Verhältnis zur Repression innerhalb der Linken ist, so unterschiedlich sind auch die möglichen Prozessstrategien und Verhaltensweisen vor Gericht. Unabhängig davon, für welche Prozessstrategie

mensch sich entscheidet: Bei mehreren Angeklagten muss unbedingt eine Absprache über eine gemeinsam von allen getragene Strategie getroffen werden.
Ganz grob kann mensch unterscheiden zwischen einer „rein juristischen" Prozessführung, also dem Ausschöpfen der Mittel, die die Strafprozessordnung bietet, und einer eher politischen Prozessführung. Letztere ist darum bemüht, politische Inhalte in den Verhandlungssaal zu tragen und sie macht deutlich, dass die*der Angeklagte das herrschende Rechtssystem ablehnt. Im Zusammenhang mit dem Thema „politische Prozessführung" hat sich in den letzten Jahren auch eine Diskussion um die sogenannte „kreative Antirepression" entwickelt. Gemeint sind Prozessstrategien, die versuchen, durch nicht regelkonformes und zum Teil parodistisches Verhalten den Justizapparat in Bedrängnis zu bringen. Was der Begriff unterschlägt, ist, dass auch andere Formen der politischen Prozessführung kreativ sind oder zumindest sein können.

Kreative Antirepression

Das Gefühl von Unsicherheit oder Ohnmacht gegenüber Strafverfolgungsbehörden und seine Überwindung stand im Mittelpunkt der Diskussion um die sogenannte „kreative Antirepression". Ihre Vertreter*innen verstehen darunter kurzgefasst eine Strategie, als Beschuldigte*r oder Angeklagte*r in Vernehmungssituationen durch aktives, nicht regelkonformes Verhalten, wie z.B. Singen, Gedichte rezitieren oder Ähnlichem, der Justiz etwas entgegenzusetzen. Dabei wird sich gegen eine Aussageverweigerung, wie wir sie vertreten und empfehlen, ausgesprochen, weil sie als passiv und dogmatisch empfunden wird. Wir teilen diese Auffassung nicht und halten die Konzepte der „kreativen Antirepression" teilweise für gefährlich. Aussageverweigerung, wie sie im entsprechenden Kapitel beschrieben ist, bedarf einer intensiven Auseinandersetzung der*des Beschuldigten mit ihrer*seiner Situation und sich selbst, aus der sie*er gestärkt hervorgehen sollte. Auch wenn es der*dem Beschuldigten rechtlich freigestellt ist, sich zur Sache zu äußern, zielt die Strafjustiz darauf ab, dass sie*er ihre*seine „Schuld" eingesteht, „Reue" zeigt oder zur Aufklärung des Sachverhalts (potenzielle Belastung anderer) beiträgt. Ein solches Verhalten kann durch Strafmilderung bis hin zur Straffreiheit (Kronzeug*innenregelung) honoriert werden. Auch in Hinblick auf diesen Aspekt betrachten wir Aussageverweigerung als aktiven Umgang mit Strafverfolgungsbehörden und Justiz. Zudem kann schon allein die Wahl, welches Gedicht monoton rezitiert und wie es vorgetragen wird, für geschulte Verhörer*innen Ansatzpunkte für Nachfragen liefern.

Im Rahmen der Diskussion um „kreative Antirepression" wird auch häufiger für eine Selbstverteidigung oder Laienverteidigung vor Gericht plädiert. Bei aller Vorsicht, die Anwält*innen in der Zusammenarbeit entgegengebracht werden sollte, stehen wir dem skeptisch gegenüber. Bei der Selbstverteidigung in einer Hauptverhandlung steht mensch komplett allein professionell geschulten Leuten gegenüber und das bei einem Thema, in dem die meisten eher unsicher sind. Unseres Erachtens ist eine solche Situation gerade prädestiniert dafür, Ohnmachtsgefühle hervorzurufen, mit entsprechenden gravierenden Folgen.

Die rein juristische Verteidigung

Es ist äußerst ratsam, eine*n Rechtsanwält*in hinzuzuziehen, wenn mensch das juristische Instrumentarium nutzen will, da du dich im Dschungel der Strafprozessordnung leicht verirren kannst. Die*Der Angeklagte kann Aussagen zum Tatvorwurf machen, Zeug*innen benennen, Beweisanträge stellen, Sachverständige hinzuziehen, ein etwaiges Alibi vorbringen oder gar ein Geständnis machen. Dies alles kann mensch entweder persönlich tun oder von der*dem Anwält*in vortragen lassen. Hierzu ist es unerlässlich, dass zu ihr*ihm ein Vertrauensverhältnis besteht. Sie*Er darf nichts ohne vorherige Absprache oder ohne dein Einverständnis tun.
Leider widersprechen die Strategien, mit denen Strafverteidiger*innen vor Gericht arbeiten, oft unseren politischen Intentionen (vgl. Kap. 3_11_ Rechtsanwält*innen). Für sie läuft es häufig auf der Ebene eines Deals ab: „Wir" machen leichte Zugeständnisse, dann kommen „wir" etwas besser weg. Die „leichten Zugeständnisse" sollten von dir dahingehend abgewogen werden, ob du damit nicht deine politische Überzeugung verkaufst, ob eine gute Aktion dadurch nicht ihre Aussagekraft verliert oder ob du gar mit einem faulen Kompromiss andere Menschen belastest. Andere Leute reinzureißen und zu belasten, um die eigene Haut zu retten, ist unsolidarisch!
Als Beschuldigte*r/Angeklagte*r hast du das RECHT, die Aussage zu verweigern (vgl. Kap. 1_2_ Aussageverweigerung). Grundsätzlich ist es richtig, auch bei einer juristisch angelegten Verteidigung auf Aussagen zur Sache und zu anderen Personen zu verzichten. Auch, wenn dir deine Rechtsvertretung und das Gericht dazu raten sollten: Der durch Aussagen verursachte Schaden ist zumeist größer als der vermeintlich für dich herausspringende Vorteil.
Daher: Überleg bei der Vorbereitung des Prozesses genau, was du willst. Sprich das erst mit Leuten aus dem eigenen politischen Zusammenhang und dann natürlich mit deiner*deinem Anwält*in ausführlich durch. Je

nachdem, wie die dir nächstgelegene Rechtshilfegruppe arbeitet, kannst du mit den Leuten dort meist schon einige juristische Sachen abklären, dir eine*n Anwält*in empfehlen lassen und/oder ein Konzept für den Prozess entwickeln.
Es passiert leider gar nicht so selten, dass mensch in der angespannten und ungewohnten Verhandlungssituation mehr als geplant oder etwas anderes erzählt, als mensch vorhatte. So kann es beispielsweise passieren, dass mensch sich zu einer „Reuebekundung" hinreißen lässt. Selbst wenn dabei glücklicherweise niemand anderes belastet wird, so ist es doch mehr als ärgerlich, wenn eine an sich korrekte Aktion dadurch politisch widerrufen wird – auch bei einer rein juristischen Prozessführung.

Die politische Prozessführung

Obwohl es in der Praxis nicht die ausschließlich juristische oder die ausschließlich politische Strategie gibt und Elemente von beiden zusammen auftreten können, verfolgt die politische Prozessführung einen deutlich erkennbar anderen Schwerpunkt in der Zielsetzung: Spielen bei der rein juristischen Verteidigung die einzelne Person als Angeklagte*r, der Tatvorwurf und das, was als Urteil „herauskommt", eine zentrale Rolle, so geht es hier allein um das Verhältnis der*des Einzelnen zu Polizei/Justiz/Staat. Im Vordergrund stehen politische Kontexte und Motivationen, also das Ziel, das die Aktion ursprünglich haben sollte.
Bei dieser Herangehensweise gibt es Abstufungen: Eine Form ist das bewusste Fernbleiben vom Hauptverhandlungstermin. Das hat allerdings nur Sinn, wenn mensch öffentlich deutlich macht, welche Überlegungen damit verbunden sind: „Ich lehne es ab, mich auf diese Ebene der strafjustiziellen Verfolgung politischer Aktivitäten einzulassen und spiele ihr Spiel nicht mit" oder: „Ich lehne diesen Staat und seine Institutionen grundsätzlich ab und spreche deswegen der Justiz das Recht ab, über mich zu urteilen".
Diese Strategie bewahrt mensch natürlich nicht davor, sich Gedanken um die weitere Prozessführung zu machen. Das Gericht wird mit Sicherheit einen Vorführungs- oder Haftbefehl erlassen, um die Durchführung der Hauptverhandlung zu erzwingen. Mensch kann die Kooperation mit der Justiz auch durch passive Teilnahme an der Hauptverhandlung verweigern. Das Recht der*des Angeklagten ist es, zum Tatvorwurf und zu den persönlichen Verhältnissen zu schweigen. Den Justizbehörden soll bei ihrer Arbeit schließlich nicht auch noch geholfen werden. Auch hier kann es jedoch sinnvoll sein, ein entsprechendes politisches Statement abzugeben.

Schließlich gibt es die Strategie, den Prozess und die Mobilisierung im Vorfeld als Podium für Öffentlichkeitsarbeit zu nutzen, um so das begonnene politische Handeln konsequent fortzusetzen, beispielsweise durch Demos, Kundgebungen, Flugblätter oder Infoveranstaltungen sowie Pressearbeit – bei allen Vorbehalten gegenüber der bürgerlichen Presse. Die Zuschauer*innen können im Gerichtssaal an deiner Stelle handeln. Sie können dir eine Stimme verleihen, indem sie Transparente entrollen, pfeifen, klatschen, Sprechchöre rufen oder durch massenhafte Anwesenheit die räumlichen Möglichkeiten des Saals sprengen.
Wesentlicher Bestandteil dieser „aktiven" Prozessstrategie ist eine nicht nur an das Gericht, sondern (vor allem) an die Öffentlichkeit gerichtete Prozesserklärung. Ihre Inhalte sind dadurch gekennzeichnet, dass damit ausführlich öffentlich erörtert wird, in welchem politischen Zusammenhang die angeklagte Tat steht und somit auch der Prozess stattfindet. In einer derartigen Erklärung wird nichts über die eigene Beteiligung an einer Sache gesagt, nur über die Aktion bzw. ihren Hintergrund. Dennoch kann sie vom Gericht natürlich als „Aussage" gewertet und gegen dich benutzt werden.
Konsequentes Verhalten, das nicht nach dem eigenen Vor- oder Nachteil schielt, erfordert Mut und ein solidarisches Umfeld. Dies gilt sowohl für die „rein juristische" als auch für die politische Prozessführung. Ein solidarisches Umfeld hilft dir, die juristischen und persönlichen Folgen eines Strafprozesses zu (er-)tragen. Eine politische Prozessführung ist kaum möglich, wenn du allein dastehst.
Allerdings wird dein Umfeld auch Ansprüche an dich haben. Welche das sind und wie ihr zu einem gemeinsamen sinnvollen Umgang kommen könnt, müsst ihr auf den Unterstützer*innen-Treffen klären. Ziel dieser Treffen sollte es sein, sich gegenseitig Schutz vor weiterer Kriminalisierung eurer Strukturen zu geben. Formuliert eure Ängste und sucht gemeinsam nach Lösungen, die jenseits einer Aussage liegen (vgl. Kap. 1_2_Aussageverweigerung). Außerdem ist auch hier erst recht die entsprechende Unterstützung einer*eines Anwält*in angesagt. Adressen von Anwält*innen, mit denen bereits gute Erfahrungen gemacht wurden, bekommt ihr von der nächstgelegenen Rechtshilfegruppe.

3_8_Das Schnellverfahren

Das Schnellverfahren – juristisch ist vom sogenannten „beschleunigten Verfahren" die Rede – existiert in der jetzigen Form seit 1994. Auch wenn

es kaum zur Anwendung kommt, wollen wir es zumindest kurz erwähnen. In einem Schnellverfahren kann die*der Betroffene sofort nach der Festnahme vor die*den Richter*in kommen und abgeurteilt werden. Es kann z.B. angewandt werden, wenn die*der Angeklagte „auf frischer Tat festgenommen" wurde oder von anderen sogenannten „einfachen Beweislagen" ausgegangen wird. Einerseits soll mit einem Schnellverfahren Geld gespart werden und andererseits sollen politisch handelnde Menschen abgeschreckt werden.
Im Jahr 1997 wurde zusätzlich noch die Hauptverhandlungshaft eingeführt. Die*Der Angeklagte kann bis zu einer Woche mit der Begründung eingeknastet werden, es sei damit zu rechnen, dass sie*er sich sonst dem Verfahren „entzieht" – also nicht zur Hauptverhandlung kommt. Das Schnellverfahren in Verbindung mit der Hauptverhandlungshaft wird hauptsächlich bei Großereignissen angewandt – zuletzt anlässlich des G8-Gipfels in Heiligendamm.
Das Gesetz zum beschleunigten Verfahren ermöglicht es, Verdächtige bei Bagatelldelikten mit „klarer Beweislage" und „einfachem Sachverhalt", wie beispielsweise Hausfriedensbruch oder Sachbeschädigung, sofort oder binnen kurzer Frist zu verurteilen. Das bedeutet, dass ein Hauptverhandlungstermin innerhalb einer Woche ab der Festnahme festgesetzt werden kann. Bis dahin kann die*der Beschuldigte in Hauptverhandlungshaft genommen werden. Der Antrag auf ein beschleunigtes Verfahren wird von der*dem Staatsanwält*in gestellt. Eine Anklageschrift ist dafür nicht erforderlich, denn die Anklage kann mündlich durch die Staatsanwaltschaft vorgetragen werden. Grundsätzlich darf die*der Beschuldigte nicht unter 21 Jahre alt sein und das zu erwartende Urteil höchstens ein Jahr Freiheitsstrafe betragen.
Wenn das zu erwartende Strafmaß eine Geldstrafe oder höchstens ein halbes Jahr Freiheitsstrafe beträgt, kann das Verfahren sogar ohne Rechtsanwält*in durchgeführt werden. Erst bei einer Straferwartung von mehr als einem halben Jahr Freiheitsstrafe ist ein Rechtsbeistand vorgeschrieben. In diesem Fall wird dir, sofern du nicht selber die Initiative ergreifst und eine*n eigene*n Anwält*in benennst, ein*e Pflichtverteidiger*in vom Amtsgericht gestellt. Bei Großveranstaltungen stehen häufig EA-Anwält*innen zur Verfügung, an die du dich vertrauensvoll wenden kannst.
In der Konsequenz bedeutet dies, dass es möglich ist, auf einer Demo oder Aktion festgenommen zu werden, innerhalb einer Woche und in einer Verhandlung ohne Rechtsbeistand bzw. mit einer*einem Pflichtverteidiger*in abgeurteilt zu werden und die Zeit bis dahin im Knast zu verbringen. Wie jedoch oben schon gesagt, ist ein Schnellverfahren bisher nur sehr selten zum Einsatz gekommen.

Das „Schnellgerichtsverfahren“ wurde mit dem ausdrücklichen Hinweis der Eignung für „reisende Gewalttäter“ eingeführt. Erklärtes Ziel ist die Abschreckung von „Täter*innen“. Kriminolog*innen und Justiz gehen davon aus, dass Strafen stärker „erzieherisch wirksam“ und „abschreckend“ sind, wenn sie unmittelbar der Tat folgen.
Mit den „Schnellverfahren“ sind wesentliche prozessuale Schutzrechte der Angeklagten massiv reduziert worden. Die Anklageschrift fällt weg, die Beweiserhebung ist eingeschränkt. Bei Abwesenheit der Zeug*innen, z.B. Bullenzeug*innen, reicht die Verlesung der Vernehmungsprotokolle. Zusammengefasst lässt sich dazu sagen: Das Recht auf ausreichende Zeit zur Prozessvorbereitung wird durch „Schnellverfahren“ ebenso ausgehebelt wie das Recht auf einen Rechtsbeistand.

Also, was tun?!

Zunächst einmal sollten Aktivist*innen, die vorhaben an einer Aktion oder Demo teilzunehmen, die Möglichkeit einplanen, dass sie selbst oder ihre Genoss*innen einfahren und mit einem Schnellverfahren belegt werden. Deswegen ist es wichtig, in der Lage zu sein, schnell Anwält*innen zu den Betroffenen zu schicken. Du solltest also nach deiner Festnahme so schnell wie möglich die Rechtshilfegruppe bzw., falls nicht vorhanden, eine*n Freund*in informieren. Sollte die Staatsanwaltschaft bei dir ein Schnellverfahren durchziehen wollen, können die von dir Angerufenen eine*n Anwält*in mobilisieren. Die*Der Rechtsanwält*in kann versuchen, das Schnellverfahren noch abzuwenden oder dich zumindest vertreten.
Manchmal lassen dich die Bullen keinen Anruf tätigen, obwohl du das Recht dazu hast. Du kannst also darauf bestehen – versuche es immer wieder neu, wenn du mit anderen Bullen zu tun hast. Spätestens bei der*dem Richter*in wirst du telefonieren können. Das könnte allerdings zu spät sein, um eine*n Anwält*in zu informieren.
Im schlechtesten Fall stehst du also allein vor der*dem Richter*in. Aber auch das wirst du durchstehen. In der Hauptverhandlung musst du außer deinen Personalien (Name, Meldeadresse, Geburtsdatum und -ort, Nationalität, Familienstand und ungefähre Berufsangabe) nichts sagen. Verweigere auf jeden Fall jede weitere Aussage (vgl. Kap. 1_2_Aussageverweigerung). Solange du dich nicht mit einer*einem Anwält*in beraten konntest und solange du auch im Verfahren ohne Anwält*in bist, solltest du zum Tatvorwurf NICHTS sagen. Lass die Verhandlung einfach über dich ergehen.

Im „beschleunigten Verfahren" ist es zulässig, Zeug*innenaussagen z.B. von Bullen- oder anderen Belastungszeug*innen zu verlesen. Das dient zur Verfahrensvereinfachung. Dazu benötigt das Gericht aber die Zustimmung der*des Beschuldigten. Diese solltest du in jedem Fall verweigern!
Am besten kündigst du mit der Urteilsverkündung an, dass du Rechtsmittel einlegen wirst. So stehen dir sämtliche Rechtsmittel offen, inkl. derjenigen, die lediglich die Kosten betreffen und es kann dann innerhalb der jeweiligen Fristen entschieden werden, welche Rechtsmittel die sinnvollsten sind.
Nach der Verhandlung kommst du mit größter Wahrscheinlichkeit raus. Es wäre bei einer Haftstrafe unter einem halben Jahr sehr ungewöhnlich, dass sie nicht zur Bewährung ausgesetzt wird bzw. dass sie dich drin behalten. Wenn das dennoch passiert, solltest du gleich deine Haftprüfung beantragen. Diese muss spätestens zwei Wochen danach stattfinden. Bis dahin wirst du oder deine Freund*innen eine*n Anwält*in finden können. Und wie gesagt: Wir beschreiben hier ein Worst-Case-Szenario.
In aller Regel bist du also nach dem Schnellverfahren wieder draußen und kannst dir jetzt in Ruhe und mit einer*einem Anwält*in überlegen, was du tun willst. Du hast eine Woche Zeit, Rechtsmittel einzulegen, wenn du das nicht gleich im Anschluss an die Urteilsverkündung gemacht hast. Es gibt eine Ausnahme: Die Berufungsmöglichkeit bei Strafen bis maximal 15 Tagessätzen ist eingeschränkt. Das ist aber erst später – nach der Urteilszustellung – relevant und hindert die Einlegung des Rechtsmittels zunächst nicht.
Wenn du zu mehr als einem halben Jahr verurteilt werden sollst, bekommst du eine*n Pflichtverteidiger*in vom Amtsgericht beigeordnet. Da du diese*n Anwält*in nicht kennst, solltest du von ihr*ihm lediglich fordern, den Abbruch des Verfahrens und die Ansetzung eines neuen Termins zu erwirken. Auf den neuen Verfahrenstermin kannst du dich dann in aller Ruhe mit einer*einem Anwält*in deiner Wahl vorbereiten. Schlimmstenfalls kann die*der Pflichtverteidiger*in diesen Antrag nicht durchsetzen oder ist von vornherein nicht gewillt, deine Interessen in diesem Sinne zu vertreten. Juristisch wäre es in diesem Fall leider möglich, dich zu einer Haftstrafe zu verurteilen. In der Regel kommst du aber nicht sofort wieder in Haft. Im Notfall müsste die Berufung dann zusammen mit deiner*deinem Anwält*in vom Knast aus eingelegt werden.
Versuche insgesamt, möglichst die Ruhe zu bewahren. Lass dich zu keinen Aussagen hinreißen. Die Situation bei den Bullen und im Schnellverfahren ist für dich auf jeden Fall stressig. Es ist daher sinnvoll, sich vorher ein paar Gedanken dazu zu machen.

3_9_Das Jugendstrafrecht

Wenn Kinder und Jugendliche von der Polizei bei Demonstrationen vorläufig festgenommen werden oder in einen Polizeikessel geraten, dann steckt häufig die polizeiliche Überlegung dahinter, dass besonders junge Aktivist*innen eingeschüchtert und von weiteren politischen Aktionen abgehalten werden können.
Rechtlich müssen Kinder und Jugendliche bevorzugt behandelt und schneller wieder freigelassen werden – in der Praxis ist das aber oft nicht durchsetzbar, weil die Polizei dazu nicht willens oder in der Lage ist. Jugendliche haben immer das Recht, zu verlangen, dass ihre Eltern oder der Kinder- und Jugendnotdienst des örtlichen Jugendamtes informiert werden. Oft wird der Kinder- und Jugendnotdienst auch von der Polizei eingeschaltet, wenn es um die Entlassung aus dem Polizeigewahrsam geht.
Wohnen die Kinder und Jugendlichen weit weg von der Gefangenensammelstelle oder dem Demo-Ort oder können ihre Eltern nicht zum Abholen kommen, werden sie oft dem Kinder- und Jugendnotdienst übergeben, der sich um den weiteren Verbleib kümmern muss (z.B. durch Bereitstellen einer Übernachtungsmöglichkeit, Kontaktaufnahme mit Eltern zur Organisation der Rückreise oder durch Übergabe an berechtigte Erwachsene, das können volljährige Genoss*innen mit einer Vollmacht der Eltern sein).
Im Gegensatz zum Erwachsenenstrafrecht, in dem die bürgerliche Justiz eine Mischform von Vergeltung, Spezialprävention und Generalprävention sieht, steht im Jugendstrafrecht der Erziehungsgedanke im Vordergrund. Von reaktionärer Seite aus werden zwar die Stimmen derjenigen lauter, die auch für Jugendliche nach harten (und schnellen) Sanktionen rufen. Dennoch ist der Gedanke vorherrschend, dass Jugendliche eher „resozialisierbar“ seien als Erwachsene. Dies hat weitreichende Folgen für diejenigen, die sich für ihre Aktivitäten vor der Staatsanwaltschaft oder dem Gericht verantworten müssen.
Hier ein paar Sätze zur Anwendbarkeit des Jugendstrafrechts:

- Das Jugendstrafrecht ist im Jugendgerichtsgesetz (JGG) verankert.
- Das JGG grenzt seinen Anwendungsbereich nach Altersgruppen ab.
- Jugendliche*r ist, wer zur Tatzeit 14 Jahre, aber noch nicht 18 Jahre alt ist. Für diese Altersgruppe gilt das JGG uneingeschränkt.
- Heranwachsende*r ist, wer zur Tatzeit 18 Jahre, aber noch nicht 21 Jahre alt ist.

Kinder unter 14 Jahren können strafrechtlich nicht belangt werden. Das heißt nicht, dass die Polizei sie nicht auch in Gewahrsam nehmen, einkesseln etc. darf.
Heranwachsende werden zwar auch vor Jugendgerichte gestellt, ob aber Jugend- oder Erwachsenenstrafrecht zur Anwendung kommt, entscheidet das Gericht erst während des jeweiligen Verfahrens. Maßgeblich hierfür ist die Einschätzung des Gerichts, ob die*der Angeklagte bei einer Gesamtwürdigung der Persönlichkeit zur Zeit der Tat nach ihrer*seiner „sittlichen und geistigen Entwicklung" noch einer*einem Jugendlichen gleichstand und/oder ob es sich nach der Art, den Umständen oder den Beweggründen der Tat um eine „typische Jugendverfehlung" handelt.
In der Praxis sind die Grenzen unklar und werden von Gericht zu Gericht unterschiedlich gezogen. Im Zweifelsfall ist jedoch davon auszugehen, dass auch bei Heranwachsenden Jugendstrafrecht Anwendung findet.
Grundsätzlich verhält es sich so, dass sich die Strafbarkeit von Jugendlichen und Heranwachsenden nach den allgemeinen Strafgesetzen richtet, z.B. nach dem Strafgesetzbuch (StGB), dem Versammlungsgesetz (VersG), dem Waffengesetz (WaffenG) oder dem Vereinsgesetz (VereinsG). Lediglich die strafrechtlichen Sanktionen folgen den eigenen Regeln des JGG, das dafür eine breite Spanne an Maßnahmen vorsieht.
Diese reichen von „Erziehungsmaßregeln" über „Zuchtmittel" bis hin zu „Jugendstrafen".

- Als „ERZIEHUNGSMASSREGELN" gelten Weisungen, Erziehungsbeistand oder Erziehungshilfe (Weisung: z.B. eine Ausbildung anzutreten, an sozialen Trainings teilzunehmen; Erziehungsbeistand wird von einer durch das Jugendamt beauftragten Person durch Einzelbetreuung geleistet.)
- Als „ZUCHTMITTEL" gelten Verwarnungen, Auflagen (Schadenswiedergutmachung, Entschuldigung und gemeinnützige Arbeit) und Jugendarrest (Dauer-, Freizeit-, Kurzzeit-, Warnschussarrest).
- Die „JUGENDSTRAFE" kann mit oder ohne Aussetzungen der Strafe zur Bewährung verhängt werden, hier gibt es auch eine sog. Vor-Bewährung. Allerdings ist das Mindeststrafmaß bei der Jugendstrafe 6 Monate.

Die Jugendgerichte verhängen oft Erziehungsmaßregeln und Zuchtmittel nebeneinander oder mehrere Zuchtmittel gleichzeitig (z.B. Verwarnungen mit Arbeitsauflagen). Kommt eine Person den Auflagen oder Weisungen des Gerichts nicht nach, kann dieses zur Erhöhung des Drucks Beugearrest verhängen. Alle Gerichtsverfahren und Verurteilungen von Jugendlichen werden im Erziehungsregister eingetragen und mit dem Erreichen des 27. Lebensjahres gelöscht.

Unterschiede zwischen Jugend- und Erwachsenenstrafprozess

In einigen Punkten weicht der Strafprozess gegen Jugendliche und Heranwachsende von dem Prozess gegen Erwachsene ab. Für beide gilt grundsätzlich die Strafprozessordnung (StPO), im Jugendstrafverfahren werden aber Teile der StPO durch das Jugendgerichtsgesetz (JGG) ersetzt. Wir können hier nur das Wesentliche kurz darstellen:
Bei Strafverfahren gegen Jugendliche findet die Strafverhandlung NICHT ÖFFENTLICH statt. Das ist problematisch für die Solidaritätsarbeit: Freund*innen/Genoss*innen können nicht mit in die Verhandlung gehen. Neben der*dem Angeklagten sind nur die Erziehungsberechtigten, die Staatsanwaltschaft, das Gericht und die Jugendgerichtshilfe (dazu später mehr) im Gerichtssaal anwesend.
Wie im Erwachsenenstrafrecht besteht immer das Recht, eine*n Rechtsanwält*in heranzuziehen. Wenn dies aufgrund der Schwere des Tatvorwurfs oder der komplizierten Rechtslage geboten ist oder wenn jemand wegen des Alters nicht in der Lage ist, sich selbst zu verteidigen, wird immer ein*e Pflichtverteidiger*in bestellt. Das wird allgemein bei 14-17-Jährigen angenommen sowie bei denjenigen, die keine Unterstützung durch die Erziehungsberechtigten erhalten. Oftmals wird aus der*dem Wahlverteidiger*in ein*e Pflichtverteidiger*in mit der Folge, dass die Kosten der Verteidigung zunächst von der Staatskasse bezahlt werden.
Wenn die*der Jugendliche kein oder nur wenig Geld hat, kann das Gericht davon absehen, ihr*ihm auch im Falle einer Verurteilung die Kosten des Verfahrens aufzuerlegen.
Die Erziehungsberechtigten müssen zur Strafverhandlung geladen werden, sie haben das Recht und (wegen ihres Erziehungsauftrags) eigentlich auch die Pflicht, bei der Strafverhandlung anwesend zu sein. Sie haben auch eigene Rechte (Befragungsrecht von Zeug*innen, Einlegung von Rechtsmitteln), teilweise müssen sie ihre Zustimmung zur richterlichen Erteilung von Weisungen geben.
Strafverfahren gegen Heranwachsende sind dagegen öffentlich. Abgesehen davon, dass wegen der Volljährigkeit von Heranwachsenden keine Erziehungsberechtigten mehr zum Prozess geladen werden, gelten im Wesentlichen die oben angeführten Grundsätze – auch im Hinblick auf die Jugendgerichtshilfe.

Noch ein paar Worte zur Jugendgerichtshilfe

Die Jugendgerichtshilfe ist verpflichtender Teil des Verfahrens. Sie ist an die Jugendämter angegliedert und hat die Aufgabe der Ermittlungshilfe, der Überwachung und der Betreuung. Bei der Ermittlung wird aber nicht die Tat aufgeklärt (auch wenn die Jugendgerichtshilfe danach fragt, muss mensch zum Tatvorwurf nichts sagen – mach auf jeden Fall von deinem Recht zur Aussageverweigerung Gebrauch!), sondern die*der Jugendliche als Persönlichkeit ausgeforscht: die Lebensverhältnisse, die Biographie und alle anderen Umstände, die zu einer Beurteilung der „seelischen und geistigen Entwicklung" herangezogen werden können. Die Jugendgerichtshilfe hat darüber einen schriftlichen Bericht zu verfassen, der später in der Hauptverhandlung verlesen wird. Ferner werden Vorschläge zu den zu verhängenden Sanktionen gemacht. Bei der Überwachung hat die Jugendgerichtshilfe die Aufgabe, dem Gericht Verstöße gegen z.B. verhängte Auflagen und Weisungen zu melden. Bei den Betreuungsaufgaben geht es z.B. darum, im Zuge der Resozialisierung bei der Suche nach Ausbildungs- oder Arbeitsplätzen zu helfen.
Auch darin liegt eine besondere Problematik des Jugendstrafverfahrens: Die Institution der Jugendgerichtshilfe ist ein ausgefeiltes Instrument des Repressionsapparats. Es ist ihr ausdrückliches Ziel, Jugendliche wieder „zurück in die Gesellschaft" zu holen und zu verhindern, dass sie weiterhin an ihren Haltungen oder Aktivitäten festhalten, die ursächlich für die Einleitung des Strafverfahrens waren. Es ist nicht auszuschließen und kam bereits vor, dass die Ergebnisse der Ermittlungen der Jugendgerichtshilfe dem Verfassungsschutz als Grundlage dienten, Anquatschversuche zu starten. Eine gewisse Distanz zur Jugendgerichtshilfe ist daher notwendig.
Insgesamt betrachtet ist die Situation politisch aktiver, junger Menschen vor Gericht nicht unbedingt leichter als die ihrer älteren Genoss*innen. Sie können zwar mit milderen Sanktionen rechnen, haben es aber umso schwerer, ihre politische Auffassung vor Gericht so glaubhaft darzustellen, dass sie nicht als „durchgeknallte Jugendliche" dastehen. Darüber hinaus stehen sie oft unter erheblichem Druck ihrer Eltern oder anderer Erziehungsberechtigter.
Ein reflektierter Umgang mit der Justiz und mit sich selbst und ein solidarisches Umfeld sind in dieser Situation auch für Jugendliche und Heranwachsende unerlässlich – sofern ein Strafverfahren nicht das Ende der politischen Aktivitäten bedeuten soll.

3_10_Hinweise für Menschen ohne deutschen Pass

Menschen ohne deutschen Pass haben das Recht, in Deutschland zu demonstrieren und sich an Protestveranstaltungen zu beteiligen. Dennoch gelten für sie einige Besonderheiten – insbesondere bei freiheitsbeschränkenden Maßnahmen, wie (vorläufigen) Festnahmen, Ingewahrsamnahmen oder Untersuchungshaft, die im Folgenden kurz skizziert werden. Außerdem wurden in der BRD einige rassistische Sondergesetze erlassen, wie z.B. die Residenzpflicht und Wohnsitzauflagen, die sich nur auf Menschen ohne deutschen Pass beziehen. So sollten zum Beispiel Demoteilnehmer*innen mit einem befristeten Aufenthaltstitel nicht nur ein Ausweisdokument dabei haben, sondern auch ihren genauen Aufenthaltsstatus sowie ihre momentane Meldeadresse nachweisen können. Das deutsche Recht unterteilt Menschen ohne deutschen Pass in verschiedene Kategorien und behandelt sie unterschiedlich. Ohne zu tief ins Aufenthaltsrecht einzusteigen, dürften folgende Unterscheidungen wesentlich sein:

- EU-Staatsangehörige mit Meldeadresse in Deutschland werden wie deutsche Staatsangehörige behandelt.
- EU-Staatsangehörige ohne Meldeadresse in der BRD und sog. Drittstaatenangehörige (Menschen von außerhalb der EU) haben oft eine befristete Aufenthaltserlaubnis. Sollten sie festgenommen werden, kann es passieren, dass die Freilassung von der Hinterlegung einer Kaution (in Höhe der zu erwartenden Strafe) abhängig gemacht wird. Einen hohen Geldbetrag bei sich zu tragen, ist jedoch nicht ratsam, da die Polizei bei einer Personendurchsuchung alles Geld „sicherstellt“ (also einbehält).

- Asylsuchende und Menschen mit einer sog. „Duldung“ haben oft eine sog. „Residenzpflicht“: Sie dürfen sich nur in einem bestimmten Gebiet aufhalten. Werden sie woanders von der Polizei aufgegriffen, ist das beim ersten Mal eine Ordnungswidrigkeit, aber schon beim zweiten Mal eine Straftat. In der Praxis heißt dass, wenn Personen mit Residenzpflicht außerhalb des ihnen zugewiesenen Landkreises aufgegriffen werden, wird das Aufenthaltspapier abgenommen und an die zuständige Ausländer*innenbehörde geschickt, die dann ein Ordnungswidrigkeiten- bzw. ein Strafverfahren einleitet. Die*Der Betroffene wird von der Polizei aufgefordert werden, sofort in den entsprechenden Landkreis zurückzukehren und kann dazu auch von der Polizei in einen Zug gesetzt werden.

Im Fall einer Ingewahrsamnahme besteht die Gefahr, dass die Polizei die Freilassung davon abhängig machen wird, ob der rechtmäßige Aufenthalt in Deutschland geklärt ist. Wenn dazu eine Rücksprache mit der zuständigen Ausländer*innenbehörde erforderlich ist, kann dies nur zu deren Öffnungszeiten stattfinden – bei einer freiheitsentziehenden Maßnahme am Wochenende also frühestens am Montag darauf. Falls es im Rahmen der Festnahme Sprachschwierigkeiten gibt, muss ein*e Übersetzer*in von den Behörden gestellt werden.

Auch bei Menschen ohne deutschen Pass gilt: Findet eine Festnahme statt, muss es spätestens bis zum Ablauf des nächsten Tages zur Vorführung bei einer*einem Haftrichter*in kommen, die*der darüber entscheidet, ob es zu einem Haftbefehl oder zu einer Freilassung kommt. Hier kommt auch der Adressnachweis ins Spiel: Kann nicht nachgewiesen werden, dass die Person einen festen Wohnsitz in der BRD hat, kann beim Verdacht einer Straftat mit der Begründung der Fluchtgefahr ein Haftbefehl erlassen werden.

Im Falle einer gerichtlichen Verurteilung wegen Straftaten ist zu beachten, dass gewisse Verurteilungen den weiteren Aufenthalt in Deutschland gefährden können. Es empfiehlt sich, rechtzeitig eine*n kompetente*n und vertrauenswürdige*n Anwält*in hinzuzuziehen. Denn nicht nur hohe Verurteilungen sind gefährlich, auch mehrere (kleinere) Verurteilungen oder Verurteilungen zu einer niedrigen Geldstrafe von mehr als 30 Tagessätzen können im Einzelfall aufenthaltsrechtliche Auswirkungen haben (dass z.B. die Aufenthaltserlaubnis nicht verlängert wird, dass eine sog. Bleiberechtsregelung nicht mehr greifen kann und andere juristische Fiesheiten). Einem Menschen ohne deutschen Pass kann von der Ausländer*innenbehörde für die Zukunft verboten werden, sich politisch zu betätigen (z.B. Demonstrationsverbote). Dies droht zum Beispiel wenn die Ausländer*innenbehörde meint, dass die „öffentliche Sicherheit und Ordnung“ gefährdet sei, die betroffene Person gegen die Rechtsordnung verstoßen wolle, die freiheitlich demokratische Grundordnung gefährde oder gewaltbereite (politische) Bewegungen oder Gruppen unterstützt habe und dies auch zukünftig tun werde. In der Vergangenheit wurde dies z.B. bei Menschen angenommen, die im Verdacht standen, die PKK zu unterstützen.

Besprecht bei der Vorbereitung von Aktionen auch diese Punkte. Informiert ihr während einer Aktion den EA über die Festnahme eines Menschen ohne deutschen Pass, teilt auch die Staatsangehörigkeit und den Aufenthaltsstatus mit.

3_11_Rechtsanwält*innen

In vielen Situationen beim Umgang mit Cops und Justiz bist du auf fachliche Unterstützung von einer*einem Rechtsanwält*in (im Folgenden nur noch RA*in) angewiesen. RA*innen können dir bei rechtlichen Fragen Antworten geben, können dich beraten oder dich juristisch vertreten. Bei bestimmten rechtlichen Schritten bist du sogar qua Gesetz auf eine*n RA*in angewiesen (z.B. Revision).
Außerdem kann es Schutz bedeuten, eine*n RA*in einzuschalten. Wenn du z.B. von den Cops beschlagnahmte Sachen nicht selbst abholst, sondern deine*n RA*in bittest, das für dich zu erledigen, kannst du eine unangenehme Begegnung mit den Cops vermeiden, die diese vielleicht für einen Verhörversuch oder gar eine ED-Behandlung nutzen würden. Ein wichtiger Vorteil ist: du kannst von deinem Aussageverweigerungsrecht Gebrauch machen, ohne dass deine Position im Verfahren verloren geht. Denn dein*e Verteidiger*in kann die Beschuldigung sowohl rechtlich als auch tatsächlich angreifen, z.B. Beweisanträge stellen und Widersprüche aufdecken.
In diesem Zusammenhang bewerten wir sowohl die Möglichkeit, sich selbst zu verteidigen, als auch das Konzept der sog. Laienverteidigung (also den Versuch, Nicht-Anwält*innen zu Gericht mitzunehmen und diese für eine*n sprechen zu lassen) sehr kritisch. Denn in beiden Fällen muss die*der Beschuldigte selbst irgendwie mit dem Gericht in Kommunikation treten, und sei es nur, um die Laienverteidigung gegenüber dem Gericht durchzusetzen, und befindet sich damit schon im Gespräch. Dann nichts zur Sache zu sagen und die damit verbundenen Fallstricke zu erkennen, ist sehr schwierig.

*Funktion der*des RA*in im Justizsystem*

Bedenke, dass RA*innen qua Funktion Teil des juristischen Apparates sind, welcher der Systemerhaltung und der Herrschaftssicherung dient. Sie haben sich an die Regeln und Aufgaben zu halten, die die Gesetzgebung für sie vorsieht. Meistens sind RA*innen aus der beruflichen Praxis einen

pragmatischen Umgang mit der Staatsanwaltschaft bzw. dem Gericht gewohnt. Absprachen und Klüngeleien gehören bei manchen Anwält*innen zum täglichen Geschäft.
Viele RA*innen unterscheiden nicht zwischen politischen und anderen Verfahren und haben somit einen primär „juristischen" Blick darauf. Dieser juristische Fokus kann im Widerspruch zu einer politischen Sichtweise stehen und dazu führen, dass die politische Bedeutung des Verfahrens in den Hintergrund tritt. Besonders deutlich wird dies, wenn du dir vergegenwärtigst, dass die*der RA*in durch ihre*seine Rolle im Rechtssystem bzw. in einer Verhandlung ausschließlich das Wohl ihrer*ihres Mandant*in im Auge hat und die Interessen einer*eines anderen Betroffenen oder gar eines politischen Zusammenhangs typischerweise nicht berücksichtigt. Die*Der RA*in ist in erster Linie ein*e juristische*r Berater*in und Vertretung in deinem Auftrag. RA*innen sind nicht automatisch Teil deines politischen Unterstützungszusammenhangs oder deiner Soligruppe. Das Gespräch mit deiner*deinem RA*in kann also die politische Diskussion mit Freund*innen und/oder einer Soli-Gruppe nicht ersetzen. Eine Auseinandersetzung mit Unterstützer*innen über verschiedenen Aspekte und Fragen, die im Rahmen eines Verfahrens auf dich zukommen können, ist unerlässlich, um die für dich angemessene Umgangsweise mit Polizei und Justiz zu entwickeln und die entsprechende Unterstützung zu erhalten.
Einige Aspekte, die du bei politischen Verfahren im Umgang mit RA*innen berücksichtigen solltest, beschreiben wir im Folgenden genauer.

*Die Wahl der*des RA*in*

Es gibt politisch denkende und handelnde linke RA*innen, die den Rechtshilfegruppen bekannt sind und mit diesen zusammenarbeiten. Diese haben meist Erfahrungen in politischen Verfahren und sind daher oft die „erste Wahl", weil sie z.B. bereit sind, eine politische Prozessführung zu unterstützen. Auf jeden Fall ist es sinnvoll, bei der Wahl einer*eines RA*in auf Erfahrungen zurückzugreifen: Vertrauensvolle politische Zusammenhänge, örtliche Rechtshilfegruppen, Genoss*innen oder Freund*innen können dir RA*innen empfehlen. Sollte es im Laufe des Verfahrens unüberbrückbare Schwierigkeiten zwischen dir und deiner*deinem RA*in geben, dann kannst du diese*n, außer im Falle der Pflichtverteidigung, in der Regel auch unproblematisch wechseln. Eine wichtige Entscheidung ist immer, zu welchem Zeitpunkt im Verfahren ein*e RA*in eingeschaltet werden soll und wie viele RA*innen bei einem Verfahren mit mehreren Betroffenen hinzugezogen werden sollen. So kann es sich z.B. anbieten, bei Verfahren gegen mehrere Beschuldigte erst mal nur über eine*n Anwält*in

für eine Person Akteneinsicht zu holen und gemeinsam auf dieser Grundlage das weitere Vorgehen zu besprechen.
Es ist zu unterscheiden, ob ein*e RA*in beratende oder vertretende Funktion hat. Sobald ein*e RA*in gegenüber Cops, Staatsanwaltschaft oder Gericht für dich tätig geworden ist, ist sie*er deine juristische Vertretung. Andere Beschuldigte dürfen dann im selben Verfahren nicht durch diese*n RA*in vertreten werden.

Wahl-/Pflicht-/Zwangsverteidigung

In jeder Phase des Verfahrens kannst du dir den Beistand einer*eines RA*in holen. Dieser*Diesem frei gewählten RA*in gibst du die Vollmacht, dich zu verteidigen. Du kannst aber in der Regel auch auf die Vertretung durch eine*n RA*in verzichten und dich selbst verteidigen, was du dir, wie gesagt, allerdings gut überlegen solltest.
Es gibt Fälle, in denen die Verteidigung vom Gesetz (§ 140 StPO) zwingend vorgeschrieben ist, z.B. wenn:

- du in U-Haft kommst,
- dir ein Verbrechen zur Last gelegt wird (Straferwartung mindestens ein Jahr),
- die Hauptverhandlung vor dem Landgericht oder Oberlandesgericht stattfindet,
- dein*e bisherige*r Verteidiger*in vom Verfahren ausgeschlossen wurde,
- eine besondere Schwierigkeit der Sach- und Rechtslage besteht, z.B. weil es viele Zeug*innen oder Unmengen an Akten gibt, die das sachverständige Studium der Aktenlage notwendig machen.

Wenn für dein Verfahren eine notwendige Verteidigung angeordnet wird, sieht das Gesetz vor, dass ein*e von dir bestimmte RA*in als Verteidigung bestellt wird. In der Regel wird also dein*e Wahlverteidiger*in zur*zum Pflichtverteidiger*in bestellt. Wenn ein Haftbefehl gegen dich vollstreckt wird, muss sofort ein*e Verteidiger*in bestellt werden; dies geschieht in der ersten Anhörung vor der*dem Ermittlungsrichter*in. Wenn du keine*n Anwält*in deines Vertrauens hast, kannst du bis zu einer Woche Bedenkzeit verlangen. Danach wird dir ein*e Anwält*in zugeteilt. Die bestellten RA*innen werden zunächst vom Gericht bezahlt. Erst am Ende deines Verfahrens stellt sich heraus, ob du zur Übernahme der Verfahrenskosten verurteilt wirst oder nicht.

Als Zwangsverteidiger*innen bezeichnen wir RA*innen, die das Gericht in Pflichtverteidigungsfällen zusätzlich zu der*dem Verteidiger*in deiner Wahl bestellt. Die Bestellung von Zwangsverteidiger*innen soll sicherstellen, dass das Verfahren auch dann weitergehen kann, wenn dein*e Wahlverteidiger*in dich nicht (mehr) vertreten kann, z.B. weil sie*er vom Gericht aus dem Verfahren ausgeschlossen wurde oder einen Termin nicht wahrnehmen kann.

*RA*innen- Kosten*

Über die auf dich zukommenden Kosten solltest du mit der*dem RA*in reden und frühzeitig konkrete Absprachen treffen. Wie viel das wird, legen die RA*innen und das Rechtsanwaltsvergütungsgesetz (RVG) fest. Es ist üblich, dass sie einen Vorschuss verlangen und bei längeren Verfahren auch mal zwischendurch für schon geleistete Arbeit bezahlt werden wollen. Für Strafverfahren gibt es grundsätzlich keine Prozesskostenhilfe, für eine Erstberatung (nicht Vertretung!) in einem Straf- oder Ordnungswidrigkeitenverfahren kann aber bei geringem Einkommen ein Beratungshilfeschein bei deinem örtlichen Amtsgericht beantragt werden. Dieser ermöglicht der*dem RA*in, Kosten für eine Erstberatung (inkl. Akteneinsicht) über die Staatskasse abzurechnen.
In einigen Städten gibt es neben den Rote Hilfe-Ortsgruppen auch regionale Antirepressionsfonds, bei denen du nicht nur politische, sondern auch finanzielle Unterstützung bei den Verfahrenskosten bekommen kannst. Außerdem bietet es sich an, Solipartys gemeinsam mit anderen zu organisieren. Dann kommt das Geld rein und mensch kann die Repression gleichzeitig öffentlich machen. Für weitere Tipps wendet euch an eure örtlichen Antirepressionsgruppen.

Die eigene Position zum laufenden Verfahren

Jede*r, die*der durch den Staat und dessen Organe von Repression betroffen ist, ist mit vielfältigen Fragestellungen und Problemen konfrontiert. Dadurch entsteht mitunter ein „Mischmasch“ von Emotionen, politischen Positionen und juristischer Unsicherheit, das sortiert und bewältigt werden muss. Da RA*innen im Rahmen ihrer professionellen Herangehensweise dazu neigen, sich auf die juristische Ebene zu konzentrieren und diese von der politischen und der emotionalen zu trennen, ist die Unterstützung des politischen und/oder privaten Umfeldes für einen angemessenen Umgang mit der Repression sehr wichtig. Die juristischen Einschätzungen

der RA*innen sollten ein Bestandteil der Diskussion über die politische Umgehensweise – z.B. die Prozesstaktik – sein, sie sollten aber nie die alleinige Entscheidungsgrundlage darstellen.
Mit deinen solidarischen Zusammenhängen solltest du z.B. folgende Fragen klären:

- Welche Folgen bin ich bereit, auf mich zu nehmen?
- Wie weit lasse ich mich auf juristische Spielregeln ein? Beeinflussend, boykottierend, passiv?
- Was ist mein/unser politisches Ziel innerhalb eines Verfahrens?

Die politisch-inhaltliche Position zum Verfahren, die du innerhalb deiner Strukturen entwickelt hast, solltest du deiner*deinem RA*in vermitteln, damit ihr auf dieser Grundlage eine gemeinsamen Prozessstrategie entwickeln könnt. Und auch, damit der*dem RA*in klar ist, warum du dieses oder jenes in der juristischen Auseinandersetzung z.B. nicht willst.

*Vertrauen in die Arbeit der*des RA*in*

Ein Vertrauensverhältnis zur*zum RA*in ist unbedingt erforderlich. Dazu gehört, dass dein*e RA*in nichts tut, ohne es vorher mit dir abzusprechen. Es ist richtig und wichtig, dass die*der RA*in über den Ablauf und das Gesamtbild eines Vorgangs möglichst genau Bescheid weiß. So kann sie*er möglicherweise Stellen erkennen, die es in der Hauptverhandlung besser weiträumig zu umgehen gilt, oder auch Stolpersteine für Zeug*innen der Anklage finden. Aber es gilt auch hier: kein Tratsch, keine Prahlerei, keine Spekulationen. Und auch hier ist zu beachten, dass Geständnisse problematisch sein können, insbesondere bei bürgerlichen RA*innen, denn RA*innen dürfen vor Gericht – im Gegensatz zu Beschuldigten – nicht lügen. Überlege dir deswegen immer genau, welche Informationen du wem warum gibst.

4_0_Überwachung

In den vorherigen Auflagen dieses Buches begann das Kapitel „Überwachung“ mit dem Hinweis darauf, dass es nicht schwer sei, ins Visier der Behörden zu geraten. Aus heutiger Sicht muss dieser Satz deutlich zugespitzt werden. Die rasante Digitalisierung aller Lebensbereiche, verschärfte Überwachungsgesetze und die Enthüllungen um die flächendeckenden Überwachungsmaßnahmen der Geheimdienste machen klar: Es ist schwer, nicht in ein Raster zu geraten. Es geht uns nicht darum, einen Verfolgungswahn zu produzieren, der dann wieder in keinem Verhältnis zur Realität steht. Aber wenn du die Mittel der Gegner*innen kennst, kannst du einen verantwortlichen Umgang mit den eigenen Schwächen und Stärken erarbeiten.
Zu den Formen der Rasterüberwachung sind einige hinzugekommen, die vor allem von privaten Unternehmen vorgenommen werden. Vordergründig bedienen sich Facebook, Google & Co. der Daten ihrer Benutzer*innen, um personalisierte Werbung zu schalten. Schon lange müssen sie aber Polizeien und Geheimdiensten Schnittstellen für den schnellen und niederschwelligen Zugang zu diesen Daten anbieten. Dies gilt übrigens ganz genauso für große E-Mail-Anbieter und Internetprovider der BRD, die lautstark für das sichere Internet „Made in Germany“ werben. Das nennt mensch auch „Lawful Interception“. So werden Daten, die im ersten Moment nicht von staatlichen Behörden zum Zwecke der Überwachung, sondern von privaten Unternehmen „zur Verbesserung unseres Service“ gesammelt werden, zu einer wertvollen Datenbasis, wenn es darum geht, Einzelne oder ganze Gruppen ins Visier zu nehmen und zu überwachen.
Zusätzlich hören große Geheimdienste massiv Sprach- und Datenverkehr ab. In den Mainstream-Medien hört es sich so an, als wären dabei vor allem die NSA (USA) und der GCHQ (UK) aktiv. Tatsächlich arbeiten an diesem Projekt weitaus mehr Geheimdienste, auch deutsche, mit.
Auf den kommenden Seiten wollen wir einen kleinen Überblick zum Thema Überwachung geben. Die technischen Möglichkeiten sowohl zum Überwachen, aber auch diejenigen zum Schutz vor Überwachung verändern sich rasant. Verschlüsselung, die noch vor einem Jahr als einigermaßen sicher galt, ist heute leicht knackbar. Um diesen Entwicklungen Rechnung tragen zu können, halten wir es für sinnvoll, in diesem Buch nur Grundlegendes zu erläutern, genauere Anleitungen zum Schutz und die tatsächlichen technischen Umsetzungen werden wir aber online darstellen oder darauf verlinken. Ansätze hierzu, ohne Anspruch auf Vollständigkeit, findet ihr auf: www.ermittlungsausschuss.eu

Wer wird überwacht?

Ganz klar finden wir uns alle in irgendeiner Datenbank und werden durch irgendjemanden gerastert – meistens vollautomatisiert. Der Unterschied zu einer gezielten Überwachung ist allerdings groß. Bei der gezielten Überwachung werden die schon angefallenen Daten genutzt, aber durch weitere auf das Ziel zugeschnittene Maßnahmen erweitert und verfeinert. Diese gezielte Form der Überwachung kann grundsätzlich jede*n treffen. Sie wird gestartet durch „polizeiliche oder geheimdienstliche Erkenntnisse", die entweder durch Personen oder wieder vollautomatisch zusammengetragen werden.
Die einfachen Situationen des Alltags am Telefon, in der Kneipe, auf der Demo und auch online enthalten viele Möglichkeiten für den Staatsapparat, Einblick in unsere Strukturen zu bekommen – außer, wir alle bemühen uns um einen verantwortlichen Umgang miteinander (vgl. Kap. 1_3_ Unsere Strukturen schützen und Einsatz verdeckter Ermittler*innen). Damit wären wir dann auch schon beim nächsten Punkt.

Warum wird überwacht und mit welchem Ziel?

Wir unterscheiden zwischen offener und verdeckter Überwachung. Bei der offenen Überwachung – beispielsweise vor dem öffentlichen Szenetreff oder deiner Wohnung hängen seit Tagen die gleichen zwei Bullen in dem immer gleichen Auto ab, lesen Zeitung und kritzeln etwas in ihr Berichtsheft – geht es nicht nur um die ganz konkrete Informationsbeschaffung, sondern auch um den nicht unerheblichen Nebeneffekt der dann eintretenden Verunsicherung. So ganz eindeutig unter die Nase gerieben zu bekommen, dass es ein Interesse an dir und deinen Zusammenhängen gibt, macht weder glücklich noch locker. Es ist auch nicht „cool" und eher eine sehr zweifelhafte „Anerkennung" von Staatsseite. Wie damit dann umzugehen ist, musst du mit den anderen diskutieren, die das ebenfalls betrifft:

- Ignorieren,
- Hingehen und versuchen, sie mit dem Hinweis: „Entdeckt, jetzt könnt ihr fahren!" zu verscheuchen,
- Die Situation öffentlich machen.

Auf jeden Fall solltet ihr miteinander darüber reden. Helft euch in eurer Angst und vor allem: LASST EUCH NICHT LÄHMEN. Oft führen Überwachungsmaßnahmen dazu, dass alle mal wieder ihre Wohnung aufräumen, sich Gedanken darüber machen, was sie eigentlich mit sich

herumschleppen und dass der Umgang mit „belastendem Material“ zu sorglos gehandhabt wird. Das ist dann auch gut.
Bei der verdeckten Überwachung ist das ganz klar definierte Ziel, versteckt Informationen zu sammeln. Es macht erst mal keinen Unterschied für uns, ob es nun darum geht, in einem ganz konkreten Fall gegen dich zu ermitteln oder grundsätzlich – sozusagen „präventiv“ – unsere Strukturen aufzuschlüsseln, um sie dann zu gegebener Zeit anzugreifen. Beides hat zum Ziel, unseren Widerstand zu schwächen.

*Akteur*innen der Überwachung*

Überwachungen werden zum einen von den Staatsschutzabteilungen der Landeskriminalämter (LKAs), des Bundeskriminalamts (BKA) und der örtlichen Polizei durchgeführt. Zum anderen sind die Geheimdienste wie Landes- bzw. Bundesamt für Verfassungsschutz, der Bundesnachrichtendienst (BND), der Militärische Abschirmdienst (MAD) oder auch andere, ausländische Geheimdienste in diesem Bereich sehr aktiv. Rein rechtlich sind die Möglichkeiten der Polizei, dich zu überwachen, eingeschränkt. Leider interessieren diese Grenzen in der angewandten Praxis oft nicht weiter. Werden die rechtlichen Rahmenbedingungen – wie unten am Beispiel „Telefon“ beschrieben – eingehalten, können die erschnüffelten Informationen als Beweise bei einem Gerichtsverfahren verwendet werden. Werden sie nicht eingehalten, sind sie als Beweise unbrauchbar, aber die Bullen haben natürlich trotzdem die gesammelten Informationen. Dagegen kannst du nichts machen. Um die rechtlichen Grundlagen der Überwachung zu verdeutlichen, haben wir als Beispiel das Abhören von Telefonen ausgewählt.
Theoretisch darf dein Telefon unter folgenden Bedingungen abgehört werden (§§ 100a ff StPO):

- nur auf richterliche Anordnung; bei „Gefahr im Verzug“ auch auf Anordnung der Staatsanwaltschaft, die sich dann innerhalb von drei Tagen eine richterliche Bestätigung holen muss,
- nur bei Verdacht einer besonders schweren Straftat – Delikte gegen das Leben, gemeingefährliche/Staatsschutz-/Betäubungsmittelgesetz-Delikte,
- nur bei genauer Festlegung von Umfang, Art und Dauer der Maßnahme,
- nur, wenn die Erforschung des Sachverhaltes auf andere Weise aussichtslos oder wesentlich erschwert wäre.

Du musst von dieser Überwachung unterrichtet werden, sobald dies „ohne Gefährdung des Untersuchungszweckes" – also nach Beendigung der Überwachung – geschehen kann. Der Staatsschutz führt in unregelmäßigen Abständen Observationen von Szenekneipen, -wohnungen, Infoläden etc., aber auch einfach von „öffentlichen Räumen" durch.
Der Verfassungsschutz (VS) ist ein Geheimdienst ohne polizeiliche Befugnisse. Er ist an allen Arten von Informationen über „Verfassungsfeinde" interessiert. Der VS ist nicht an das „Legalitätsprinzip" gebunden. Das bedeutet, dass er „Straftaten" nicht verfolgen und zur Anzeige bringen muss. Der VS darf zum Beispiel keine Verhaftungen vornehmen. Bis auf die parlamentarischen Kontrollgremien – die keinerlei Informationen nach „außen" weitergeben dürfen und ohnehin nur wenig Einblick in die tatsächliche Arbeit des VS bekommen – gibt es keine offiziellen Einrichtungen, die dem VS auf die Finger schauen könnten. Vom VS initiierte Aktionen, die die öffentliche Meinung, politische Entwicklungen etc. beeinflussen, gehören genauso zur Praxis wie eingeschleuste Spitzel, die über Jahre hinweg immer fröhlich bei Aktionen vorneweg mit dabei sind. Einmal im Jahr werden die Propagandablättchen des VS unter dem Titel „Verfassungsschutzbericht des Bundes/der Länder" herausgegeben. Darin werden Gruppen/Personen namentlich benannt und ihre Arbeit aus Sicht des VS dargestellt und bewertet. Unter anderem dient der VS-Bericht dazu, eine Gleichstellung von „linksradikal" und „rechtsextrem" zu propagieren und in der Bevölkerung Ängste „des Bürgers" zu schüren. Damit attestiert der VS sich selbst vor der Öffentlichkeit die Wichtigkeit und Richtigkeit seiner Arbeit.
Im Vergleich zu den Polizeien verfügt der VS oftmals über das quantitativ und qualitativ bessere Equipment in Bezug auf Überwachung und auch über besser geschultes Personal. Allerdings rüstet die Polizei beharrlich nach und bekommt durch Gesetzesänderungen auch immer mehr nachrichtendienstliche Befugnisse und Zugriff auf Geheimdienstinformationen. Der Journalist und Rechtsanwalt Rolf Gössner schreibt dazu: *„Das verfassungsgemäße Gebot der Trennung von Polizei und Geheimdiensten – die längst durchlöchert ist – wird offen zur Disposition gestellt und eine verfassungswidrige Geheim-Polizei – auf legaler Basis – billigend in Kauf genommen. Das so malträtierte Trennungsgebot ist immerhin eine grundlegende Konsequenz aus den bitteren Erfahrungen mit der Gestapo im Nationalsozialismus, die allumfassend – vollziehend und nachrichtendienstlich – tätig war."*

4_1_Die technischen Mittel der Überwachung

Um die Grenzen der technischen Möglichkeiten für Überwachung ranken sich Legenden und Mythen, die so manches Mal auch in Verschwörungstheorien abrutschen. Es gibt einige Dinge, die sind offensichtlich: Ja, Wohnungen können mit Wanzen, Mikrofonen und Kameras überwacht werden. Unverschlüsselte Telefongespräche und Datenübermittlungen können mitgeschnitten werden – wo die Grenzen bei verschlüsselten Gesprächen und Daten liegen, ist wiederum nicht ganz klar. Und natürlich gibt es Observationen und elektronische Überwachung von Aufenthaltsorten per GPS, Peilsender oder Handy.
Leider haben sich aber auch Möglichkeiten, die lange eher als Mythen galten („Klar, traue ich es den Geheimdiensten zu, das zu wollen. Aber technisch ist das wohl kaum umsetzbar!“), bewahrheitet. Noch vor wenigen Jahren haben es sich die Meisten nicht vorstellen können, dass der Internetverkehr beinahe lückenlos überwacht und zu großen Teilen auch gespeichert wird. Heute wissen wir, dass es Realität ist.
Aber eben weil die Grenze zwischen Mythos und Realität so unklar ist und ein doof belehrender Spruch wie „Vorsicht ist besser als Nachsicht“ auch eine Wahrheit enthält, sei deutlich gesagt: Am sichersten sind Orte, die schwer zu überwachen, und Kommunikationsformen, die schwer nachvollziehbar sind und entsprechend auch nicht so leicht gespeichert werden können.
Mythen und Spekulationen über die „Allmacht“ von Geheimdiensten haben häufig nur den Zweck, Angst zu schüren und von der Bevölkerung konformes Verhalten zu erzwingen. Im Folgenden wollen wir deshalb bei der Realität bleiben, die wichtigsten uns bekannten Überwachungstechniken vorstellen und kurz anreißen, wie ihr euch schützen könnt.

Akustische Überwachung

Die WANZE ist ein prominentes Mitglied dieser Kategorie. Wanzen können sehr klein sein (2–3 Millimeter) und an vielen Orten versteckt werden. Je nach Einsatzort können sie aber auch größer sein. Sind sie z.B. in einem Telefon, einem Schalter, einer Steckdose oder natürlich auch im Auto (die Liste ließe sich weiter fortführen) untergebracht, muss keine externe Stromversorgung bedacht und untergebracht werden. Und wenn die Wanze das Aufgenommene nur speichert und nicht direkt versendet, kann sogar noch platzsparender gebaut werden. Natürlich ist es auch möglich, der Wanze über ihren Einsatzort Kontakt ins Internet oder ins Telefonnetz zu gewähren, um das Aufgenommene zu übertragen. Ihr Abhörradius ist stark von der Umgebung abhängig, kann aber mit rund 10 Metern beziffert werden. Es gibt technische Mittel, um Wanzen aufzuspüren – sogenannte Wanzensuchgeräte. Zuverlässige Wanzensuchgeräte sind allerdings teuer, und eine erfolglose Suche muss noch lange nicht bedeuten, dass es tatsächlich keine Wanzen im untersuchten Raum gibt. Immerhin bietet ein Fund aber die Gewissheit, dass Überwachungsmaßnahmen stattfinden.
Um einer Wanze das Lauschen zu erschweren, reicht es nicht, das Radio laut aufzudrehen. Viele solcher Störungen können im Nachhinein herausgefiltert werden. Es gibt zwar spezielle Rauschgeneratoren, deren Geräusche für das menschliche Ohr kaum wahrnehmbar sind, die Wanze aber erheblich stören. Darauf verlassen sollte mensch sich allerdings nicht!
Mit ELEKTRONISCHEN STETHOSKOPEN und Infrarotlasern lässt sich eine akustische Überwachung auch bewerkstelligen. Sie haben den „Vorteil“, dass vorher niemand den entsprechenden Raum betreten muss, um eine Wanze zu installieren oder niemandem eine Wanze untergeschoben werden muss. Mit Stethoskopen lassen sich kleinste Schallwellen, die durch Wände und Türen dringen, so sehr verstärken, dass wieder ein nutzbares Signal entsteht.
Die INFRAROTLASER werden wiederum auf eine Fensterscheibe gerichtet. Eine Fensterscheibe oder dünne „Grenzflächen“ im allgemeinen vibrieren durch Schallwellen. Sind diese Flächen spiegelnd, werfen sie einen Teil des Lichts zurück. Die minimalen Vibrationen durch die Schallwellen im Raum können – indirekt – durch das zurückgeworfene Licht gemessen werden, indem sie wieder in Schall umgewandelt werden. Infrarot ist für das menschliche Auge nicht sichtbar.
Durch RICHTMIKROFONE lassen sich auch im Freien Gespräche auf weite Distanzen mithören. Für eine gute Signalqualität muss aber zumindest vager Sichtkontakt bestehen. Durch Wände kann ein Richtmikrofon

nicht hören. Im freien Feld lassen sich allerdings Reichweiten von bis zu 200 Metern erreichen. Professionelle Richtmikrofone lassen sich auf einen sehr kleinen Raum ausrichten und verstärken besonders die menschliche Stimme, was sie unempfindlich gegen viele Störgeräusche macht.
TELEFONÜBERWACHUNG ist noch immer das Mittel der Wahl. 2010 wurden über 20.000 Überwachungen von Telekommunikation (wozu allerdings z.B. auch E-Mails und SMS zählen) angeordnet. In diesen Zahlen sind allerdings keine präventiven Überwachungsmaßnahmen, die auch erlaubt sind, oder Überwachungsmaßnahmen durch Geheimdienste enthalten. Laut Gesetz müssen in der Regel alle Personen, deren Telefon überwacht wurde, nach Abschluss der Ermittlungen darüber informiert werden. Das geschieht aber höchst selten. Die hohe Zahl der Telefonüberwachungen resultiert daraus, dass dies eine der am einfachsten durchzuführenden Überwachungsmaßnahmen ist: Richterliche Erlaubnis einholen und die betreffende Telefongesellschaft benachrichtigen. Schon werden alle Gespräche der gewünschten Anschlüsse an eine andere Nummer oder Sprachbox „weitergeleitet" und können abgehört und ausgewertet werden. Aufgrund der durchgängig verwendeten digitalen Schaltanlagen ist garantiert kein verräterisches Knacken oder Rauschen zu hören.
Die Telefongesellschaften speichern ohne richterlichen Beschluss keine Gespräche. Festgehalten werden in der Regel jedoch alle Verbindungsdaten – nämlich die genauen Angaben, wann mit welchen Anschlüssen wie lange telefoniert wurde. Diese Daten können für die Polizei bei der „Aufklärung" bereits begangener „Taten" von entscheidender Bedeutung sein. Sie bilden z.B. eine Grundlage zur Erkennung von Szene-Zusammenhängen und helfen so bei der Konstruktion krimineller Vereinigungen. Verfassungsschutz und Geheimdienste hören permanent möglichst viele Telefonleitungen nach verräterischen „Schlüsselwörtern" ab. Diese Überwachung erfolgt vollautomatisch mit Hilfe von sehr weit entwickelter Spracherkennungssoftware. Diese ist in der Lage, Informationen miteinander zu verbinden und damit „Bedeutungsmuster" zu erstellen. „Auffällige" Gespräche werden gespeichert und anschließend ausgewertet. Höchstwahrscheinlich ist mittels Stimmerkennung auch eine Zuordnung von Gesprächen zu den beteiligten Personen möglich.
Alle grenzübergreifenden Gespräche über Mobil- und Festnetze werden grundsätzlich abgehört. Geheimdienste hören zudem mit ziemlicher Sicherheit alle Gespräche ab, die über Satelliten übertragen werden (2–3 % der internationalen Gespräche in Europa und 60 % der interkontinentalen Gespräche). Das am weitesten entwickelte Abhörsystem dieser Art wird von den englischsprachigen Geheimdiensten unter dem Namen „Echelon" betrieben. Die Zusammenarbeit der Nachrichtendienste untereinander ist

dabei relativ eng – insbesondere dann, wenn aufgrund nationaler Gesetzgebungen Einschränkungen bei der Überwachung bestehen.
FESTNETZTELEFONE können auch ohne Mithilfe der Telefongesellschaften direkt abgehört werden. Durch Wanzen im Telefongerät, in der Buchse, dem Schaltkasten im Haus oder dem Verteilerkasten an der Straße sind Abhörmaßnahmen relativ einfach zu bewerkstelligen.
FAXE werden auf die gleiche Weise ausgelesen und durch die Verwendung von Funktelefonen (z.B. DECT) wird die Arbeit der Schnüffler*innen weiter erleichtert. Deren Signale können außerhalb des Hauses aufgefangen und entschlüsselt werden.
MOBILTELEFONE werden ebenfalls mit Hilfe der Telefongesellschaften abgehört. Für die Ermittlungsbehörden bieten sie jedoch zusätzliche Angriffspunkte: Sie ermöglichen eine Positionsbestimmung, können zusätzlich über Funk abgehört werden und lassen sich zu Wanzen umfunktionieren.
Der Handy-Funkverkehr kann relativ einfach abgehört werden. Die Gespräche werden zwar verschlüsselt, können jedoch innerhalb von Sekundenbruchteilen wieder entschlüsselt werden. Die hierfür erhältlichen Geräte erfassen alle Gespräche in einem Umkreis mehrerer Kilometer und können zum Teil auch den Richtfunk zwischen den Funkzellen abhören.
Um herauszufinden, welche Mobiltelefone sich in der näheren Umgebung befinden, kann ein sogenannter „IMSI-Catcher" eingesetzt werden. Dieses Gerät simuliert eine Funkzelle und erfasst standardmäßig alle Geräte in der Umgebung. Dafür unterbricht ein Störsignal alle Mobilfunkverbindungen und bringt die Telefone anschließend dazu, sich bei der IMSI-Zelle anzumelden. Alle diese Handys sind zwar jetzt nicht mehr telefonisch erreichbar, je nach Ausrüstung des IMSI-Catchers können jedoch mehrere Telefone gleichzeitig nach „außen" telefonieren und werden dabei abgehört. IMSI-Catcher werden z.B. bei Hausbesetzungen eingesetzt, um einen schnellen Überblick über die im Haus befindlichen Mobiltelefone zu erreichen. Anschließend können dann deren Besitzer*innen ermittelt werden. Auch bei kleinen Demonstrationen und allen eher stationären politischen Aktionen lässt sich so ohne Ausweiskontrollen sehr einfach die Anwesenheit bestimmter Personen erkennen. Dabei wird nicht nur die SIM-Karte identifiziert, sondern auch das Mobiltelefon selbst. Ein einfacher Kartenwechsel schützt deshalb nicht vor der Verfolgung mit einem IMSI-Catcher.
Praktisch alle Handys können durch die Einstellungen „Stummschaltung" (kein Klingelton) und „Automatische Rufannahme" als einfache Wanzen eingesetzt werden. Dafür muss eine eingeweihte Person („Spitzel") das Telefon in den abzuhörenden Raum bringen und eingeschaltet lassen.

Das Handy kann jetzt unbemerkt angerufen und abgehört werden. Fraglich ist jedoch, ob Handys unbemerkt von außen in Wanzen „verwandelt" werden können (die dann z.B. ausgeschaltet abgehört werden). Mobiltelefone können zwar per SMS umkonfiguriert werden, ohne dass die*der Verwender*in etwas davon merkt. Dass eine Umfunktionierung in eine „Wanze" möglich ist, wird jedoch bezweifelt. Realistischer ist dieses Szenario bei Smartphones, die durch Apps beliebig um Funktionen erweitert werden können. Das kann auch bedeuten, dass Mikrofon oder Kamera des Handys abgefragt und die Ergebnisse anschließend bequem per Internet zugesandt werden. All das lässt sich kaum verhindern.
Von einer Geheimsprache am Telefon ist abzuraten, denn auch die lässt sich entschlüsseln. Über das Benutzen einer Geheimsprache können die Verfolgungsbehörden zudem auf ein besonderes konspiratives Handeln schließen. Eine erhöhte Kommunikationsdichte im zeitlichen Umfeld bestimmter Ereignisse ermöglicht ihnen entsprechende Rückschlüsse. Sensible Themen also NIE am Telefon besprechen!
Auch zu Treffen sollten Telefone nicht mitgenommen werden. Wenn es sich nicht anders organisieren lässt, sollten das Handy lange vor dem Zielort abgeschaltet und der Akku entfernt werden. Es sei aber darauf hingewiesen, dass sich aus der Tatsache, dass bei zehn Leuten zeitgleich das Handy abgeschaltet wird, wunderbar Verbindungen herstellen lassen können. Zu Hause und angeschaltet ist das Handy während der Zeit eines Treffen oder einer Aktion am besten untergebracht. Wer auf einer Aktion nicht auf ein Telefon verzichten will, um beispielsweise den EA erreichen zu können, sollte sich dafür ein Zweithandy mit einer anonymen SIM-Karte besorgen. Das Telefonbuch und der SMS-Speicher sind selbstverständlich leer.

Visuelle Überwachung

VIDEOKAMERAS mit integriertem Funksender gibt es etwa ab der Größe einer halben Streichholzschachtel. Die Linsen dieser Kameras sind jedoch kaum größer als Stecknadelköpfe und können sehr wirkungsvoll getarnt werden. Sie lassen sich z.B. hinter Aufklebern verstecken oder als Kreuzschlitzschrauben tarnen. Auch vollständig getarnte Systeme in Form von Rauchmeldern, Schreibtischlampen und anderen Alltagsgegenständen werden angeboten. Die von diesen Spezialkameras aufgenommenen Bilder sind qualitativ sehr hochwertig. Ihre Funkreichweite ist vergleichbar mit denjenigen akustischer Wanzen. Kameras können – soweit sie mit Funksendern ausgestattet sind – mit Wanzensuchgeräten gefunden werden.

FEST INSTALLIERTE ÜBERWACHUNGSKAMERAS sind insbesondere im öffentlichen Raum vielfältig zu finden, etwa an Haltestellen und Bahnhöfen, Plätzen oder in Bereichen, von denen behauptet wird, sie seien besonders „gefährlich". Zu finden sind sie aber auch in Privatbetrieben wie z.B. Kaufhäusern. Insgesamt nimmt die Zahl von Kameras im öffentlichen Raum stetig zu. Die Bilder können live ausgewertet oder aufgezeichnet und nachträglich zur Aufklärung von Straftaten herangezogen werden.
Zusätzlich gibt es mehr und mehr „proaktive Systeme", bei denen die Bilder zusätzlich durch einen Computer ausgewertet werden. Dabei gehen die Einsatzgebiete von Kennzeichenerkennung über Gesichtserkennung bis zu Verhaltenserkennung. Besonders zu den letzten beiden Bereichen wird derzeit viel geforscht und die Systeme werden kontinuierlich besser.
Auf EU-Ebene (vgl. Kap. 5_0_ Europa) ist in diesem Bereich das Projekt „INDECT" hervorzuheben, dessen Ziel eine weitgehend komplette Überwachung des öffentlichen Raums und einzelner Personen durch die Verknüpfung und Weiterentwicklung existierender Überwachungstechnik ist.
DROHNEN werden immer häufiger bei sogenannten „Großlagen" eingesetzt. Sie ersetzen oder ergänzen oftmals die Luftüberwachung durch Hubschrauber, sind dabei aber weitaus leiser und können wesentlich tiefer fliegen, ohne entdeckt zu werden. Sie können sowohl mit Kameras als auch mit (Richt-)Mikrofonen ausgestattet sein.
Mit NACHTSICHTGERÄTEN und WÄRMEBILDKAMERAS lassen sich zusätzlich Orte überwachen, an denen es entweder zu dunkel ist oder die nicht direkt einsehbar sind. Während der Castor-Transporte wurden Wärmebildkameras aus der Luft eingesetzt, um im Gelände und in Wäldern versteckte Personen ausfindig zu machen. Auch frische Veränderungen im Erdreich können auf diese Weise schnell sichtbar gemacht werden.
Der Aufwand, Kamerasysteme zu überlisten, ist unterschiedlich hoch. Eine „normale" Videokamera lässt sich durch Vermummung oder in manchen Fällen auch durch Blenden überlisten. Eine Vermummung könnte aber eine Software, die die Bilder auswertet, alarmieren. Denn je nach Jahreszeit oder der Art, wie sich die Person bewegt, schätzt die Software das Verhalten als nicht „normal" ein. Außerdem gibt es Kameras, die auch mit starkem Gegenlicht noch brauchbare Bilder liefern. Nachtsichtgeräte und Wärmebildkameras kommen bei starkem Regen, Nebel oder Schneetreiben an ihre Grenzen.

Positionsbestimmung

GPS und PEILSENDER sind klassische Anwendungen, die von den Bullen bzw. Geheimdiensten eingesetzt werden, um die Position ausgesuchter Personen oder Fahrzeuge zu ermitteln. Das GPS ist ein Satellitensystem des US-Militärs, um überall auf der Erde Positionen bestimmen zu können. Der Empfänger auf der Erde braucht Kontakt zu vier Satelliten, aus deren Signalen dann eine relativ genaue Position errechnet werden kann (die Genauigkeit beträgt je nach Ausführung 5-20 m oder 1-3 m). Ein solcher GPS-Empfänger kann zusätzlich mit einem Speicher oder einem Sender ausgestattet werden. So werden die Positionsdaten der überwachten Person regelmäßig gespeichert bzw. gesendet. Das Senden wird in der Regel über das Handynetz realisiert. Die Größe des Geräts variiert dabei sehr stark (fingernagelgroß bis Zigarettenschachtel-Format) und ist abhängig davon, ob es an eine Stromquelle angeschlossen werden kann oder eine Batterie benötigt und wie lang seine voraussichtliche Lebensdauer ist. An Autos werden GPS-Empfänger häufig per Magnet befestigt.
Peilsender funken ein Signal, das sich verfolgen lässt. Anders als GPS-Geräte wissen sie selbst nichts über ihre Position. Sie sind häufig klein genug, um auch an Fahrrädern angebracht werden zu können und verbrauchen weniger Strom als GPS-Geräte. Zur Ortung ist ein Empfänger nötig, mit dem sich bestimmen lässt, aus welcher Richtung das Signal kommt und wie stark es ist.

Handys

Immer häufiger kommen Handys zum Einsatz, um die Position von Personen zu bestimmen. Die Ortung beruht darauf, dass die GSM- und UMTS-Mobilfunknetze in sogenannte „Location Areas“ unterteilt sind. Diese geografischen Gebiete haben im Schnitt etwa die Größe eines Landkreises (in Städten sind sie kleiner) und enthalten mehrere Funkzellen. Jedes eingeschaltete Handy meldet sich bei seiner Location Area an und wartet anschließend „passiv“ auf Nachrichten (sendet dabei selber nicht). Im eingeschalteten Zustand ohne Verbindung (Telefongespräch, SMS etc.) kann das Endgerät deshalb nicht innerhalb dieser relativ großen Location Area lokalisiert werden (die Area ist allerdings bekannt). Sobald jedoch eine Verbindung aufgebaut wird (Telefongespräch, SMS etc.), misst ein Mobiltelefon die Signalstärke der aktuellen Zelle sowie die Feldstärke der Nachbarzellen. Diese Daten werden während der Verbindung jede halbe Sekunde an den Netzanbieter gesendet und ermöglichen eine relativ ge-

naue Ortsbestimmung, die sich in der Genauigkeit mit der Ortsbestimmung durch GPS messen kann.
Mit Hilfe der von den Telefongesellschaften gespeicherten Verbindungsdaten sind häufig auch nachträgliche Positionsbestimmungen möglich. Liegen solche Daten vor, können Polizei und Geheimdienste sehr einfach feststellen, wo sich jemand zu einem bestimmten Zeitpunkt ungefähr aufgehalten hat.
Um herauszufinden, wo sich eine Person aktuell aufhält, verwendet die Polizei immer häufiger so genannte „Silent SMS" (auch „Stealth Ping" genannt). Dabei wird eine von der*dem Empfänger*in nicht erkennbare SMS versendet. Anschließend werden die dadurch generierten Positionsdaten automatisch ausgewertet. Dafür muss allerdings die Handynummer der beobachteten Person bekannt sein.
Im Jahr 2012 sind durch VS, BND, BKA und Bundespolizei über 129.000 solcher „Silent SMS" verschickt worden. Im ersten Halbjahr 2013 waren es schon so viele, wie 2012 insgesamt. Es ist davon auszugehen, dass verdächtige Personen mit Hilfe regelmäßiger „Silent SMS" vom Schreibtisch aus „beschattet" werden.
Bei Smartphones kommen zu den sowieso schon sehr guten Ortungsmethoden innerhalb des Handynetzes auch noch Informationen über allerlei soziale Medien hinzu. Viele Smartphones versehen Nachrichten, Status-Updates, Fotos usw. mit sogenannten Geotags. Diese Geotags enthalten Informationen darüber, wo das Foto gemacht wurde. Oft werden zusätzlich Informationen wie Datum und Uhrzeit oder bei Fotos Informationen zu den Kameraeinstellungen mit abgespeichert. Viele Apps holen sich in regelmäßigen Abständen auch ohne das Dazutun der Nutzer*innen Informationen zum Standort des Handys und fügen diese Information in das jeweilige Profil ein.

Briefpost

Briefe können durchleuchtet werden. Das macht die Entscheidung der Schnüffler*innen leichter, ob es sich überhaupt lohnt, die Post zu öffnen. Gegen Durchleuchten hilft das Einwickeln der Post in Alufolie – was dann den Inhalt vielleicht erst richtig spannend macht. Briefe können zudem mit Wasserdampf sehr einfach geöffnet werden. Auch von den Schnüffler*innen in komplett neue Umschläge verpackte Briefe sind schwer als solche zu erkennen.

Funkchips

Radio Frequency Identification (RFID-)Chips werden bereits in Autoschlüsseln, Bibliotheksbüchern, Tickets für Großevents und zur Identifikation von Tieren eingesetzt. Nicht unbedenklich ist vor allem die Integration dieser Chips in Kredit- und Kundenkarten und in die neuen Reisepässe. Die Problematik der RFID-Chips liegt vor allem in der Tatsache, dass die Besitzer*innen keinen Einfluss darauf haben, welche Informationen über diese Chips abgefragt und gesendet werden und wann und von welchen „Readern" aus dies geschieht. In Supermärkten dürften diese RFID-Chips in absehbarer Zukunft die heutigen (Strichcode-)Preisschilder ersetzen. An der Kasse werden alle mitgeführten Waren automatisch per Funk erkannt. Die RFID-Chips werden nach dem Kauf als „bezahlt" markiert, bleiben aber weiterhin auslesbar. RFID-Chips werden berührungslos über Radiowellen angesprochen und senden die vom „Reader" abgefragten Daten zurück. Auf diese Weise können sie auch mehrfach mit zusätzlichen Daten beschrieben werden. Die Reichweite dieser Chips liegt üblicherweise zwischen einigen Zentimetern und mehreren Metern.
Je nach Ausgestaltung der Chips könnte also die Polizei die Identität einer Person jederzeit per Funk feststellen, ohne dass diese das merkt oder verhindern kann. Gleichzeitig wird sichtbar, welche EC-Karte sie besitzt und dass sie soeben bestimmte Produkte eingekauft hat (oder Produkte dabei hat, die nicht als „bezahlt" markiert wurden). „Horrorszenarien" wie das „Ausscannen" ganzer Demos oder „sensibler" Orte sind ebenfalls denkbar. Gegen diese Art der Bespitzelung gibt es glücklicherweise einfache und wirksame Gegenmaßnahmen: Bereits in Alufolie eingewickelte RFID-Chips sind absolut wirkungslos. Werden die nur Millimeter großen Chips von ihren wesentlich größeren Antennen abgetrennt, werden sie ebenfalls unbrauchbar. Auch die Mikrowelle kann prinzipiell RFID-Chips zerstören.
Eine neuere Entwicklung für den kontaktlosen Datenaustausch ist die „Near Field Communication" (NFC). Viele neuere Smartphones enthalten NFC-Komponenten zum Bezahlen kleinerer Beträge oder um mit Gegenständen, die mit einem NFC-Tag (ähnlich einem RFID-Chip) ausgestattet sind, zu interagieren. Aber auch Kreditkarten werden zunehmend mit dieser Technologie ausgestattet. Die Reichweite beträgt rund 10 cm, lässt sich aber mit einer größeren Antenne auf bis zu 1 m ausweiten. Was das eigene Handy per NFC preisgibt, lässt sich noch konfigurieren, um es den Schnüffler*innen möglichst schwer zu machen. Befindet sich der NFC-Chip allerdings auf Kreditkarten oder auf Gegenständen, bei denen mensch damit vielleicht nicht einmal gerechnet hat, lässt sich schwer ermitteln, welche Daten unter welchen Umständen versendet werden.

4_2_ComputerUnsicherheit

Computer sind nicht nur aus der politischen Arbeit kaum wegzudenken. Sie sind unverzichtbares Kommunikationsmittel, Abspiel- und Speichergerät für digitale Medien aller Art und oft das einzige Werkzeug zur Erstellung von Texten, Flugblättern, Flyern und Plakaten. Seit der Verbreitung der digitalen Fotokameras werden auch die meisten Fotos auf Computern verarbeitet und gespeichert. Bei vielen von uns gehört mittlerweile auch ein Smartphone zur Grundausstattung. Grundlegend unterscheidet es sich in Sicherheitsfragen kaum vom Computer. Der Besitz eines Smartphones kann vor allem deshalb brisant sein, weil darauf in der Regel noch sensiblere Daten zu finden sind. Das liegt daran, dass viele ihr Handy immer bei sich tragen und weil sich zum Thema Smartphonesicherheit gerade innerhalb der Linken noch kein Diskurs gebildet hat, der über ein vereinfachendes „Ganz oder gar nicht“ hinausgeht. Im Folgenden geben wir einige Hinweise, die bei der Benutzung von Computern und Smartphones gleichermaßen gelten und verweisen für detaillierte „How-tos“ wieder auf die ermittlungsausschuss.eu-Website.
Bei allen Vorteilen, die Computer und Smartphones bieten – ihre Benutzung ist immer mit erheblichen Risiken verbunden:

- Sie können von außen überwacht werden, ohne dass die Benutzer*innen etwas davon merken (ggf. auch ganz ohne Netzwerkverbindung).
- Texte, Bilder und andere Dokumente hinterlassen Spuren auf Datenträgern, auf denen sie sich befinden bzw. befunden haben. Computer, Smartphones, Digitalkameras und Drucker hinterlassen Spuren in den Dokumenten, die mit ihnen erstellt werden.
- Die Kommunikation im Netzwerk kann abgehört und überwacht werden. Dabei lässt sich erkennen, von welchem Anschluss aus welche Daten gesendet oder angefordert werden. Darüber hinaus können diese Daten gelesen und gespeichert werden.

Wie gut sich elektronische Kommunikation und Daten schützen lassen, ist pauschal nicht zu sagen. Je mehr Menschen aber versuchen, ein hohes Schutzniveau zu erreichen, desto schwieriger wird es für staatliche Behörden, mitzuhören. Durch einfache, aber aktuelle Verschlüsselungsverfahren lassen sich schon große Teile der automatisierten Überwachung abschütteln. Andererseits zeigt das Vorgehen der NSA, dass schon alleine die Verschlüsselung von Daten reicht, um Verdacht zu erwecken. Je selbstverständlicher aber Verschlüsselung wird, desto schwieriger wird es, daraus einen Verdacht abzuleiten. Gezieltere Überwachungsmaßnahmen

lassen sich durch erhöhte Aufmerksamkeit und Gewissenhaftigkeit beim Umgang mit den eigenen elektronischen Daten (und auch den Geräten, also der Hardware) ins Leere umleiten.
Stehst du jedoch im Fokus einer auf elektronische Überwachung spezialisierten Einheit, hilft nur noch, so wenig wie möglich auf diesem Weg zu kommunizieren. Mit entsprechendem Wissen und ausreichend finanziellen Mitteln können Bullen und Geheimdienste schließlich jedes System über kurz oder lang knacken. Ein wesentlicher Standard bei der Computer- und Smartphone-Sicherheit, der im Alltag aber nur schwer einzuhalten ist, besteht darin, sich regelmäßig über aktuelle Entwicklungen im Bereich Sicherheit und Verschlüsselung auf dem Laufenden zu halten. Denn zu oft werden Verschlüsselungsalgorithmen, die noch vor kurzem als sicher galten, geknackt und ihr Schutz erlischt. So kann eine Anleitung zur Verschlüsselung der Festplatte heute ein guter Tipp sein. Möglicherweise sind die sicher geglaubten Daten aber schon in einer Woche ganz ohne Passwort und mit wenig Aufwand entschlüsselbar. Das Gefühl, den eigenen Computer geschützt zu haben, darf daher nicht zu einem leichtfertigen Umgang führen!

Angriffe von „außen"

Ein beliebter Weg, an Daten in und aus einem Computer oder einem Smartphone zu gelangen, ist eine Netzanbindung. Am einfachsten ist die natürlich über das Internet herzustellen, etwas komplizierter über ein internes Netzwerk. W-LAN-Netze spielen hier eine Sonderrolle, weil sie räumlich nur schwer zu begrenzen sind und auch ein „privates" Netzwerk noch von der Straße oder der Wohnung der Nachbar*innen empfangen und angegriffen werden kann. Aber auch ohne eine Netzanbindung lassen sich Daten abgreifen. Zum Beispiel über so genannte Key-Logger, die zwischen Tastatur und Computer geschaltet werden und jeden Tastenanschlag speichern.

Angriffe von „innen"

Wenn der Computer oder das Smartphone erst mal in die falschen Hände geraten sind, wird es noch kritischer. Leicht lassen sich dann Barrieren wie ein einfacher Passwortschutz aushebeln. Eine Vollverschlüsselung, also eine Verschlüsselung aller Daten auf dem System mit einem hinreichend langen Passwort, kann hier Abhilfe schaffen. Außerdem solltet ihr unbedingt darauf achten, „richtig" – das heißt ohne Rückstände – zu löschen. Ganz egal, in welcher Form eine Information an die Öffentlichkeit gebracht wird – als gedrucktes oder kopiertes Flugblatt, als Plakat, als E-Mail oder als bebilderter Indymedia-Beitrag – das Ergebnis sollte möglichst keine Spuren enthalten, die zurück zu den Urheber*innen führen.

Sichere Kommunikation

Schön, wenn die Daten auf dem Computer gut geschützt sind. Aber was passiert eigentlich bei der Übertragung? Immer noch findet der Großteil der privaten Kommunikation im Internet unverschlüsselt statt. Und das, obwohl es mit ein bisschen Fantasie sehr leicht ist, den Datenverkehr vollständig mitzulesen und zu speichern. Dabei sind inzwischen viele der vorher bislang als hoch kompliziert empfundenen Verschlüsselungsmethoden leicht anzuwenden. Nutzt sie entsprechend!

4_3_Genetischer Fingerabdruck

Polizeibehörden und Geheimdienste – das zeigt nicht zuletzt das Bekanntwerden der Datenausspähungen und -speicherungen durch die NSA und andere Geheimdienste – zeichnen sich durch ihre regelrechte Sammelleidenschaft aus.
So gehört auch die massenhafte Sammlung von DNA-Profilen zu den Aufgaben der Repressionsorgane. Bereits 1998 wurde beim BKA eine DNA-Datenbank eingerichtet, in der inzwischen fast eine Million Datensätze gespeichert sind. Jeden Monat kommen 8.000 neue dazu. Eine transkontinentale Vernetzung der DNA-Datenbanken gehört zu den Maßnahmen im Rahmen des „Prüm-Prozesses“, der zwischen der EU und den USA die Koordinierung der Repressionsbehörden im Kampf gegen „illegale Migration“ und „Terrorismus“ regelt (vgl. Kap. 5_0_Europa).
Was zuerst im Rahmen von Mord- oder Sexualstraftaten als punktuelles Massenscreening medienwirksam inszeniert wurde, ist inzwischen selbstverständlicher Teil polizeilicher Ermittlungsarbeit und betrifft zunehmend auch linke Aktivist*innen. Als genetische ED-Behandlung dient die Speicherung von DNA-Proben der Einschüchterung und Abschreckung. Eine Löschung der Daten ist nicht vorgesehen. Gesellschaftlich ist die Massenerfassung der DNA-Profile ein Angriff auf das Selbstbestimmungsrecht, deren Folgen kaum abzuschätzen sind. Langfristig läuft der DNA-Sammelwahn auf eine genetische Totalerfassung der Bevölkerung hinaus. Was

wer wann mit diesen Daten zu welchem Zweck einmal anstellt, ist offen. Die Fantasien, die dazu im Umlauf sind, klingen düster. Ähnlich düster wie noch vor einigen Jahren die Mahnungen vor der elektronischen Datenerfassung. Die Notwendigkeit, sich mit diesem Thema auseinanderzusetzen, liegt auf der Hand.
Das in der Bevölkerung erzeugte Klima führte dazu, dass DNA-Analyse und DNA-Zentraldatei immer mehr Akzeptanz fanden, zumal das Thema nur im Zusammenhang mit „schweren Sexualdelikten“ in den Medien auftauchte. Inzwischen ist klar, dass der in der Öffentlichkeit erzeugte Eindruck an der Realität vorbeigeht. Die DNA-Analyse ist eine moderne Ermittlungsmethode von Bullerei und Staatsanwaltschaft, die in allen Strafverfahren und auch „präventiv“ angewendet werden kann. Darüber hinaus laufen zur Zeit Diskussionen um eine zentrale Erfassung „Genetischer Fingerabdrücke“ von Geflüchteten.
Auch in politischen Verfahren kommt die DNA-Analyse jedenfalls bei schwereren Tatvorwürfen (§ 129, schwerer Landfriedensbruch etc.) vermehrt zur Anwendung. Dabei gibt es Unterschiede in der praktischen Handhabung durch die jeweiligen Staatsschutzabteilungen und Staatsanwaltschaften der einzelnen Bundesländer. In Göttingen reichte z.B. ein Ermittlungsverfahren wegen Sachbeschädigung zur zwangsweisen Speichelentnahme aus. Allein mit der Androhung der DNA-Analyse sollen Menschen massiv eingeschüchtert werden, indem bereits bei banalsten Anlässen eine DNA-Analyse ins Spiel gebracht wird, ohne sie dann in jedem Einzelfall tatsächlich durchzuführen.

Der gesetzliche Rahmen

Unabhängig von der Schwere des Tatvorwurfs kann in einem Ermittlungsverfahren in Zukunft eine DNA-Analyse auf dich zukommen. Sie ist nur in Strafverfahren – nicht in Ordnungswidrigkeitenverfahren – zulässig, um die Abstammung festzustellen und um herauszubekommen, ob am Tatort gefundene Spuren (Haare, Kippen, Spuckis, Handschuhe, Briefumschlag und Briefmarke auf dem Bekenner*innenschreiben usw.) von der*dem Beschuldigten stammen.
Nachdem sie jahrelang ohne rechtliche Grundlage praktiziert wurde, ist die DNA-Analyse im Jahre 1997 in den §§ 81e und 81f der Strafprozessordnung (StPO) gesetzlich geregelt worden. Diese Vorschriften nehmen außerdem Bezug auf § 81a StPO, der die körperliche Untersuchung von Beschuldigten regelt. Hinzu kam 1998 die Vorschrift des § 81g StPO über die DNA-Analyse zu erkennungsdienstlichen, also präventiven Zwecken, die im Jahre 2005 nochmals verschärft wurde. Ergänzt wird dieser Para-

graph durch das „DNA-Identitätsfeststellungsgesetz“ (DNA-IFG), in dem die zentrale Speicherung des „genetischen Fingerabdrucks“ beim Bundeskriminalamt (BKA) geregelt ist. Wie es nach der Speicherung weitergeht – Weiterverarbeitung, Weitergabe an andere Behörden, Datenschutz, Löschung etc. – steht im BKA-Gesetz.
Um die komplizierten gesetzlichen Regelungen verstehen zu können, ist es wichtig, zwischen der Entnahme von z.B. Speichel (§ 81a StPO), der eigentlichen DNA-Analyse (§§ 81e, 81f, 81g StPO, § 2 DNA-IFG) und der zentralen Speicherung des Analyseergebnisses (§ 3 DNA-IFG) zu unterscheiden. Differenziert werden muss innerhalb dieser Regelungen zusätzlich zwischen der DNA-Analyse innerhalb eines aktuellen Strafverfahrens („repressiv“) und einer solchen zu erkennungsdienstlichen Zwecken („präventiv“).

Die Entnahme von Blut und Speichel

Die Entnahme beispielsweise von Speichel muss im Prinzip von einer*einem Richter*in angeordnet werden, in Eilfällen („Gefahr im Verzug“) auch von Bullen oder Staatsanwaltschaft. Weil der Kampf gegen die „innere Unsicherheit“ aus Sicht der Staatsbüttel immer Eile gebietet, wird die Entnahme z.B. von Speichel in der Praxis im Ermittlungsverfahren oftmals ohne richterlichen Beschluss durchgezogen! Als „Anordnung“ reicht in dem Fall schon das bloße Mitnehmen zur Wache.
Die Entnahme einer DNA-Probe muss nur dann von einer*einem Ärzt*in vorgenommen werden, wenn dabei – auch nur ganz kleine – Verletzungen entstehen wie bei der Blutentnahme. Die Entnahme von Speichel kann die Polizei deshalb ohne Ärzt*in durchführen. Dazu wird normalerweise ein Wattestäbchen benutzt. Zum aktiven Mitmachen bist du zwar genauso wenig wie bei einer ED-Behandlung verpflichtet. Die Spucke darf aber zwangsweise entnommen werden, z.B. durch gewaltsames Öffnen des Mundes, es sei denn, Polizei und Staatsanwaltschaft lassen sich aufgrund deines Widerspruchs darauf ein, dass zuvor eine richterliche Anordnung eingeholt wird.

Die DNA-Analyse

Auch die molekulargenetische Untersuchung von Körperzellen, die eigentliche DNA-Analyse, muss in aller Regel von einer*einem Richter*in schriftlich angeordnet werden.
Die*Der Betroffene wird davon nur unterrichtet, wenn dadurch nicht der „Untersuchungszweck gefährdet“ wird. Wie bereits erwähnt, umgehen

Polizei und Staatsanwaltschaft die richterliche Anordnung in vielen Fällen dadurch, dass sie die Bevölkerung zur „freiwilligen" Speichelentnahme aufrufen und sich ein schriftliches Einverständnis für die DNA-Analyse geben lassen. Deshalb gilt auch hier: Bei Bullen und Staatsanwaltschaft nix unterschreiben! Lass dich nicht von Suggestivfragen wie „Sie haben doch nichts dagegen, dass wir eine DNA-Analyse machen, um Ihre Unschuld zu beweisen, oder?" überrumpeln!
Mit der Durchführung der DNA-Analyse wird ein*e Sachverständige*r beauftragt. Diese*r darf nicht der ermittelnden Behörde angehören. Damit soll angeblich die DNA-Analyse vom Strafverfahren getrennt werden. Als vom Strafverfahren getrennt werden allerdings auch „organisatorisch selbständige Forschungsabteilungen des BKA oder LKA" angesehen. Der*Dem Sachverständigen wird von der*dem Richter*in das Material (z.B. das am Tatort gefundene Haar und der der*dem Verdächtigen entnommene Speichel) übergeben. Dabei dürfen die „persönlichen Daten" der*des Betroffenen nicht genannt werden. Die*Der Sachverständige prüft dann, ob beides genetisch übereinstimmt und liefert den „genetischen Fingerabdruck" bei den Bullen ab.
Das übliche Untersuchungsverfahren ist momentan die Polymerase-Kettenreaktion (PCR). Eine einzige Körperzelle reicht bei dieser Methode aus, um das gesamte Erbmaterial beliebig zu reproduzieren. Diese Reproduktion erfolgt, weil für den Nachweis der Übereinstimmung von „Tatortspur" und Speichel mehrere Millionen Zellen erforderlich sind. Auf diese Weise werden sogenannte Short Random Repeats (SRR) sichtbar gemacht. Das sind kurze Abschnitte im menschlichen Erbgut, die bei jedem Menschen vorhanden, in ihrer Ausprägung aber von Mensch zu Mensch verschieden sind („genetischer Fingerabdruck"). Bei eineiigen Zwillingen sind sie allerdings identisch! Nach derzeitigem wissenschaftlichem Stand sind die „Short Random Repeats" nicht kodierend für bestimmte Merkmalsausprägungen, so dass mit diesem Verfahren z.B. Haar- oder Augenfarbe noch nicht ermittelt werden können. Allerdings ist der medizinisch-technische „Fortschritt" auf diesem Gebiet so schnell, dass in Zukunft aus einer DNA-Analyse immer mehr Rückschlüsse gezogen werden können. Es ist zu befürchten, dass die Gesetze entsprechend den technischen Möglichkeiten erweitert werden. Wichtig: Bereits für das heute gängige PCR-Verfahren genügt eine einzige Körperzelle! Dafür reicht eine Haarwurzel, eine Hautschuppe im Handschuh oder der getrocknete Speichel an der Briefmarke. Für die Gegenprobe wird ebenso wenig eine Blutprobe benötigt. Ein wenig Speichel reicht aus!
Andererseits wird eben auch „nur" nachgewiesen, dass die Person am „Tatort" war und nicht unbedingt, wann das war und was sie*er da ge-

macht hat. Eine Verurteilung kann deshalb in der Regel nicht allein auf die DNA-Analyse gestützt werden. Letztendlich ist es aber dem Gericht überlassen, wie stark es das Ergebnis der DNA-Analyse gewichtet.
Das PCR-Verfahren gilt in gerichtlichen Verfahren als sehr sicher. Allerdings wird gerne „übersehen“, dass diese Methode sehr fehleranfällig ist und schon leichte Verunreinigungen reproduziert werden. Einzelne Gene können auf diese Weise „vorgetäuscht“ werden. Das hat zur Folge, dass der angestrebte Nachweis gerade nicht erbracht werden kann. In der Praxis hat sich die DNA-Analyse dennoch immer mehr zur „Trumpfkarte“ der Staatsanwaltschaft entwickelt. Letztendlich wird ihre Anwendung und Ausweitung vom „Bedürfnis der Strafverfolgung“ abhängen. In der manipulierten öffentlichen Meinung nimmt dieses Bedürfnis stetig zu: „Wer nichts zu verbergen hat, kann sich doch auch einem DNA-Test unterziehen.“
Das entnommene Material (z.B. Speichel) muss nur vernichtet werden, wenn es für ein gegen dich laufendes Strafverfahren nicht mehr „benötigt“ wird. Wie lange das ist, bestimmen Bullen und Staatsanwaltschaft. Die tatsächliche Vernichtung muss außerdem nicht kontrolliert oder protokolliert werden. In der Regel wird es nur einen kleinen „Vermerk“ in den Akten geben. Und an die ist nicht so leicht heranzukommen. Überhaupt nicht vernichtet werden muss das den Bullen mitgeteilte Ergebnis der DNA-Analyse. Der „genetische Fingerabdruck“ wandert in die Akten und darf für neue Ermittlungsverfahren wiederverwendet werden, ohne dass du es weißt.

Die zentrale Speicherung

Seit Inkrafttreten des „DNA-Identitätsfeststellungsgesetzes“ im September 1998 können (Speichel-)Entnahme und DNA-Analyse auch zu erkennungsdienstlichen Zwecken (also präventiv, ähnlich einer ED-Behandlung) vorgenommen werden (§ 81g StPO). Nach § 3 DNA-IFG kann der so gewonnene „genetische Fingerabdruck“ in einer zentralen Datei beim BKA für zukünftige Ermittlungsverfahren gespeichert werden (§ 3 DNA-Identitätsfeststellungsgesetz). Anders als bei der oben beschriebenen DNA-Analyse zur Ermittlung der*des „Täter*in“ dürfen die erkennungsdienstliche DNA-Analyse sowie die anschließende zentrale Speicherung nur dann erfolgen, wenn die*der Beschuldigte einer Straftat „von erheblicher Bedeutung“ verdächtig ist (§ 81g StPO) und die Staatsanwaltschaft davon ausgeht, dass die Person auch in Zukunft solche Straftaten begehen wird. Bei dem Gesetzeswortlaut „Straftaten von erheblicher Bedeutung“ handelt es sich nicht um einen klar definierten Begriff, sondern um eine bewusst schwammige Floskel. Lediglich beispielhaft nennt das Gesetz

z.B. die gefährliche Körperverletzung, den Einbruchsdiebstahl und die Erpressung als mögliche Anwendungsbereiche. So wurden bei einem Ermittlungsverfahren wegen gefährlicher Körperverletzung im Zusammenhang mit einer Demo in Braunschweig eine DNA-Analyse zu erkennungsdienstlichen Zwecken angeordnet und die zentrale Speicherung für zulässig erklärt. Die zentrale Speicherung von bei erkennungsdienstlicher DNA-Analyse gewonnenen Daten ist damit also nicht in jedem Fall automatisch zu erwarten. Trotzdem ist wegen der Dehnbarkeit der gesetzlichen Begriffe einer massenweisen Speicherung Tür und Tor geöffnet.
Auch für die DNA-Analyse zu erkennungsdienstlichen Zwecken nach § 81g StPO ist eine richterliche Anordnung erforderlich, es sei denn, die*der Betroffene stimmt zu. Die zentrale Speicherung hingegen bedarf keiner richterlichen Anordnung! Die nach § 81g StPO in diesem Zusammenhang gewonnenen DNA-Identitätsmuster können beliebig lange aufbewahrt werden, sogar über den Tod der*des Betroffenen hinaus! Das der Untersuchung zu Grunde liegende Material (z.B. die Spucke) muss allerdings wie im Fall der §§ 81a, 81e, 81f StPO (s. o.) vernichtet werden. Die sehr komplizierten Fragen nach der Weiterverarbeitung bzw. Weitergabe der Daten sowie der Möglichkeiten einer Löschung richten sich nach dem BKA-Gesetz.
Nach §§ 2, 3 DNA-IFG ist es seit 1998 auch zulässig, bereits verurteilten Menschen zwangsweise Speichel oder Blut zu entnehmen, eine DNA-Analyse zu machen und den „genetischen Fingerabdruck" in der zentralen Gendatei beim BKA zu speichern. Voraussetzung dafür ist wiederum, dass die Person wegen einer Straftat „von erheblicher Bedeutung" verurteilt worden ist. Außerdem darf die Verurteilung noch nicht aus dem Bundeszentralregister gestrichen worden sein und die Staatsanwaltschaft muss von „Wiederholungsgefahr" ausgehen. Das macht sie dann, wenn es ihr passt. Im Raum Göttingen hat die Staatsanwaltschaft 1999 damit begonnen, 10.000 bereits erledigte Strafakten zu durchforsten und zwangsweise Speichel- bzw. Blutentnahmen anzuordnen. Nach Angaben des niedersächsischen Innenministers mussten allein in Niedersachsen ca. 100.000 Verurteilte mit der Einleitung eines „DNA-Identitätsfeststellungsverfahrens" rechnen. Dabei handelt es sich nicht nur um Menschen, die noch einsitzen, sondern auch um solche, die ihre Haft längst abgesessen haben. Unsummen ließ sich Niedersachsen das kosten. Immerhin wird (sofern nicht bereits abgeschlossen) die Erfassung der „Altfälle" wegen des hohen Personalaufwandes nicht so schnell abgeschlossen sein.
An dieser Stelle sei angemerkt, dass bereits darüber nachgedacht wird, eine gesetzliche Grundlage dafür zu schaffen, um auch das Material (die Körperzellen) aufzubewahren. Dies würde ein regelmäßiges Nachtesten

ermöglichen, um aus einmal gewonnenem Erbgut ein immer präziseres „genetisches Bild“ der*des Betroffenen entstehen zu lassen.

Wie kann mensch sich juristisch wehren?

Es gibt unterschiedliche Möglichkeiten, sich mittels Beschwerden und Anträgen juristisch gegen Maßnahmen zu wehren, die im Zusammenhang mit der DNA-Analyse stehen. Diese sogenannten „Rechtsbehelfe“ sind teilweise kompliziert und haben sich wegen einer neuen Rechtsprechung 1998 geändert. Wir raten dir deshalb dringend davon ab, auf eigene Faust damit herumzujonglieren. Wende dich lieber an eine Rechtshilfegruppe, die dich an eine*n Anwält*in verweisen kann, die*der sich auch damit auskennt. Damit du dich auf das Gespräch mit der*dem Anwält*in vorbereiten kannst, stellen wir dir die wichtigsten „Rechtsbehelfe“ kurz vor:
(Speichel-)Entnahme: Gegen die richterliche Anordnung einer Entnahme (z.B. von Speichel oder Blut) steht dir als Rechtsbehelf gemäß § 304 StPO die Beschwerde bei dem Gericht zu, dessen Richter*in die Anordnung getroffen hat. Gegen die staatsanwaltliche oder polizeiliche Anordnung sowie die Art und Weise der Durchführung der Entnahme kannst du beim zuständigen Amtsgericht gemäß § 98 Abs. 2 S. 2 StPO analog einen Antrag auf richterliche Entscheidung stellen.
DNA-Analyse: Gegen die richterliche Anordnung einer DNA-Analyse hast du wiederum die Möglichkeit, gemäß § 304 StPO Beschwerde beim Amtsgericht einzulegen (s.o.).
In beiden Fällen gibt es keine Frist, in der du den Rechtsbehelf einlegen musst. Allerdings solltest du damit auch nicht zu lange warten.
Unabhängig von der Beschwerde kann die Rechtmäßigkeit der Entnahme sowie der DNA-Analyse auch während der Hauptverhandlung überprüft werden. In dem Moment, wo Bullen oder Staatsanwaltschaft die Entnahme z.B. von Spucke anordnen, solltest du dagegen außerdem „Widerspruch“ einlegen, damit sie nicht später behaupten können, du hättest „freiwillig“ mitgemacht. Als „Rechtsbehelf“ gegen die ganze Aktion reicht ein solcher „Widerspruch“ aber auf keinen Fall aus! Es ist anschließend ein Antrag auf gerichtliche Entscheidung notwendig. Auch hier gilt deshalb: Egal ob Speichelentnahme, Hausdurchsuchung, ED-Behandlung: Lege gegen polizeiliche Repressionsmaßnahmen immer „Widerspruch“ ein und lass das (wenn möglich) protokollieren. Unterschreibe aber nix!
Wende dich danach so bald wie möglich an eine Rechtshilfe deines Vertrauens, um zu überlegen, ob das als Rechtsbehelf ausreicht und ob es überhaupt Sinn macht, die „juristische Schiene“ zu fahren.

4_4_Biometrie

Biometrie ist ein Wissenschaftszweig, der sich mit der Erfassung und Auswertung der körperlichen und verhaltenstypischen Eigenschaften von Lebewesen beschäftigt. Das Hauptaugenmerk bei der Anwendung auf den Menschen liegt in der computergestützten Identifizierung („Wer ist diese Person?") und Authentifizierung („Ist diese Person die, für die sie sich ausgibt?"). In der Praxis soll dies z.B. ausschließen, dass Unberechtigte durch den Diebstahl oder anderweitigen Erwerb von z.B. PINs oder Passwörtern Zugang zu ihnen ansonsten verwehrten Räumen oder Systemen erhalten. Hierbei verwendete Merkmale sind z.B. Körpergröße, Iris und Netzhaut, Fingerabdrücke, Gesichtsgeometrie, Handschrift, DNA, Stimme, Gang oder auch Tippverhalten auf Tastaturen.

Einige Verfahren befinden sich noch in Testphasen, die von ihnen gelieferten Ergebnisse sind entweder zu ungenau oder die praktische Handhabbarkeit ist zu umständlich. Genutzt werden zur Zeit vor allem Systeme zur Iris-, Netzhaut- und Fingerabdruckerkennung sowie zur Gesichtserkennung. Im öffentlichen Bereich gibt es bisher recht wenige solcher Systeme. Beispiele sind der Zoo in Hannover, in dem der Zugang für Besucher*innen mit Jahreskarte über eine Gesichtserkennungsanlage erfolgt oder der Frankfurter Flughafen, an dem Reisende die Grenzkontrolle mittels Irisscan (in Verbindung mit ihrem Reisepass) passieren können. In einigen US-amerikanischen Städten setzt die Polizei schon jetzt auf mobile Echtzeit-Gesichtserkennung. Wenn die Polizist*innen Personen mit ihren Mobilgeräten wie Smartphones, Handhelds oder Tablets scannen, werden deren Gesichter direkt mit Polizeidatenbanken oder anderen Daten abgeglichen.

Gesichtserkennungssysteme vermessen die relativen Abstände von Augen, Nase und Mund, wobei meistens von den Augen ausgegangen wird. Um einwandfrei identifiziert zu werden, muss sich eine Person frontal, ruhig und sehr nahe vor einer Kamera aufhalten (und ihr Gesicht muss zuvor einmal frontal gefilmt/fotografiert, ausgemessen und in das betreffende System aufgenommen worden sein). Es gibt auch bereits Versuche zur 3D-Erkennung, also der Möglichkeit, Gesichter aus jedem beliebigen Blickwinkel zu erkennen. Praxistauglich werden diese in naher Zukunft.

Neben den Zugangskontrollen ist die automatische Identifikation gesuchter Personen mit Hilfe öffentlich installierter Kameras ein angestrebtes und angepriesenes Ziel von Gesichtserkennungssystemen.

E-Pass

Seit November 2005 enthalten die Reisepässe in Deutschland einem Beschluss der EU folgend neben den bisherigen auch biometrische Daten. Momentan ist dies das Foto, seit Frühjahr 2007 folgten zwei Fingerabdrücke. Diese Daten (sowie die meisten anderen Passdaten) werden verschlüsselt auf einem, ebenfalls neu eingeführten, RFID-Chip gespeichert (vgl. Kap. 4_2_ ComputerUnsicherheit). Welche Daten gespeichert werden, kann mensch sich bei den Passbehörden anzeigen lassen. Angepriesen wird der neue Pass als enorm fälschungssicher. Wie bei allen RFID-Chips besteht auch hier die Gefahr des unbemerkten Auslesens. Um dies zu verhindern, sendet der Chip nur dann, wenn vorher das „normale" Datenblatt des aufgeschlagenen Passes erfasst und ausgelesen wurde. Das Lesegerät sendet an den Chip, dass es diese Daten kennt, woraufhin der Chip dann seine Daten ausspuckt. Klingt zwar erst mal nicht schlecht, zumindest wenn mensch Vertrauen in die vom Staat geschaffene Sicherheitstechnik und die Einhaltung der gesetzlichen Grundlagen hat.
Sollte dieses Vertrauen fehlen, gibt es die Möglichkeit, den Chip abzuschirmen (durch Alufolie oder durch eine bereits erhältliche Schutzhülle). Prinzipiell kann der Chip auch zerstört werden, z.B. in der Mikrowelle. Pass rein, niedrigste Stufe, ganz kurz (kürzer als kurz) anschalten, Chip ist im Eimer. Allerdings ist dies ein relativ riskantes Verfahren, der Chip kann anfangen zu brennen! Der Pass bleibt auch gültig, wenn ausschließlich der Chip zerstört oder unbrauchbar ist – Brandlöcher im Deckel sind dann natürlich schlecht. Die im Chip gespeicherten biometrischen Daten dürfen laut Passgesetz nicht in einer zentralen Datei gespeichert werden. Seit 2008 schließlich wurden auch die Personalausweise mit Chips und biometrischen Daten ausgestattet.

5_0_Europa

Repression gegen politische Bewegungen ist zunehmend durch die EU geprägt. Die Gesetzgebung beruht auch im Bereich der Sicherheitspolitik inzwischen in immer größerem Umfang auf mehr oder weniger engen europarechtlichen Vorgaben. Auch die praktische Zusammenarbeit der Polizeien und Geheimdienste wird immer enger. Wir können an dieser Stelle nur einen groben Überblick geben, der alles andere als vollständig, für die politische Praxis aber hoffentlich einigermaßen brauchbar ist. Denjenigen, die sich näher mit dem Thema auseinander setzen wollen, sei das Buch „Eurovisionen – Aspekte und Entwicklungen der europäischen Repressionsarchitekur“ ans Herz gelegt, das die Rote Hilfe-Ortsgruppe Hamburg herausgegeben hat. Um bei der weiteren Entwicklung am Ball zu bleiben, würden wir euch raten, die Augen nach Artikeln von Matthias Monroy offenzuhalten, der kontinuierlich zu dem Thema veröffentlicht. Auf einige seiner Veröffentlichungen verweisen wir auch in diesem Beitrag. Bei Interesse findet ihr die Artikel im Internet.

Forschung und Ausbildung

Die sicherheitspolitische Kooperation beginnt weit im Vorfeld konkreter Einsätze in den gemeinsamen Forschungsprogrammen, die teils technische, teils strategische Aspekte betreffen. Ein zentraler Punkt ist dabei die Bewältigung des „Daten-Tsunamis“ (so fasste Wolfgang Schäuble als Innenminister die Flut von Informationen zusammen, die sich aus der immer weitergehenden Überwachung der Bevölkerung und dem intensiven Datenaustausch zwischen den EU-Mitgliedstaaten ergibt). Das Forschungsprogramm INDECT widmet sich der Entwicklung automatisierter Prozesse zur Vorhersage von Verbrechen mittels Data-Mining (der systematischen computergestützten Analyse großer Datenmengen). Mit dem Programm SAMURAI soll eine intelligente Videoüberwachung des öffentlichen Raums entwickelt werden, die „auffälliges“ Verhalten selbstständig registriert und meldet.
Die Entwicklung der Forschungsprogramme wird stark durch die Sicherheits- und Rüstungsindustrie beeinflusst. Dementsprechend liegt der Fokus der Programme auf kostspieligen Möglichkeiten zur (militär-)technischen Aufrüstung der Sicherheitsbehörden. Politischer Widerstand wird nicht als legitime Folge sozialer Probleme betrachtet, sondern als Sicherheitsrisiko, das es zu bekämpfen gilt.

Die strategische Forschung bezieht sich in erster Linie auf Großereignisse wie Gipfeltreffen oder internationale Sportveranstaltungen. Das Ziel ist, die Zusammenarbeit verschiedener Akteur*innen auf nationaler und regionaler Ebene zu verbessern sowie die nationale Sicherheitsarchitektur der Gastgeberländer nachhaltig zu beeinflussen, um so die praktische Umsetzung der EU-Sicherheitspolitik voranzutreiben. Das zentrale Anliegen der EU ist die Beherrschbarkeit von „Gewaltsituationen oder Eskalationen".
Ausgangspunkt der strategischen Sicherheitsforschung ist die Definition von Standards für den Austausch von Informationen und die gegenseitige Entsendung von Polizei und Geheimdiensten. Zudem wird die Arbeit der nationalen Polizeien mit der EU-Polizeiagentur Europol sowie mit der IPO-Arbeitsgruppe der Vereinten Nationen („International Permanent Observatory on Security during Major Events") verzahnt. Das IPO berät Regierungen bei der Entwicklung der Sicherheitsarchitektur für Großereignisse und erarbeitet Richtlinien. Außerdem wurden Großveranstaltungen in verschiedenen europäischen Ländern nachträglich analysiert, um Erkenntnisse zu polizeilichen Taktiken bei verschiedenen Protestformen zu gewinnen.
Ziele solcher Maßnahmen und Untersuchungen sind zum einen die präventive Ausforschung internationaler Strukturen, die die Polizei womöglich in Bedrängnis bringen könnte und zum anderen die Kontrolle und Vorhersehbarkeit des Verhaltens großer Menschenmassen (Crowd Control). Die Ergebnisse der Forschungsprogramme sind Verschlusssache, haben aber Eingang in öffentlich zugängliche Handbücher gefunden. Dort wird unter anderem empfohlen, Daten auszutauschen und Reisesperren zu verhängen, hohe Quoten von Strafverfahren zu erzielen sowie eine offensive Medienstrategie zu betreiben.
Damit die Erkenntnisse aus der strategischen Sicherheitsforschung auch tatsächlich Eingang in die polizeiliche Praxis finden, gibt es die Europäische Polizeiakademie CEPOL, deren Angebot sich insbesondere an hohe Polizeifunktionäre richtet. Ziel ist es, die Zusammenarbeit zwischen den nationalen Polizeischulen zu verbessern und so ein gemeinsames Vorgehen z.B. bei der Kriminalitätsbekämpfung, der Aufrechterhaltung der „öffentlichen Ordnung" und der zivilen Krisenbewältigung zu erreichen.
Zudem veranstalten die Mitgliedstaaten gemeinsame Einsatztrainings. Ein solches fand etwa im Sommer 2010 auf dem Truppenübungsplatz Lehnin in der Nähe von Potsdam statt. Durchgespielt wurde ein bunt gemischtes Szenario aus Terrorist*innenjagd, Auslandseinsatz im Rahmen einer „Friedensmission", einer Krawalldemo und der Konfrontation mit Fußballhooligans. An den Übungen nehmen nicht nur Polizeieinheiten aus den beteiligten Ländern, sondern auch paramilitärisch organisierte Gendarme-

rietruppen teil. Solche Truppen gibt es nur in einigen EU-Mitgliedstaaten. Sie kooperieren inzwischen eng in der Europäischen Gendarmerietruppe (EUROGENDFOR). Bezeichnend ist, dass die Länder, die über Paramilitär verfügen, anstelle von Bereitschaftspolizei genau diese Truppen schickten. Die Polizeitrainings zeigen also recht deutlich, wohin die Reise geht. Innere und äußere Sicherheit landen in einem Topf und die Bewältigung von Demonstrationen und sonstigen Großereignissen wird militarisiert.

Informationsaustausch: Datenbanken und gemeinsame Analysen; Gipfelvorbereitung

Die praktische Zusammenarbeit der EU-Behörden ist im Bereich der Datenbanken am weitesten fortgeschritten. Der Vertrag von Prüm aus dem Jahr 2005 schreibt das Prinzip der Verfügbarkeit fest: An einer Stelle vorhandene Daten sollen prinzipiell auch allen anderen Stellen zur Verfügung stehen. Die Mitgliedstaaten gewähren einander immer größeren Zugriff auf ihre innerstaatlichen Datenbanken.

Zudem unterhält die EU eine Vielzahl eigener Datenbanken. Hervorzuheben ist insofern das Schengener Informationssystem (SIS), ein Computersystem, mit dem Personen oder auch Objekte zur Fahndung ausgeschrieben werden können. Behörden der Mitgliedsstaaten können Treffer im SIS abfragen und selbst Personen oder Gegenstände registrieren lassen. Inzwischen gibt es rund 46,5 Millionen Datensätze, auf die neben den nationalen Behörden auch Europol und Eurojust („Einheit für justizielle Zusammenarbeit der EU“) Zugriff haben. Die Gesuchten werden in Kategorien unterteilt, etwa zur Festnahme (z.B. aufgrund eines europäischen Haftbefehls oder auf Veranlassung der Nationalstaaten), zur Einreiseverweigerung oder zum vorläufigen Gewahrsam. Auch Diebesgut wird ausgeschrieben.

Weitere Beispiele für EU-Datenbanken sind die Datenbank EURODAC, in der die Fingerabdrücke sämtlicher Asylsuchenden gespeichert sind, und das Visa-Information-System (VIS), in dem alle möglichen Daten im Zusammenhang mit Visa und deren Erteilung oder Ablehnung gesammelt werden.

Für die nächsten Jahre beabsichtigen die EU-Staaten zudem eine zentrale Erfassung „reisender Gewalttäter“. Wie so häufig ging die Initiative hierzu von Deutschland aus. Die genaue Umsetzung der Pläne ist noch offen, denkbar wäre etwa eine Speicherung im Schengener Informationssystem SIS. Das mittelfristige Ziel ist die Einführung einer „europäischen Reise-

sperre", die dann politische Aktivist*innen, aber auch „Problemfans" treffen würde (M. Monroy: „Deutschland setzt sich durch: EU will „reisende Gewalttäter" überwachen und speichern").
Die europäische Polizeiagentur Europol unterhält zudem weitgehende Analysedateien. Diese enthalten, nach bestimmten Kategorien von Straftaten aufgeschlüsselt, umfangreiche persönliche Daten der „Verdächtigen" wie etwa „Lebensweise", „Gewohnheiten", „rassische und ethnische Herkunft" oder „politische Meinung" und nennen auch Kontakt- und Begleitpersonen.
Für die Leser*innen dieses Buchs dürfte vor allem die Analysedatei (Analysis Work File oder kurz: AWF) Dolphin interessant sein. Die Datei wurde ursprünglich im Jahr 2003 eingerichtet, um Erkenntnisse über nicht-islamistischen „Terrorismus" zu gewinnen und zu sammeln. Inzwischen geht es längst allgemein um „Extremismus". Zunächst gerieten militante Umwelt- und Tierrechtsaktivist*innen ins Visier, später auch die so genannten „Euro-Anarchisten". Dieser von italienischen Sicherheitsbehörden kreierte, reichlich diffuse Begriff scheint sich inzwischen EU-weit etabliert zu haben, um z.B. „Gipfelgegner" aus allen möglichen politischen Lagern zu kriminalisieren. Neuerdings sind auch das No-Border-Netzwerk und Protestbewegungen gegen größere Infrastruktur-Projekte in den Fokus der „Extremismus"-Datei Dolphin geraten.
Die Analysedatei wird durch Beamt*innen von Europol, Verbindungsbeamt*innen und Expert*innen aus den EU-Mitgliedstaaten gespeist. Aus Deutschland erfolgt die Zulieferung über das BKA, das auch festlegt, ob ein gemeinsames Vorgehen erforderlich ist. Die Erkenntnisse aus der AWF Dolphin und den gemeinsamen Konferenzen der beteiligten Behörden finden Eingang in den jährlichen „Terrorism Situation and Trend Report" (TE-SAT), der sich ebenfalls linkem „Extremismus und Terrorismus" widmet.
Das Zugangsrecht zu diesen Daten für EU-Bürger*innen ist in den §§ 30 und 31 des „Beschlusses des Rates vom 6. April 2009 zur Errichtung des Europäischen Polizeiamts" geregelt. Nach § 30 Absatz 1 hat *„jede Person in jedem Fall unter den in diesem Artikel genannten Voraussetzungen das Recht, in angemessenen Abständen zu erfahren, ob sie betreffende personenbezogene Daten von Europol verarbeitet werden, und sich diese Daten in verständlicher Form übermitteln zu lassen oder sie überprüfen zu lassen"*. Mensch kann sich also an Europol wenden und seine Daten erfragen. Der folgende § 31 regelt, dass fehlerhafte Daten von dem Staat zu korrigieren sind, der sie auch erhoben hat. Hat eine Person einen fehlerhaften Datensatz über sich gefunden und/oder vertritt die Meinung, nicht in die Datenbanken von Europol zu gehören, ist ihm oder ihr das Recht zu einer

Beschwerde gegeben. Zu diesem Zweck wurde eigens ein Ausschuss eingerichtet, die „Gemeinsame Kontrollinstanz“ (GKI).
Eine Voraussetzung für die konkrete Zusammenarbeit bei der Vorbereitung und Durchführung internationaler Gipfeltreffen ist ein umfassender Informationsaustausch unter den Sicherheitsbehörden. Wie das im Einzelfall aussieht, lässt sich gut anhand des Nato-Gipfels in Strasbourg und Baden-Baden im Jahr 2009 erkennen. Der Einsatz wurde in diesem Fall federführend vom „Gemeinsamen Zentrum der deutsch-französischen Polizei- und Zollzusammenarbeit“ geplant. Die Koordinierungsstelle sitzt in der Grenzstadt Kehl und wurde 1997 durch ein bilaterales Abkommen zwischen Frankreich und der BRD gegründet. Im Alltag ist sie zuständig für „Aufklärungs- und Überwachungsmaßnahmen in den Grenzgebieten“. EU-weit gibt es 38 derartige Einrichtungen.
Im Vorfeld des Gipfels hatte das BKA bereits zum August 2008 eine internationale „Zentralstelle Großveranstaltung“ zum Austausch „polizeilich relevanter Informationen“ eingerichtet und dort Daten zu europaweiten Mobilisierungsveranstaltungen von Gipfelgegner*innen gesammelt. Zudem erhielten die französischen Stellen Zugang zur Datei „International agierende gewaltbereite Störer“ (IgaSt, inzwischen „PMK-links Z“). Dort werden Daten über politische Aktivist*innen gespeichert, gegen die im Rahmen früherer „Veranstaltungen mit Globalisierungsbezug“ Ermittlungsverfahren eingeleitet wurden. Gespeichert sind aber z.B. auch Daten von Referent*innen und von Besucher*innen von Mobilisierungsveranstaltungen im In- und Ausland bzw. von Personen, die im Inland als „Globalisierungsgegner“ bekannt geworden sind.
Zum Gipfel selbst entsandten Deutschland und Frankreich wechselseitig Verbindungsbeamt*innen („Liaison Officers“) aus Polizei, Militär und Geheimdienst in die jeweiligen Lagezentren. Diese hatten unter anderem Zugriff auf die Datenbanken ihres Entsenderlandes. Zudem waren die internationalen Polizeibehörden Interpol und Europol eingebunden. Auch die NATO ließ sich nicht lumpen und richtete zur Absicherung des Gipfels eine „International Intelligence Cell“ ein. In diesem „Ad-hoc-Geheimdienst“ erstellten insgesamt 17 Nachrichtendienste unter Federführung des deutschen Verfassungsschutzes und des französischen Inlandsgeheimdienstes Lagebilder und Risikoanalysen.

Grenzkontrollen

Bei Großereignissen wie Gipfelprotesten ist es bereits seit längerem üblich, dass die Reisefreiheit an den europäischen Binnengrenzen ausgesetzt wird (näheres weiter unten beim Schengener Abkommen). Angesichts des massiven Datenaustauschs im Vorfeld überrascht es nicht, dass zahlreiche Demonstrant*innen den Nato-Gipfel in Strasbourg nicht einmal erreichten. Die deutschen Grenzbehörden sprachen in diesem Fall 121 Ausreiseverbote gegen politische Aktivist*innen aus (vgl. Kap. 2_7_Ausreiseverbote, Meldeauflagen, „Gefährder*innenanschreiben"). In mehr als 50 Fällen gingen die Betroffenen dagegen vor, und das Verwaltungsgericht erklärte die Verfügungen für rechtswidrig. Nach Strasbourg kamen sie trotzdem nicht: die französischen Behörden sprachen kurzerhand ein Einreiseverbot aus, gegen das mensch vor französische Gerichte hätte ziehen müssen.

*Gemeinsame Einsätze: Beobachter*innen, Riot Cops und Spitzel*

Was die EU-weite Zusammenarbeit im Einsatz betrifft, ist die Lage insgesamt ausgesprochen schwierig zu überschauen. Die oft informellen Strukturen sind von Regierungen und Sicherheitsbehörden dominiert, so dass wenig nach außen dringt. Rechtlich ist vieles Stückwerk. Praktisch bedeutsamer sind zahllose zwischenstaatliche Abkommen, die teils zwischen allen, teils auch nur zwischen einzelnen Mitgliedstaaten gelten. Zum Teil sind auch Staaten beteiligt, die gar nicht EU-Mitglied sind. Zudem ist auch hier oft nur ein rechtlicher Rahmen geregelt, der dann im Einzelfall wieder durch eine Übereinkunft zwischen den unmittelbar beteiligten Staaten ausgefüllt werden muss.
Eine belastbare Einschätzung, was geht und was nicht, ist kaum möglich. Das zeigt besonders deutlich der Einsatz eines französischen Riot-Cops beim Castortransport 2010 im Wendland. Der Bereitschaftspolizist war in französischer Uniform und voller Kampfmontur (Schutzhelm, Pistole, Handschuhe mit Protektoren sowie ein in Deutschland nicht zulässiger Teleskopschlagstock) direkt an den Gleisen eingesetzt. Er beteiligte sich unmittelbar an der brutalen Räumung und schlug dabei auch auf Demonstrant*innen ein. Wie und auf welcher Rechtsgrundlage er dort mitwirkte und was eigentlich seine Aufgabe war, blieb auch nach einer kleinen Anfrage im Bundestag weitgehend unklar. Die Bundesregierung behauptete, der Einsatz von ausländischen Polizeibeamt*innen in Deutschland sei „gängige Praxis". Hiervon sei bereits bei der EXPO 2000 und der Fußballweltmeisterschaft 2006 „in größerem Umfang" Gebrauch gemacht

worden. Was den Austausch von Verbindungsbeamt*innen, szenekundigen Beamt*innen und Beobachter*innen angeht, stimmt das wohl so. Die Regierung unterschlägt aber, dass der Einsatz eines ausländischen Riot-Cops eine ganz andere Qualität hat.
Die zahlreichen ausländischen Beamt*innen bei der Fußballweltmeisterschaft etwa hatten allenfalls Notwehrrechte. Ihr Aufgabenbereich umfasste gemeinsame und gemischte uniformierte Streifen, Fanbeobachtung und die Identifikation Verdächtiger, die Beratung und die Unterstützung deutscher Polizei bei Kontrollen oder die Begleitung von Fangruppen. Sie trugen dementsprechend auch keine Kampfausrüstung.
Auch beim Castor-Transport 2010 waren Beamt*innen aus Kroatien, den Niederlanden und Polen vor Ort. Während die Kroat*innen Uniform, aber keine Waffen trugen, kamen die anderen in Zivil. „Operativbefugnisse" hatte niemand von ihnen. Den kroatischen Polizeibeobachter*innen z.B. sollten nach offizieller Verlautbarung lediglich „Möglichkeiten der Deeskalation und Kooperation im Einsatzgeschehen dargestellt" werden.
Gängige Praxis ist offenbar auch der Einsatz deutscher Beamt*innen mit „handfesten" Einsatzbefugnissen im Ausland. So wurden deutsche Polizist*innen bei der Fußballeuropameisterschaft 2008 in Österreich und der Schweiz unter anderem in gemeinsamen Greiftrupps eingesetzt. Auch entsendet die Bundespolizei bereits seit Jahren Wasserwerfer und Beamt*innen zu den Protesten gegen das alljährliche World Economic Forum im schweizerischen Davos. Um den G8-Gipfel 2003 im französischen Evian abzusichern, schickte die deutsche Polizei passenderweise ebenfalls Wasserwerfer sowie fünf Hundertschaften in die Schweiz. Auch beim Nato-Gipfel in Strasbourg waren deutsche Wasserwerfer im Einsatz. Weil der Einsatz nach französischem Recht organisiert war, wurde das Wasser mit Tränengas angereichert.
Die grenzüberschreitende Polizeiausleihe setzt nach allen einschlägigen Regelungen formalisierte Anfragen des „Gastgebers" voraus. Näheres regelt ein „Standardformblatt für ein Ersuchen um Entsendung von Verbindungsbeamten oder Beamten, die andere Arten operativer Unterstützung leisten", welches dem „Leitfaden für die Polizei- und Sicherheitsbehörden zur Zusammenarbeit bei Großveranstaltungen mit internationaler Dimension" beiliegt. Danach soll etwa angegeben werden, ob ein*e Verbindungsbeamte*r, ein*e szenekundige*r Beamte*r oder ein*e Vermittler*in angefragt wird. Die Aufgabenbeschreibung soll „so detailliert wie möglich" übermittelt werden und auch „sonstige spezielle Fähigkeiten", wie bspw. die „Kenntnis bestimmter Gruppen", nennen. Die Beamt*innen sollen zudem möglichst früh ins Einsatzgeschehen eingebunden und in den Einsatzort eingewiesen werden. Will eine Regierung

von sich aus Beamt*innen zu einem Ereignis entsenden, muss sie zunächst ein entsprechendes Ersuchen des empfangenden Landes beantragen. Theoretisch muss selbst die Durchreise einer*eines Polizeispion*in durch die zuständige Kontaktstelle der nationalen Polizei erlaubt werden.

Eigenmächtige Einsatzbefugnisse hat die Polizei auf fremdem Staatsgebiet grundsätzlich nicht. Abgesehen von weitergehenden Befugnissen in bestimmten Grenzregionen ist nur die sogenannte Nacheile, also die Verfolgung einer flüchtigen Person zulässig. Die Berechtigung hierzu ergibt sich aus dem Vertrag von Prüm, der allerdings die Befugnisse klar beschränkt: Die verfolgenden Polizist*innen dürfen die Zielperson im Ausland nur festhalten. Die Festnahme ist der Polizei des anderen Staates vorbehalten. Auch dürfen die Polizist*innen im Ausland ihre Waffen nur zum Selbstschutz einsetzen.

Auch Polizeispitzel werden längst grenzüberschreitend eingesetzt. Beispielhaft sei hier der Einsatz des Heidelberger Polizeispitzels Simon Bromma beim No Border Camp 2010 in Brüssel erwähnt. Bromma schlich sich in die Campstrukturen ein und berichtete offenbar mehrmals täglich dem baden-württembergischen Landeskriminalamt. Über die deutschen Verbindungsbeamt*innen vor Ort dürften seine Erkenntnisse dann an die belgische Polizei weitergeleitet worden sein. Welche Rolle die Informationen für die brutalen Polizeieinsätze vor Ort gespielt haben, bleibt Spekulation. Klar ist aber, dass allein die (vermeintliche) Gesinnung der Aktivist*innen der belgischen Polizei ausreichte, um „96 Anarchisten" festzunehmen, die an einer Demonstration teilnehmen wollten. Das BKA speicherte anschließend Informationen der belgischen Polizei zu mindestens 88 Aktivist*innen ohne konkreten Vorwurf in den eigenen Datenbanken.

Beim G8-Gipfel 2005 im schottischen Gleneagels waren sogar fünf deutsche Polizeispitzel im Einsatz. Das Vereinigte Königreich revanchierte sich zwei Jahre später und entsandte auf Anforderung der deutschen Behörden gleich acht Spion*innen zum G8-Gipfel in Heiligendamm. Darunter war auch der inzwischen aufgeflogene Mark Kennedy, dessen Aktivitäten einige rechtliche Fragen aufwerfen. So hatte Kennedy sexuelle Beziehungen mit Aktivistinnen, beteiligte sich nach Kenntnis der deutschen Behörden in Deutschland an mindestens zwei Straftaten und trat jedenfalls im Ausland auch als agent provocateur auf. All das ist nach deutschem Recht unzulässig, praktisch aber selbst im Nachhinein kaum angreifbar. Neben der angeblich geringeren Aufdeckungswahrscheinlichkeit dürfte gerade die unklare Rechtslage den Einsatz ausländischer Spitzel für die Sicherheitsbehörden attraktiv machen (M. Monroy: „Mit falschen Papieren gegen Euro-Anarchisten").

Zusammenarbeit bei der Strafverfolgung

Auch die Strafverfolgung wird zunehmend europäisiert. Hier ist das Ziel, auf lange Sicht einen „einheitlichen Raum der Strafgerichtsbarkeit zu schaffen“. Gemeint ist damit, grenzüberschreitende Ermittlungen, europaweite und gemeinsame Verfolgung von „Straftäter*innen“ z.B. durch Datenweitergabe, Rechtshilfe oder Auslieferungen, die Wirksamkeit von Strafurteilen eines Landes in allen EU-Staaten und vieles mehr möglich zu machen bzw. zu vereinfachen.
Um das voranzutreiben, ist der EU momentan viel daran gelegen, die Verfahrensregelungen der einzelnen EU-Staaten anzugleichen, denn noch gibt der rechtliche Rahmen eine wirkliche Zusammenarbeit in Strafsachen nicht her. Die nationalen Gesetzeslagen unterscheiden sich teilweise stark. Das Strafrecht ist ein klassisches Feld der Machtausübung, in dem die Nationalstaaten Eigenheiten herausgebildet haben und ihre Eigenständigkeit auch meistens nur ungern aufzugeben bereit sind. Häufig gibt es bereits unterschiedliche Regelungen, welche Taten überhaupt strafbar sind und erst recht, welche Strafen verhängt und welche Verfahrensstandards bei Ermittlungen und im Gerichtsverfahren gewährleistet werden sollen.
Durch das Stockholmer Programm – ein Programm mit Richtlinien für eine gemeinsame Innen- und Sicherheitspolitik der EU-Mitgliedstaaten – wurde inzwischen die Anerkennung von Strafverfahren und -urteilen festgeschrieben; soll heißen: Ein Urteil eines Mitgliedsstaates soll in den anderen Staaten grundsätzlich „blind“, ohne eine weitere Prüfung nach nationalem (oder europäischen) Recht, anerkannt und auch vollstreckt werden. Und das sogar dann, wenn die Handlung in dem anderen Staat gar nicht strafbar ist. Die Anerkennung umfasst neben dem Urteil auch Beweismittel, Überwachungsmaßnahmen im Ermittlungsverfahren, die Aberkennung von Rechten und die Berücksichtigung der in anderen Mitgliedstaaten ergangenen Verurteilungen.
Gleichermaßen wurde schrittweise begonnen, gesetzliche Regelungen der Staaten zu „harmonisieren“, also durch die Festlegung von Mindeststandards anzugleichen. Das gilt hinsichtlich dessen, was strafbar ist und in Bezug auf die Höhe der zu verhängenden Strafen – die EU kann inzwischen „Mindestvorschriften zur Festlegung von Straftaten und Strafen in Bereichen besonders schwerer Kriminalität“ einführen. Neben Bereichen wie Finanzkriminalität und Kinderpornografie werden besonders seit 9/11 gerade beim Komplex „Terrorismus“ mit wenig Zurückhaltung Strafverschärfungen eingeführt. So hat sich im Zusammenhang mit dem „Kampf gegen die organisierte Kriminalität und den internationalen Terrorismus“

eine Breitbandkriminalisierung entwickelt, die lange vor der eigentlichen Tathandlung ansetzt und die Tatbestände extrem unscharf und weit fasst.
Auch im Strafverfahren sollen „Mindeststandards" in jedem Mitgliedsstaat gewährleistet werden. Festgelegt wurden hier aber bislang eher vermeintliche Selbstverständlichkeiten, wie das Recht auf Dolmetscher*in oder Verteidigung. Es hat sich bereits deutlich gezeigt, dass strafrechtliche „Mindeststandards" wirklich nur den kleinsten gemeinsamen Nenner bedeuten und damit in aller Regel zu einer Verschärfung gegenüber den Standards der bisherigen nationalstaatlichen Regelungen führen.
Wohin die Reise geht, zeigt beispielhaft der europäische Haftbefehl. Er ist das zentrale Fahndungsinstrument auf europäischer Ebene und ersetzt das bisherige Auslieferungsverfahren. Er bezweckt die Festnahme und Übergabe einer gesuchten Person durch einen anderen EU-Mitgliedstaat mit dem Ziel der Strafverfolgung. Der Europäische Haftbefehl ist also die Ausschreibung eines nationalen Haftbefehles in Europa. Der Haftbefehl besteht entweder aus einem Dokument, mit dem der ausstellende Mitgliedstaat den vollstreckenden Mitgliedstaat um die Festnahme und Überstellung einer bestimmten Person ersucht, oder – in der Praxis die Regel – in der Ausschreibung einer Person zur Fahndung im Schengener Informationssystem (SIS).
Ein europäischer Haftbefehl kann ausgestellt werden, wenn der Tatvorwurf nach den Gesetzen des den Haftbefehl ausstellenden Mitgliedstaates mit einer Freiheitsstrafe von mindestens zwölf Monaten bedroht ist oder – bei einer Verurteilung im konkreten Fall – mit mindestens vier Monaten Freiheitsstrafe bestraft wurde. Je nach nationaler Gesetzgebung kann die Übergabe des oder der Angeschuldigten bzw. Verurteilten davon abhängig gemacht werden, ob die Tat auch im Aufenthaltsland strafbar ist. Diese Einschränkung gilt jedoch nicht bei Straftaten wie der Beteiligung an einer kriminellen Vereinigung, „Terrorismus", illegalem Handel mit Drogen, Beihilfe zur illegalen Einreise und zum illegalen Aufenthalt, schwerer Körperverletzung und Diebstahl in organisierter Form oder mit Waffen, um nur einige Delikte von einer langen Liste zu nennen.
Der Vorwurf einer solchen Straftat führt automatisch zur Vollstreckung des Haftbefehls ohne weitere Überprüfung. Der Rat der Europäischen Union kann zudem die Liste jederzeit erweitern. Dabei wurde das so genannte Tatortprinzip durchgesetzt, d.h. jede Straftat in der EU soll an dem Ort strafrechtlich verfolgt und abgeurteilt werden, an dem sie begangen wurde. Folglich werden die Mitgliedstaaten verpflichtet, auch eigene Staatsangehörige auszuliefern.
Wenn nun ein solcher Haftbefehl erlassen worden ist und die Polizei eine Person deshalb festnimmt, entscheidet die vollstreckende Justizbehörde

(hier in Deutschland die Generalstaatsanwaltschaft und das Oberlandesgericht, in dessen Bezirk die gesuchte Person festgenommen oder ermittelt wurde) darüber, ob diese Person bis zur Übergabe in Haft gehalten wird. Die zuständige Justizbehörde muss die*den Festgenommene*n bei der Festnahme über den Inhalt des Europäischen Haftbefehls aufklären und sie*ihn darüber unterrichten, dass sie*er der Übergabe an die Justizbehörde, die den Haftbefehl erlassen hat, zustimmen kann. Hier ist Vorsicht geboten! Die Zustimmung zur Übergabe verkürzt die Fristen erheblich und ist in einigen Staaten unwiderruflich. Das Recht, von der Justizbehörde vernommen zu werden, die eine*n festgenommen hat, hat auch nur eine Person, die der Übergabe nicht freiwillig zugestimmt hat. Daher ist grundsätzlich zu raten: Nicht freiwillig zustimmen!
Der Rahmenbeschluss gesteht ausdrücklich das Recht auf einen Rechtsbeistand und eine*n Dolmetscher*in zu. Zudem sind die Justizbehörden verpflichtet, die endgültige Entscheidung über die Auslieferung der*des Festgenommenen innerhalb von 60 Tagen nach der Festnahme zu fällen. Hat die*der Festgenommene einer Übergabe zugestimmt, verkürzt sich die Frist der Entscheidung auf maximal zehn Tage. Generell gilt der Haftbefehl aber als Eilsache, sodass eine Entscheidung oft recht schnell ergehen kann. Die Übergabe geschieht dann in der Regel innerhalb einer Frist von zehn Tagen nach der endgültigen Entscheidung zur Überstellung. Ist eine Übergabe innerhalb dieser zehn Tage nicht möglich, müssen die Behörden einen neuen Termin festlegen, für den weitere zehn Tage als Frist gelten. Ist die*der Festgenommene auch nach dieser Frist nicht übergeben und immer noch in Haft, muss sie*er aus der Haft entlassen werden. Die Übergabe kann nur aus schwerwiegenden Gründen ausgesetzt werden, wie z.B. der Gefährdung für Leib und Leben bei einer schweren Erkrankung. Neben der gesuchten Person dürfen auch Gegenstände übergeben werden, die als Beweisstücke dienen können oder die die gesuchte Person aus der Straftat erlangt hat. Rechtsmittel gegen den Europäischen Haftbefehl sind im Gesetz nicht vorgesehen. Durch den Europäischen Haftbefehl wird die Auslieferung von Tatverdächtigen zu einer juristischen Formalie. Verhaftet werden kann jede*r, die*der nur verdächtigt wird, etwas Unerlaubtes getan zu haben und der „eigene“ Staat prüft nicht, ob der Verdacht zu Recht besteht – er liefert erst einmal aus. Der Europäische Haftbefehl ist somit ein weiterer Schritt zur Erleichterung staatenübergreifender Repression.
Derzeit arbeiten die EU-Staaten darüber hinaus an einer „Europäischen Ermittlungsanordnung“. Nach dem Vorbild des europäischen Haftbefehls sollen auch Ermittlungsmaßnahmen, die in einem Mitgliedstaat angeordnet werden, von allen anderen Mitgliedstaaten ohne weitere Prüfung

durchgeführt werden. Das können z.B. das Ausspähen von Konten oder das Abhören von Telekommunikation sein. Der „lange Arm des Gesetzes" wird also durch die EU noch einmal ordentlich verlängert.
Auf praktischer Ebene wird derzeit hauptsächlich die Zusammenarbeit zwischen den Staaten durch die Koordinierung der Ermittlungsverfahren und Strafverfolgungsmaßnahmen vorangetrieben. Mit Europol existiert eine europäische Polizeibehörde, die inzwischen immerhin knapp 800 Mitarbeiter*innen beschäftigt, davon 145 Verbindungsbeamt*innen aus den Mitgliedstaaten sowie ebenfalls aus Nicht-EU-Staaten. Europol darf zwar inzwischen in bestimmten Bereichen selbst Ermittlungen durchführen, hat aber keine Exekutivbefugnisse, wie die Anwendung von Zwangsmitteln. Neben den umfangreichen Aktivitäten im Bereich Datenbanken (s.o.) koordiniert Europol hauptsächlich Ermittlungen der Mitgliedstaaten. Zudem gibt es mit Eurojust eine EU-Behörde, die als Vorläuferin einer europäischen Staatsanwaltschaft gehandelt wird. Momentan besteht ihre Aufgabe darin, die nationalen Staatsanwaltschaften und Polizeien zusammenzubringen, indem sie z.B. grenzüberschreitende Rechtshilfe und die Vollstreckung von Auslieferungsersuchen und Europäischen Haftbefehlen organisiert. Außerdem koordiniert Eurojust z.B. Hausdurchsuchungen in mehreren Mitgliedstaaten, damit sich Betroffene nicht gegenseitig warnen können. Eurojust soll insgesamt die „unbürokratische Zusammenarbeit" zwischen den Justizbehörden vereinfachen. Jeder Mitgliedsstaat entsendet eine*n Mitarbeiter*in zu Eurojust. Über diese*n geschieht dann auch die Kontaktaufnahme der nationalen Strafverfolgungsbehörden, wenn sie Eurojust in die Ermittlungen einbinden wollen. Dabei kann sich jede Staatsanwaltschaft, jedes Gericht und jede Polizeibehörde unmittelbar an Eurojust wenden. Vordergründiges Ziel ist die Benutzer*innenfreundlichkeit für die Behörden.
Die Entwicklung zu einer europäischen Staatsanwaltschaft ist bereits seit 2007 im Vertrag von Lissabon angelegt, der vorsieht, dass Eurojust zukünftig (bei grenzüberschreitend ausgeführten „Straftaten") auch selbst Ermittlungen aufnehmen darf und nicht abwarten muss, bis ein Mitgliedstaat dies tut. Als weiteren Schritt soll Eurojust dann irgendwann sogar Anklage erheben können.
Als Zukunftsmodell für die Zusammenarbeit von Polizei- und Justizbehörden verschiedener Mitgliedstaaten gelten die grenzüberschreitenden Ermittlungsgruppen (GEG). Hier unterstützen die Mitgliedstaaten sich nicht bei einzelnen Maßnahmen, sondern führen die Ermittlungen von vornherein gemeinsam. Auch Europol und Eurojust beteiligen sich an GEGs.

Geheimdiensttätigkeit

Die EU verfügt auch über einen eigenen Geheimdienst. Im INTCEN sind sowohl EU-Mitarbeiter*innen als auch Vertreter*innen nationaler Geheimdienste organisiert. INTCEN ging aus dem bereits in den 1990er Jahren eingerichteten „EU-Lage- und Analysezentrum" (SitCen) hervor. Durch INTCEN wird der Europäische Auswärtige Dienst (EAD) mit Analyseinformationen versorgt. Der EAD ist verantwortlich für die europäische Sicherheits- und Verteidigungspolitik. Bei den Analysen von INTCEN geht es vor allem um die „politisch-strategische Lage in Krisenregionen" oder die „Früherkennung potenzieller politischer oder bewaffneter Konflikte sowie Bedrohungen und Risiken, die von Phänomenen wie dem internationalen Terrorismus oder der organisierten Kriminalität ausgehen". INTCEN ermittelt nicht selbst und hat daher auch eher wenig Mitarbeiter*innen, bekommt aber ausführliche Informationen der Geheimdienste der Mitgliedstaaten.

Abschottung nach Außen und das Schengener Übereinkommen

Das Schengener Übereinkommen wurde 1985 zwischen Luxemburg, Belgien, den Niederlanden, Frankreich und der Bundesrepublik Deutschland als völkerrechtlicher Vertrag unabhängig von der damaligen Europäischen Gemeinschaft (EG) abgeschlossen. Es handelte sich dabei um eine Absichtserklärung, die das freie Überschreiten der Binnengrenzen, also die effektive Abschaffung der Grenzkontrollen innerhalb der EG und den freien Waren- und Dienstleistungsverkehr, zum Ziel hatte. 1990 wurde zur Umsetzung und Regelung von Einzelheiten das Schengener Durchführungsübereinkommen (SDÜ), auch als Schengen II bezeichnet, zwischen den fünf Staaten beschlossen. Seit dem Amsterdamer Vertrag von 1997 sind das Schengener Übereinkommen und SDÜ Teil der Europäischen Union und seit Inkrafttreten 1999 ist das Überqueren von Grenzen innerhalb der EU ohne Personenkontrollen zu einem vertraglich festgeschriebenen Recht auch für der EU neu beitretende Staaten geworden. Somit sind alle EU-Staaten grundsätzlich Teil des „Schengenraums". Ausnahmen setzten die Inselstaaten Großbritannien und Irland durch, die Grenzkontrollen weiterhin aufrechterhalten, aber auch Bulgarien, Kroatien, Zypern und Rumänien nehmen noch nicht vollwertig am Schengenraum teil. Darüber hinaus sind dem Übereinkommen auch einige Nicht-EU-Staaten (Schweiz, Norwegen, Island, Liechtenstein) beigetreten, in denen es ebenfalls keine Grenzkontrollen gibt.

Mit dem Schengener Abkommen besteht das Recht, die Binnengrenzen des Schengenraumes ohne Grenzkontrollen zu überschreiten. Dieses Recht wird jedoch eingeschränkt, „wenn die öffentliche Ordnung oder die nationale Sicherheit“ es erfordern. Dann kann ein Staat für einen begrenzten Zeitraum von bis zu 30 Tagen an den Binnengrenzen wieder Kontrollen einführen. Das wird häufig als das „Aussetzen von Schengen“ bezeichnet und konnte u.a. während der G8-Gipfeltreffen 2001 in Genua und 2007 in Heiligendamm, während des EU-Gipfels in Brüssel und 2009 während des Nato-Gipfels in Frankreich beobachtet werden. Neben diesen politischen Anlässen waren es vor allem Fußballspiele, die zur Wiedereinführung von Grenzkontrollen geführt haben. Die damit zusammenhängenden Aus- und Einreiseverbote gründen sich auf nationale Gesetzgebungen und auf politische Entscheidungen, die auf europäischer Ebene ausgesprochen wurden. Dem gegenüber steht die Versammlungsfreiheit, die in der EU-Charta der Grundrechte und in der Europäischen Menschenrechtskonvention garantiert wird. Wenn auf europäischer Ebene politische Entscheidungen gefällt werden, muss es auch ein Recht auf Grenzübertritt geben, um am Ort der Entscheidungen demonstrieren zu können. Wie so oft hinken auf EU-Ebene Menschen- und Grundrechte dem Repressions- und Kontrollapparat hinterher.

Die zunehmenden Flucht- und Migrationsbewegungen führten zu vehementen politischen Auseinandersetzungen bezüglich der Reisefreiheit im Schengenraum. Die italienische Regierung stellte beispielsweise Touristenvisa für Geflüchtete aus, was die französische Regierung dazu veranlasste, zeitweilig die Grenzkontrollen an der gemeinsamen Grenze zu Italien wieder einzuführen. Dieser Konflikt mündete 2011 in einer gemeinsamen Reformforderung der Staatspräsidenten beider Länder, die die Wiedereinführung von Kontrollen an den Binnengrenzen erleichtern sollte. Unter anderem der deutsche Innenminister schloss sich dieser Forderung an. Im selben Jahr führte Dänemark von Zöllner*innen durchgeführte Grenzkontrollen wieder ein.
2013 wurde eine Reform des Schengener Abkommens beschlossen. Demnach sollen die teilnehmenden Staaten ab 2014 wieder bis zu zwei Jahre andauernde Grenzkontrollen an den nationalen Grenzen einführen können. Als Voraussetzung hierfür gilt die etwaige mangelhafte Sicherung der Schengen-Außengrenzen. Somit dient die Reform zuvorderst der Abwehr von Geflüchteten. Hiermit besteht die Möglichkeit, dass das Schengener Abkommen sich auf Kooperation in Bezug auf grenzüberschreitende polizeiliche Zusammenarbeit und Repression beschränkt und sich damit faktisch nationalstaatliche Festungen innerhalb der Festung Europa etablieren.

Sicherung der Außengrenzen

Seit dem Schengener Abkommen sind die Europäischen Grenzen sukzessive zu einer gemeinsamen europäischen Grenze geworden. Im Stockholmer Programm von 2009 wird „illegale Migration“ neben „Terrorismus“ und „organisierter Kriminalität“ als eine der Hauptgefahren, denen Europa ausgesetzt sei, beschrieben. Seit ihrer Einrichtung 2004 ist die Europäische Grenzschutzagentur Frontex mit der Sicherung der EU-Außengrenzen betraut und besetzt hierbei vielfältige Aufgabenfelder:

- Risiko- und Gefahrenanalysen sowie Datenerhebung bezogen auf „illegale Migration“ an den EU-Außengrenzen und damit im Zusammenhang stehend auch die Verteilung der vorhandenen Sicherheitsressourcen,
- Koordination der Überwachung der EU-Außengrenzen,
- Ausbildung und Schulung nationaler Grenzschutzbeamt*innen,
- Forschung und Beratung in Bezug auf Grenzschutztechnologien (inkl. Flugzeuge und Drohnen),
- Unterstützung bei der Organisation von Abschiebungen
- enge Zusammenarbeit mit dem Europäischen Polizeiamt (Europol) und der Europäischen Polizeiakademie (CEPOL),
- Zusammenarbeit mit Sicherheitsbehörden aus Drittstaaten.

Des Weiteren organisiert Frontex Grenzschutzoperationen an den Europäischen Land-, Luft- und Seegrenzen. Hierbei greift die Behörde auf Polizeien der Mitgliedstaaten zurück, da ihr bisher keine eigenen Grenzschutzbeamt*innen zur Verfügung stehen. Frontex ist Teil der EU, wird aber weder von der Europäischen Kommission noch vom Europäischen Parlament ernsthaft kontrolliert. Details über den Ablauf der Grenzschutzoperationen werden üblicherweise geheim gehalten. Dauerhafte Einsatzgebiete von Frontex sind das östliche Mittelmeer, v.a. Griechenland („Operation Poseidon“), die Kanarischen Inseln und die Küste Westafrikas („Hera“), das Mittelmeer zwischen Nordafrika und Malta/Süd-Italien („Nautilus“), internationale Flughäfen zur Kontrolle von Migrant*innen aus Lateinamerika („Amazon“), die italienische Mittelmeerinsel Lampedusa („Hermes 2011“), zwischen 2010 und 2011 die Grenze zwischen Nord-Griechenland und der Türkei („RABIT Operation“) und im Zuge der Europameisterschaft 2012 Polen und die Ukraine („Eurocup 12“). Hierbei operiert Frontex nicht ausschließlich auf europäischem Territorium, so finden beispielsweise Operationen zur See in den Gebieten von Mauretanien und dem Senegal statt. Zahlreiche Frontex-Einsätze verstoßen damit

gegen die Vorgaben der Genfer Flüchtlingskonvention (GFK) und der Europäischen Menschenrechtskonvention (EMRK), wonach Geflüchtete das Recht haben, auf dem Festland der Vertragsstaaten einen Asylantrag zu stellen und nicht aktiv am Grenzübertritt gehindert werden dürfen. Immer wieder sterben an den EU-Außengrenzen Menschen beim Versuch, Frontex-Einsätze zu umgehen. Diese und andere lebensbedrohliche Risiken sorgen dafür, dass jährlich Tausende Menschen den Versuch des Grenzübertritts nicht überleben.
Als faktische Grenzverschiebung können die Bestrebungen, Migration an der Wurzel zu verhindern, verstanden werden. Beispielsweise unterhält die EU in Mali ein „Zentrum für Information und Migrationsmanagement“, wo malische Grenzschützer*innen ausgebildet und Migrationsrouten erforscht werden.
Insgesamt gewinnt Frontex als sog. Grenzschutzagentur immer mehr an Bedeutung, was beispielsweise an der Entwicklung des Finanzrahmens abzulesen ist. Dieser setzt sich aus Beiträgen der Schengen-Mitgliedsstaaten zusammen und wuchs in der Zeit von 2005 bis 2011 von 6,2 Millionen auf 88 Millionen Euro an.

Fazit

Die Sicherheits- und Strafverfolgungspolitik wird nach und nach zu einem Terrain der EU. Problematisch dabei ist, dass es dabei – nur wenig beachtet – zu Gesetzesverschärfungen, einer unklar geregelten Zusammenarbeit von Behörden und zum Abbau effektiver Rechtsschutzmöglichkeiten kommt. Die komplizierte Struktur und die Intransparenz der „Blackbox EU“ machen es schwierig, die Entwicklungen zu verfolgen. Dennoch sei hier noch einmal dazu aufgerufen, sich mit dem Komplex „EU“ zu beschäftigen und den Widerstand gegen Repression auch auf die Politik der EU auszuweiten.

6_0_Ermittlungsausschuss

6_1_Aufbau eines Ermittlungsausschusses

Wir stellen hier einige unserer Überlegungen und Erfahrungen zum Aufbau eines EA bzw. einer Rechtshilfegruppe vor. Wir beziehen uns dabei konkret auf die Vorbereitung und Praxis eines EA vor und während einer Aktion, z.B. einer Demo oder eines Camps. Die Arbeit, die möglicherweise nach dem Betreuen einer Aktion notwendig ist, z.B. Prozessbegleitung, wird ausdrücklich ausgeklammert.
Ein EA versucht, der staatlichen Repression, die sich gegen unseren Widerstand und gegen den Kampf für eine andere Gesellschaft richtet, eine eigene Stärke entgegenzusetzen und unterstützt diejenigen, die durch Polizei und Justiz eingeschüchtert und schikaniert werden sollen bzw. wurden. Wichtig ist für uns, grundsätzlich strömungsübergreifend zu agieren und alle von Repression betroffenen linksradikalen Personen zu unterstützen. Ein EA arbeitet prinzipiell nicht mit der Polizei zusammen. Beim EA kann angerufen werden, wenn während einer Aktion oder Demo Leute festgenommen oder Übergriffe beobachtet wurden. Der EA versucht, einen Überblick über die Gesamtsituation und die Zahl der Festgenommenen zu bekommen, damit z.B. sichergestellt werden kann, dass am Ende einer Aktion alle wieder draußen sind. Unter Umständen hat der EA auch eigene Melder*innen vor Ort, die Aktionen beobachten und z.B., wenn möglich, die Namen der Leute in einem Kessel aufschreiben. Die Menschen am Telefon stehen besonders den Festgenommenen mit Rat und Tat zur Seite und versuchen, wenn nötig, Anwält*innen zu vermitteln. Zwar sind die konkreten Handlungsmöglichkeiten eines EA oft begrenzt, aber es darf nicht unterschätzt werden, wie wichtig es ist, z.B. Festgenommenen zu vermitteln, dass sie nicht allein und ohnmächtig der Polizei ausgeliefert sind.

Es gibt viele unterschiedliche EAs

Ereignis-EAs finden sich nur für ein bestimmtes (Groß-)Ereignis zusammen, z.B. für Anti-AKW-Aktionstage, Gipfeltreffen, Antifa-Camps oder ähnliche mehrtägige Aktionen. Bei solchen größeren Aktionen betreuen manchmal zusätzlich regionale EAs die Leute aus ihrer Stadt oder Region. Schwierigkeiten an anderen geografischen Orten, z.B. bei Grenzübertritten oder zu erwartenden Massen-Ingewahrsamnahmen bedeuten eine besondere Belastung der Struktur und erfordern deswegen Unterstützung durch weitere EAs.
Ein Stadt- oder Regional-EA dagegen unterstützt politische Aktionen, die in einer Stadt/Region stattfinden, und arbeitet in der Regel langfristig als feste EA-Gruppe. Einige EAs betreuen und begleiten auch die Prozesse, die sich an Aktionen anschließen, organisieren Treffen für von Repression betroffene Personen oder unterstützen die Öffentlichkeitsarbeit anderer Antirepressionsgruppen.

6_2_Gründung eines EA

Wenn ihr einen EA gründen wollt, solltet ihr euch zunächst über euer genaues Arbeitsgebiet im Klaren sein. Ist eure Arbeit nach der konkreten Aktion beendet oder kümmert ihr euch auch um die anschließend anstehenden Verfahren, begleitet die Prozesse usw.? Wenn ihr einen EA gründen wollt, gilt, was auch für andere Gruppen wichtig ist: Überlegt euch, mit wem ihr in dieser Gruppe zusammenarbeiten wollt. Für die Arbeit eines EA sind Vertrauen und Verlässlichkeit innerhalb der Gruppe sehr wichtig. Redet über Ängste und diskutiert, inwieweit ihr selbst und als Gruppe möglicher Kriminalisierung ausgesetzt seid. Deswegen ist es wichtig, erst einmal mit den Leuten zusammen zu arbeiten, die ihr kennt. Zudem arbeitet ihr mit sensiblen Daten: Leute, die zu euch kommen, müssen sich darauf verlassen können, dass mit Informationen verantwortungsvoll umgegangen wird. Das muss sich auch in der formalen Gruppenstruktur ausdrücken. Eine offene Gruppe ist dafür ungeeignet.
Am Anfang der Arbeit ist es unerlässlich, sich mit Leuten zu treffen, die in der EA- oder Antirepressionsarbeit Erfahrungen haben (ggf. aus anderen Städten). Diskutiert mit ihnen über Probleme und Fragen und profitiert von ihren Erfahrungen. Alle in der Gruppe sollten ein gewisses juristisches Grundwissen bekommen. Sie sollten sich z.B. im Klaren darüber sein, welche juristischen Situationen zu erwarten sind und wie mit ihnen am

besten umzugehen ist; durch allzu starke Unterschiede im Wissensstand entstehen leicht ungewollte Hierarchien. Juristische Sachverhalte sind zudem oft schwer zu erfassen, so dass ein guter Kontakt zu Anwält*innen nötig ist (vgl. Kap. 3_11_Rechtsanwält*innen). Für die Arbeit eines EA ist es allerdings nicht nur erforderlich, sich in juristischen Fragen auszukennen. Es ist gleichermaßen wichtig, politische Fragen in der Gruppe zu diskutieren und politische Positionen zu klären.

Einige Diskussionsanregungen

- Was ist Repression?
- Wie sieht euer eigenes Verhältnis zum Staat und Rechtssystem aus?
- Wie sieht Repression in eurem Fall, in eurem Bundesland, in eurer Stadt aus?
- Welche Erfahrungen gibt es damit? Was will der Staat damit erreichen?
- Was ist Solidarität? Wie unterstützt ihr von Repression Betroffene?
- Nach welchen Kriterien wählt ihr Rechtsanwält*innen (RA*innen) aus, mit denen ihr zusammenarbeiten wollt? RA*innen vertreten mitunter ja auch Nazis, Vergewaltiger, Bullen. Könnt und wollt ihr wirklich mit solchen RA*innen zusammenarbeiten?

Tipps und Anregungen zur Betreuung von Aktionen

Im Folgenden zählen wir einige Aspekte auf, über die ihr euch im Zusammenhang mit einem konkreten EA-Einsatz Gedanken machen solltet. Die Vorbereitung sollte in jedem Fall frühzeitig beginnen. Was für die EA-Arbeit im Einzelfall nötig ist, hängt auch von eurer Einschätzung der geplanten Aktionsform ab. Deswegen können die folgenden Punkte auch nur Anregungen sein, keinesfalls sollen sie als eine Anleitung verstanden werden, wie „der EA“ auszusehen hat.

*Kontakt der Struktur zu den Aktivist*innen*

Der Kontakt zu den Leuten, für die (und mit denen) ihr arbeitet, ist ein zentraler Punkt der EA-Arbeit. Dieser Kontakt kann mit Info-Veranstaltungen zu den Themen „Repression“ und „Umgang mit Repression“ schon vor den eigentlichen Aktionen beginnen. Wenn ihr euch selbst noch nicht sicher genug fühlt, um eine Veranstaltung zu machen, ist es bestimmt möglich, Referent*innen von anderen Antirepressionsgruppen einzuladen.

Auf jeden Fall ist es sinnvoll, die Vorbereitungs-, Struktur- und Delegiert*innentreffen zu besuchen, um die Aktionen einschätzen zu können. Besteht dabei darauf, dass ihr die für eure Arbeit notwendigen Infos bekommt, wie insbesondere die Demoroute und wichtige Telefonnummern (z.B. von der Demoleitung oder den Sanis). Ein Ablaufplan der vorher allgemein bekannten Aktionen macht es einfacher, auf Stresssituationen vorbereitet zu sein. Auch Verlautbarungen der Gegenseite und Erfahrungen mit früheren Aktionen machen es möglich, die Taktik von Polizei und Justiz einzuschätzen. Ebenso kann es sinnvoll sein, Ankündigungen von Nazis zu kennen. Vor größeren Ereignissen solltet ihr euch mit den Leuten (wenn vorhanden) in Verbindung setzen, die bei der Organisation der Aktion oder Demo für die Kommunikationsstruktur verantwortlich sind bzw. sich mit der Beobachtung der Ereignisse beschäftigen. Die Aufgabenbereiche sollten klar getrennt werden, so dass allen klar ist, um was sich der EA nicht kümmern kann (ein EA ist kein Infotelefon!). Klärt das im Vorfeld mit den in der politischen Struktur aktiven Leuten ab:

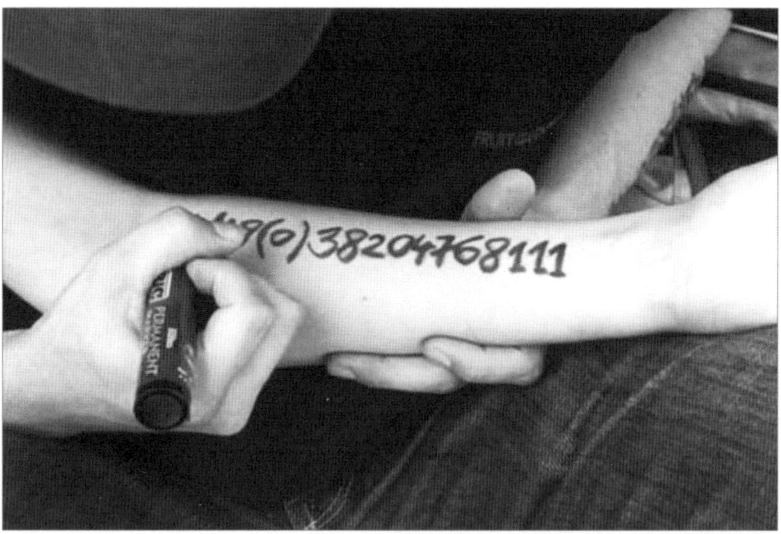

- Wie sind Sanis, Out-of-Action-Teams und Awareness-Gruppen zu erreichen? Wer kümmert sich um Leute, die vermisst werden? Gibt es eine Anlaufstelle nach der Aktion?
- Wer holt die Leute von den Gefangenensammelstellen (GeSas) ab?
- Für den EA ist es wichtig, auch die Zuverlässigkeit dieser Strukturen realistisch einzuschätzen: Könnt ihr euch im Ernstfall darauf verlassen, dass Absprachen eingehalten werden?

Interne Vorbereitung

Es ist wichtig, sich auch innerhalb der Gruppe gut auf die bevorstehende Telefonarbeit vorzubereiten. Besonders wichtig ist es, auf sich und andere zu achten und zu klären, wie viel jede*r Einzelne „leisten“ kann und will. Auf konkrete Gesprächssituationen könnt ihr euch gut anhand von Rollenspielen vorbereiten. Versucht, euch in Diskussionen mit entsprechenden Situationen auseinanderzusetzen. Am EA-Telefon seid ihr oft mit heftigen Emotionen wie Angst, Wut, Stress usw. konfrontiert; dabei gilt es, ruhig zu bleiben, die Gesprächsführung zu übernehmen und nur die notwendigen Informationen abzufragen.
Die folgenden Fragen, die vor einem EA-Dienst in der Gruppe geklärt werden müssen, und die auch bei der Zusammenarbeit mit anderen EA-Teams im Vorfeld abgesprochen werden sollten, lauten:

- Wie meldet ihr euch am Telefon?
- Wie verhaltet ihr euch, wenn euch persönlich bekannte Personen anrufen?
- Wie verhindert ihr am Telefon, dass Anrufende Namen nennen oder Taten ausplaudern?
- Wie reagiert ihr, wenn die Polizei bei euch anruft?
- Wie verhaltet ihr euch, wenn ihr wisst, dass Leute eingefahren sind, aber niemand bei euch anruft?
- Welche Tatvorwürfe sind zu erwarten und wie sind sie einzuschätzen?
- Was tut ihr, wenn Eltern anrufen, die nach ihren Kindern fragen?
- Wie verhaltet ihr euch, wenn Leute nach vermissten Personen fragen?
- Wie reagiert ihr, wenn ihr den Verdacht habt, dass Nazis am Telefon sind?
- Wie und wie lange seid ihr im Anschluss an die Aktion noch erreichbar?

Schichtplan

Grundsätzlich gilt, dass der EA-Telefondienst vor dem eigentlichen Beginn der Aktion (Vorfeldaktionen, Vorkontrollen, Anreise am Tag vorher) startet und erst endet, wenn die letzten „Eingefahrenen“ wieder draußen oder mit Anwält*innen versorgt sind.
Der EA-Dienst kann also durchaus länger als ein paar Stunden dauern. Wenn das abzusehen ist, ist es wichtig, dass ihr einen Schichtplan erstellt, in dem festgelegt wird, wer wie lange arbeitet. Zu jeder Schicht und für jedes Telefon sollten zwei Leute da sein, weil auch als harmlos eingeschätzte Situationen eskalieren können und es dann immer besser ist, wesentliche Entscheidungen nicht alleine treffen zu müssen. Achtet auf eine genaue Schichtübergabe mit ausreichend langen Übergangszeiten. Schichtplan und Übergaben sollten dabei an dem zu erwarteten Geschehen orientiert sein. Plant ausreichend lange Pausen ein und schickt Leute in die Pause, wenn die sich nicht vom Telefon losreißen können.

Räumlichkeiten

Entwickelt zunächst eine Wunschvorstellung von den Räumen, in denen ihr arbeiten wollt, und schaut daraufhin dann, was sich von diesen Vorstellungen verwirklichen lässt. Überlegt euch vorher, ob ihr weitere Strukturen, wie das Infotelefon oder die „Küche für Alle (KüfA)“, in unmittelbarer Nähe eures EA-Büros haben wollt, denn schließlich geht es darum, dass ihr ungestört arbeiten könnt. Auch bietet es sich an, sowohl einen Arbeits- als auch einen Pausenraum zur Verfügung zu haben. Überlegt euch, von wem ihr Räumlichkeiten mieten oder nutzen wollt und von wem nicht. Überlegt außerdem, wie leicht die Räume durch Polizei oder Nazis angreifbar sind. Macht keinen EA in Privaträumen, damit nicht Einzelpersonen via Telefon- oder Mobilfunkdatenüberprüfung angreifbar gemacht werden können.
Erstellt im Vorfeld eine Liste mit Adressen von GeSas (soweit vorher bekannt), Polizeistationen, Krankenhäusern u.a., das erspart euch das lästige Suchen unter Stress. Macht euch außerdem eine Liste mit euren wichtigen Kontaktdaten: Melder*innen, Sanis, Infotelefon, Rechtsanwält*innen sowie weiteren Personen der Demostruktur. Ein großer Stadtplan zur Übersicht ist ebenfalls immer von Vorteil.

Telefon

Ihr solltet euch vorher gut überlegen, wie viele Telefonanschlüsse ihr braucht. Ein Telefon mit Lautsprecherfunktion und ein zweites Telefon zum „Raustelefonieren“ sind auf jeden Fall notwendig. Ein weiterer Anschluss kann nötig sein, um ständig von Leuten aus der Aktionsstruktur, z.B. dem Melder*innensystem oder dem Infotelefon, erreichbar zu sein. Auf jeden Fall solltet ihr euch vor der Aktion mit der Telefonanlage genau vertraut machen, damit keine Pannen passieren. Wenn ihr euch dafür entscheidet, einen Rechner zu nutzen, denkt unbedingt daran, dass Daten im Falle eines Überfalls durch Polizei oder Nazis sicher sein müssen, z.B. durch Verschlüsselung der Festplatte (vgl. Kap. 4_2_ComputerUnsicherheit).

EA-Melder*innen

Bei größeren Aktionen ist es u.U. sinnvoll, wenn Leute für den EA die Aktion beobachten und so dem EA dabei helfen, Situationen einzuschätzen. Eine Einschätzung nur anhand der Anrufe von Betroffenen ist meist äußerst schwierig, weil gleiche Vorkommnisse häufig unterschiedlich bewertet werden. Melder*innen sollten euch vertraute Leute sein, die sich auf ihre Arbeit vorbereitet haben. Dabei muss im Vorfeld gemeinsam diskutiert werden, ob EA-Melder*innen nur beobachten oder z.B. an einem Kessel oder vor der GeSa offen auftreten und versuchen, von der Polizei Infos zu bekommen: Was passiert mit den Festgehaltenen? Was wird ihnen vorgeworfen? Wann kommen sie raus? Ein Rückmeldesystem für Melder*innen (regelmäßige vereinbarte Anrufe auf dem internen EA-Telefon) hat sich bewährt. Solche Melder*innen können auch andere Aufgaben für den EA übernehmen, z.B. Listen mit Namen überbringen, Anwält*innen begleiten oder vor der GeSa auf die Freigelassenen warten und diese Leute als „freigelassen“ beim EA zurückmelden. Weil sie der Polizei ein Dorn im Auge sind, werden sie mitunter bevorzugt angegriffen.

Anrufverwaltung

Um den Überblick zu behalten, sollte jeder ein- und ausgehende Anruf protokolliert werden. Daneben ist es sinnvoll, Listen der Festgenommenen, geordnet nach GeSas und Herkunftsstädten, zu führen. So lässt sich leichter dokumentieren, wer wann wieder rausgekommen ist. Ihr solltet euch vorher überlegen, welche Informationen ihr von den Anrufenden braucht. Die Anrufenden sollen nur Daten von Personen angeben, bei de-

nen es sicher ist, dass sie festgenommen – also mit Bullenwagen oder -bus abtransportiert – worden sind, da das EA-Telefon mit ziemlicher Sicherheit abgehört wird und es keinen Sinn macht, den Bullen zusätzliche Infos zu verschaffen.
EINE LISTE MIT STICHPUNKTEN NEBEN DEM TELEFON HILFT, KEINE WICHTIGEN FRAGEN ZU VERGESSEN:

- Name, Geburtsdaten und Meldeadresse von Festgenommenen?
- Ort und Zeitpunkt der Festnahme?
- Tatvorwurf der Polizei? Stoppt Leute, die erzählen wollen, was sie oder andere wirklich gemacht oder nicht gemacht haben – legt notfalls auf!
- In welche GeSa/Wache wurden die Leute gebracht?
- Sind sie verletzt oder benötigen sie dringend Medikamente?
- Sind weitere Festnahmen oder Verletzte bekannt?

INFORMATIONEN RAUSZUGEBEN IST GRUNDSÄTZLICH PROBLEMATISCH!
Oft rufen Leute an, die Freund*innen vermissen und wissen wollen, ob diese festgenommen worden sind. Wenn nicht klar ist, ob sie festgenommen wurden oder sie nur ihre Bezugsgruppe verloren haben, ist es nicht sinnvoll, wenn die Namen durch das EA-Telefon gegeben werden. Eine Möglichkeit ist, nur nach der Stadt und dem Vornamen oder den Initialen der Vermissten zu fragen und sie mit euren Listen zu vergleichen. Grundsätzlich gilt: Es werden Namen aufgenommen und nicht weitergegeben! Es ist schließlich schon mal vorgekommen, dass sich Nazis über das EA-Telefon nach Antifas erkundigt haben.

*Anwält*innen*

Der Kontakt zu den Anwält*innen, die den EA während einer Aktion unterstützen, muss frühzeitig gesucht werden (vgl. Kap. 3_11_ Rechtsanwält*innen). Während einer Aktion werden Anwält*innen auf jeden Fall dann gebraucht, wenn Leute einen Termin bei der*dem Haftrichter*in bekommen oder von Schnellverfahren bedroht, verletzt oder krank sind bzw. Medikamente brauchen oder schwanger sind. Bei Massen-Ingewahrsamnahmen können Anwält*innen zudem Druck ausüben, damit die Leute schneller frei gelassen werden. Oft erhalten die Anwält*innen auch schneller Informationen von der Polizei.

Nachbereitung

Wenn die Aktion vorbei ist, sollte eure Arbeit innerhalb der Gruppe nachbereitet werden: Was hat gut geklappt? Wo gibt es noch Schwierigkeiten? Ihr solltet auch den Verlauf der Aktion und den Einsatz der Polizei diskutieren, um eine Gesamteinschätzung vornehmen zu können, die dann vielleicht veröffentlicht wird. Auch eine Nachbereitung mit der Gesamtstruktur macht Sinn, um z.B. Schwierigkeiten in der Zusammenarbeit zu besprechen. Es ist grundsätzlich wichtig, nach gemeinsamen Aktionen einen gemeinsamen Umgang mit der anschließenden Repression zu finden. Koordiniert das mit Rechtshilfegruppen, den Organisator*innen der Aktion und Rechtsanwält*innen. Betroffenentreffen, in denen die Festgenommenen mit anderen Aktivist*innen ihr Vorgehen abstimmen und diskutieren können, sind eine gute Hilfe dazu. Wenn ihr auch nach der Aktion weiter als EA bzw. Rechtshilfegruppe ansprechbar sein wollt, ist es sinnvoll, nicht nur schriftlich, sondern auch telefonisch bzw. persönlich erreichbar zu sein, um Informationen zu bekommen und Betroffene zu unterstützen. Hierfür bietet es sich an, eine feste Bürozeit auch unabhängig von einer Aktion oder Demo anzubieten.

7_0_Anhang

7_1_Adressen

Anmerkung: E-Mail-Adressen werden nur angegeben, wenn auch eine Möglichkeit besteht, pgp-verschlüsselt an diese Adressen zu schreiben.

www.ermittlungsausschuss.eu

Ermittlungsauschuss Aachen
c/o Infoladen Aachen
Bismarckstraße 37
52066 Aachen
ea-aachen@nadir.org
infoladenaachen.blogsport.de

Ermittlungsauschuss Berlin
Gneisenaustraße 2a
10961 Berlin
030/692 22 22
ea-berlin@riseup.net
https://ea-berlin.net/

Ermittlungsauschuss Bielefeld
c/o Infoladen Anschlag
Heeper Straße 132
33607 Bielefeld
ea-bielefeld@austistici.org

Ermittlungsauschuss Bremen
c/o Infoladen
St. Pauli-Straße 10/12
28203 Bremen
eabremen@nadir.org

Ermittlungsauschuss Dresden
c/o Rote Hilfe Dresden
Rudolf-Leonhard-Straße 39

01097 Dresden
0351/899 60 456

Ermittlungsausschuss Frankfurt
Club Voltaire
Kleine Hochstraße 5a
60313 Frankfurt
0160/95 65 74 26
info@ea-frankfurt.org
www.ea-frankfurt.org

Ermittlungsauschuss Freiburg
Postanschrift:
KTS Freiburg c/o EA
Basler Straße 103
79100 Freiburg
ea-freiburg@linksunten.ch
www.kts-freiburg.org/ea

Ermittlungsauschuss Hamburg
c/o Schwarzmarkt
Kleiner-Schäferkamp 46
20357 Hamburg
040/432 78 778
info@ea-hh.org
http://ea-hh.org

Ermittlungsauschuss Hannover
UJZ Korn
Kornstraße 28-32
30167 Hannover
0511/16 14 765
www.eahannover.noblogs.org

Ermittlungsauschuss Köln
LC36
Ludolf-Camphausen-Straße 36
50672 Köln
0221/932 72 52
www.ea-koeln.de

Ermittlungsauschuss Leipzig
c/o linXXnet
Bornaische Straße 3d
04277 Leipzig
0341/211 93 13
ea-leipzig@riseup.net
https://antirepression.noblogs.org

Bunte Hilfe Marburg
c/o Café am Grün
Am Grün 28
35037 Marburg
06421/14 260
mail@bunte-hilfe.de
www.bunte-hilfe.de

Ermittlungsauschuss Münster
muenster@ermittlungsausschuss.eu

Schwarz-Rote-Hilfe Münster
Postfach 7223 Münster
48039 Münster
srh_muenster@mailbox.org

Ermittlungsauschuss Wendland
c/o Bürgerinitiative Umweltschutz Lüchow-Dannenberg
Rosenstraße 20
29439 Lüchow-Dannenberg
05841/979 430
ea-gorleben@nadir.org
www.ea-gorleben.de

7_2_Glossar

Agent Provocateur: ein Zivi-Cop, welcher nicht nur schnüffelt und ausspäht, sondern auch versucht, andere Menschen zu Straftaten anzustiften, um sie später der Begehung dieser Straftaten zu überführen.
Anfangsverdacht: ein durch irgendwelche, auch recht fadenscheinige Tatsachen begründeter Verdacht, dass du eine Straftat begangen haben sollst.
Aufenthaltserlaubnis: siehe Aufenthaltstitel
Aufenthaltsrecht (Zuwanderungsgesetz): ein Überbegriff für eine ganze Sammlung an Gesetzen. Darunter fällt z.B. das Aufenthaltsgesetz, das Asylgesetz, das Asylbewerberleistungsgesetz u.a.
Aufenthaltstitel = Aufenthaltsstatus: ein Überbegriff für alle möglichen Aufenthaltserlaubnisse, wie Gestattung und Duldung. Eine Aufenthaltserlaubnis wird z.B. „zum Zwecke des Studiums", „zum Zwecke der Familienzusammenführung" oder auch „aus humanitären Gründen" erteilt. Der genaue Aufenthaltsstatus ist auf der Aufenthaltserlaubniskarte mit dem jeweiligen Paragraphen vermerkt, außerdem die Gültigkeit bei befristeten Titeln. Eine Aufenthaltsgestattung bekommen Asylsuchende für die Zeit der Prüfung ihres Asylverfahrens.
Aufenthaltsverbot(e): Polizeimaßnahmen, die sich über Wochen und Monate erstrecken und nicht der kurzfristigen Natur der Platzverweise entsprechen. Das A. zielt eigentlich nicht auf Versammlungen ab. Mit dieser Vorschrift bezwecken die Cops die Vertreibung von ihnen unliebsamen Personen aus den Innenstädten.
Awareness-Gruppen: siehe Out-of-Action- & Awareness-Gruppen
Bagatelldelikte: Straftaten von geringer Bedeutung. Der Begriff „Bagatelldelikt" kommt im Gesetz zwar nicht vor, wird aber allgemein für so genannte „geringfügige Straftaten" verwendet. Bei einer „geringfügigen Straftat" kann die Staatsanwaltschaft mit Zustimmung des Gerichts von der Verfolgung absehen, wenn die Schuld der*des Täter*in als gering anzusehen ist und kein öffentliches Interesse an der Verfolgung besteht.
Beistand, rechtlicher: Zur Unterstützung in vielen Zivilgerichtsprozessen vor Amtsgerichten kann von jeder Partei eine beliebige, volljährige Person als Beistand hinzugezogen werden, sofern nicht ein*e Anwält*in vorgeschrieben ist. In Verfahren vor höheren Instanzen ist immer ein*e Rechtsanwält*in vorgeschrieben.
Beratungshilfe(schein): eine staatliche Leistung für Menschen, die anwaltliche Beratung benötigen und die Kosten für diese Beratung nicht aufbringen können. Über einen Beratungsschein kann eine Erstberatung bei deiner*deinem Anwält*in abgerechnet werden. Ein Beratungsschein wird

nur außerhalb von Gerichtsverfahren gewährt. Du bekommst ihn beim Amtsgericht der Stadt/des Bezirks, in dem du gemeldet bist.

Bereitschaftspolizei: wird zur Unterstützung bei sog. Großlagen, also z.B. Demonstrationen, Castor-Transporten oder Fußballspielen, eingesetzt. Eine besondere Einheit der Bereitschaftspolizei ist die BFE (= Beweissichernde Festnahmeeinheit) bzw. in Bayern das USK (= Unterstützungskommando). Die Bereitschaftspolizeien der einzelnen Bundesländer unterstützen sich gegenseitig bei Großereignissen.

Berufung: mit diesem Rechtsmittel kann eine gerichtliche Entscheidung von Amtsgerichten (bei Zivilprozessen auch von Landgerichten) von einem höheren Gericht überprüft werden. Im Unterschied zur Revision wird dabei das Urteil sowohl in rechtlicher als auch in tatsächlicher Hinsicht überprüft. Es kann also erneut eine Beweisaufnahme stattfinden. Für die Berufung sind bestimmte Fristen einzuhalten. Sollte die Berufung erfolglos verlaufen, kann noch das Rechtsmittel der Revision eingelegt werden.

Beschwerde: Die Rechtsmittel Berufung und Revision richten sich gegen Urteile. Möchte mensch im laufenden Verfahren eine Entscheidung des Gerichts überprüfen lassen, kann Beschwerde eingelegt werden.

Beweisantrag: ist in einem Strafprozess ein Antrag an das Gericht, zum Nachweis einer bestimmten Tatsache einen bestimmten Beweis zu erheben.

Bezugsgruppe: eine kleine Gruppe von möglichst vertrauten Menschen, mit denen du zusammen auf eine Demo oder zu einer Aktion gehst. Ihr habt euch vorher abgesprochen, in welcher Form ihr euch an der Aktion beteiligt, ihr bleibt während der gesamten Zeit zusammen und achtet gegenseitig auf euch.

BKA: Das Bundeskriminalamt (BKA) koordiniert die Zusammenarbeit der Landeskriminalämter (LKA) und kann in bestimmten Fällen Ermittlungen an sich ziehen, z.B. bei Ermittlungen wegen des Verdachts der Gründung einer terroristischen Vereinigung. Vom BKA wird die große polizeiliche Datenbank INPOL geführt, Unter-Datenbanken von INPOL sind z.B. "Gewalttäter Links" oder LIMO (linksmotivierte Kriminalität).

Bleiberechtsregelung: eine gesetzliche Regelung, um Menschen, die sich seit mindestens sechs Jahren (mit Familie) oder acht Jahren (bei alleinstehenden Personen) in der BRD aufhalten und im Besitz einer Duldung sind, zu einer Aufenthaltserlaubnis zu verhelfen.

Dienstausweis und Dienstnummern: sind berühmt-berüchtigt! Viel wird über sie gesprochen, nur wenige haben sie bisher zu Gesicht bekommen. Wer Lust hat, die Cops zu nerven, sollte trotzdem weiter hartnäckig danach fragen. Die Cops verbergen sich gerne hinter der Anonymität ihrer Einsatz-

hundertschaft. Es stresst sie, wenn sie ihren Namen herausgeben müssen und eine konkrete Handlung plötzlich auf sie zurückzuführen ist.
Duldung: KEINE Aufenthaltserlaubnis. Duldung heißt „Aussetzung der Abschiebung“ und ist immer zeitlich befristet: i.d.R. für längstens drei Monate, kann aber auch kürzer sein und unterliegt dem Ermessen der Zentralen Ausländerbehörde.
Eidesstattliche Versicherung/Versicherung an Eides statt: ein Mittel der Beweisführung, wobei Tatsachenangaben gemacht werden und deren Richtigkeit besonders versichert wird. Eine schriftliche Formulierung der abzugebenden Tatsachenangaben ist möglich. Zusätzlich ist die Richtigkeit der Angaben an Eides statt zu versichern, weil eine Falschaussage unter Eid eine Straftat darstellt.
„Einfahren“: der „Szene-Sprech“ für eine Fest- oder Ingewahrsamnahme (vgl. Kap. 2_6_ Platzverweise und Ingewahrsamnahmen), also das Abtransportieren und der (kurzzeitige) Verbleib in einer Bullenstation, einem Gefängnis oder einer anderen GeSa (siehe „Gefangenensammelstelle“).
Ermittlungsausschuss (= EA): Ein EA ist ein (temporärer) Zusammenschluss von Aktivist*innen, welche insbesondere bei Demonstrationen permanent oder über einen Anrufbeantworter erreichbar sind, um im Falle von polizeilicher Repression (Fest- oder Ingewahrsamnahmen, Einkesselungen, Platzverweisen, Übergriffen etc.) den Aktivist*innen auf der Straße mit (juristischen) Tipps zur Seite zu stehen. Der EA organisiert dann bei Bedarf auch Rechtsanwält*innen, die sich bspw. um Gefangene kümmern oder die polizeiliche Maßnahmen juristisch prüfen. Außerdem dokumentiert der EA die Maßnahmen der Polizei, um eine Gesamteinschätzung der Aktionen/Demonstrationen geben zu können.
Ermittlungsverfahren:

Erziehungsmaßregeln: sind besondere Sanktionen im Jugendstrafrecht (Erziehungsbeistand, Erziehungshilfe, Arbeitsauflage/Kontaktverbot).

Erzwingungshaft: kann vom Gericht angeordnet werden, wenn eine Geldbuße nicht gezahlt wird und die*der Betroffene nicht erklärt, warum sie*er nicht zahlen kann. Erzwingungshaft kann auch zur Erzwingung einer Zeug*innenaussage im Rahmen eines Strafprozesses angeordnet werden. Im Strafprozess endet die Erzwingungshaft entweder mit dem Abschluss des zugrunde liegenden Verfahrens oder aber spätestens sechs Monate nach Beginn der Erzwingungshaft.
Eurojust: eine EU-Behörde, die als Vorläuferin einer europäischen Staatsanwaltschaft gehandelt wird. Momentan besteht ihre Aufgabe darin, die nationalen Staatsanwaltschaften und Polizeien zusammenzubringen, indem sie z.B. grenzüberschreitende Rechtshilfe und die Vollstreckung von Auslieferungsersuchen und Europäischen Haftbefehlen organisiert. Außerdem koordiniert Eurojust, wenn es z.B. Hausdurchsuchungen in mehreren Mitgliedstaaten gibt, damit sich Betroffene nicht gegenseitig warnen können.
Europol: europäische Polizeiagentur ohne Exekutivbefugnisse. Europol koordiniert hauptsächlich grenzüberschreitende polizeiliche Ermittlungen (auch präventive) und stellt Schnittstellen für den Datenaustausch zur Verfügung.
Feststellungsklage: eine Klage vor dem Verwaltungsgericht, die etwa das Ziel verfolgt, die Rechtswidrigkeit einer Polizeimaßnahme feststellen zu lassen. Eine F. muss innerhalb einer Frist von einem Monat erfolgen, sofern die Polizeimaßnahme schriftlich mit Rechtsbehelfsbelehrung erfolgt ist. Die meisten Polizeimaßnahmen erfolgen jedoch mündlich und ohne Rechtsbehelfsbelehrung, dann beträgt die Frist in der Regel ein Jahr. Mit der Feststellungsklage sind prozessuale Rechte verbunden z.B. das Recht auf Akteneinsicht in die Polizeiakten zu der entsprechenden Polizeimaßnahme.
FLTI-Block: Frauen-, Lesben-, Trans*- und Intermenschen-Block ist ein Demo-Block von Menschen, die sich als Frauen, Lesben, trans- oder intersexuell definieren oder sich keinem Geschlecht zuordnen.
Führungszeugnis: eine behördliche Bescheinigung über bisher registrierte Vorstrafen einer Person.
Gefährder*innenanschreiben: eine präventive Maßnahme der Cops. Sie verfolgt das Ziel, Menschen einzuschüchtern, von denen die Cops annehmen, dass sie sich an „strafrechtlich relevanten“ Aktionen beteiligen wollen. Menschen, die in dieses Raster der Cops fallen, können z.B. vor Großereignissen Post (oder auch persönlichen Besuch) von den Cops erhalten. Die Cops machen dabei i.d.R. deutlich, dass sie die betreffende Person im Auge haben. Konsequenzen erwachsen daraus zunächst nicht.

Gefahr im Verzug: DAS Zauberwort der Cops. Bei präventiven Maßnahmen ist das Bestehen einer Gefahr für die öffentliche Sicherheit und Ordnung erforderlich, damit die Cops tätig werden dürfen. Bei repressiven Maßnahmen erspart Gefahr im Verzug den Cops den Umweg über Gerichte und Staatsanwaltschaften, die Cops dürfen dann auch ohne deren Anordnung z.B. eine Hausdurchsuchung durchführen.
Gendarmerietruppen, paramilitärisch organisierte: In einigen EU-Mitgliedstaaten gibt es neben der normalen Polizei paramilitärisch organisierte Gendamerietruppen, z.B. in Frankreich die Gendamerie Nationale, in Spanien die Guardia Civil und in Italien die Carabinieri.
Gerichtsverfahren: siehe Ermittlungsverfahren
GeSa (Gefangenensammelstelle): siehe Masseningewahrsamnahme
Gewahrsam: eine Freiheitsentziehung. Der Gewahrsam ist zulässig, wenn er von den Cops als notwendig erklärt wird, um die unmittelbar „bevorstehende Begehung“ oder „Fortsetzung einer Straftat“ zu verhindern, oder um ein „besonders bedeutsames Rechtsgut“ oder „den Bestand des Staates“ zu schützen. Die Ingewahrsamnahme ist nur zulässig, wenn mildere Maßnahmen – unter denen die Cops Platzverweis oder einfache körperliche Gewalt verstehen – nicht das angestrebte Ziel erreichen. Die Cops müssen unverzüglich eine richterliche Entscheidung über die Zulässigkeit und Fortdauer des Gewahrsams herbeiführen.
Gewahrsam, Freiluft-: siehe Polizeikessel
Gewahrsam, Verbringungs-: der Transport einer Person im Streifenwagen oder Gefangenentransporter an den Stadtrand oder außerhalb einer von den Cops festgelegten Gefahrenzone.
„gut aufgeräumt“: Telefonnummern, Adressbücher, Fotos von den letzten Demos, hingekritzelte Notizen, Protokolle von Treffen, Flyer und Co – all diese Dinge werden nur allzu gerne von den Repressionsorganen bei einer Hausdurchsuchung mitgenommen. Mit ihrer Hilfe lässt sich wunderbar rekonstruieren, wo du warst, was du da gemacht hast und mit welchen Menschen du in Kontakt stehst. Da wissen die Cops unter Umständen dann auch leider gleich, wo sie als nächstes anklopfen können.
Cops nehmen regelmäßig Computer, Handys, Speichermedien (USB-Sticks, mp3-Player, Digitalkameras) und andere technische Geräte mit. Achte daher immer auf Verschlüsselungen und aktuellste Sicherheitsempfehlungen. Bewahre dein Passwort nie irgendwo anders auf als in deinem Kopf. Ein Zettel mit dem Passwort neben deinem Computer ist besonders dämlich.

Haftbefehl: die Anordnung eines Gerichts, eine Person in Haft zu nehmen. Er wird entweder im Rahmen einer Untersuchungshaft oder nach einer Verurteilung zum Antritt der Strafhaft ausgestellt.
Haftprüfung: wird entweder von der*dem von der Haft Betroffenen bzw. deren*dessen Verteidiger*in beantragt oder findet spätestens nach sechs Monaten U-Haft von Amts wegen statt. Zuständig dafür ist die*der Ermittlungsrichter*in.
Hauptverhandlung: der juristische Begriff für die mündliche Verhandlung vor dem Strafgericht, in der der Anklagevorwurf endgültig „aufgeklärt" wird oder die*der Angeklagte freigesprochen werden muss. Die alleinige Entscheidungsgewalt liegt dabei bei der*dem Richter*in. Die Hauptverhandlung stellt den Kernbestandteil eines Strafverfahrens dar und ist in der Strafprozessordnung geregelt.
Hausfriedensbruch: Der Tatbestand gliedert sich in zwei Varianten: das vorsätzliche Eindringen gegen den Willen der*des Berechtigten in Räumlichkeiten oder das Sich-nicht-Entfernen aus diesen Räumlichkeiten trotz der Aufforderung einer*eines Berechtigten.
Heranziehungsbescheid: ist ein Versuch der Verwaltung, den Betroffenen Geld für Maßnahmen im Rahmen der Gefahrenabwehr (z.B. Polizeieinsatzkosten) aufzuerlegen. Es ist ein Verwaltungsakt, gegen den du juristisch vorgehen kannst.
hinreichender Tatverdacht: Eine spätere Verurteilung muss anhand der vorhandenen Beweismittel wahrscheinlich sein.
Hundertschaft: eine Einheit der Bereitschaftspolizei.
Inpol: siehe BKA
Interpol: eine internationale Behörde zur Stärkung der Zusammenarbeit nationaler Polizeibehörden mit Sitz in Lyon; gewährleistet die Kommunikation zwischen den nationalen Polizeibehörden, stellt Datenbanken bereit und benachrichtigt über gesuchte Personen.
Jugendgerichtshilfe: Die Vertreter*innen der Jugendgerichtshilfe bringen unter anderem sozialpädagogische Gesichtspunkte in Strafverfahren ein, indem sie (schriftlich und/oder mündlich) über die Beschuldigten berichten. Sie nehmen Einfluss auf den weiteren Gang des Verfahrens und organisieren und überwachen gerichtlich angeordnete pädagogische Maßnahmen.
Kessel: siehe Polizeikessel
Küche für Alle (KüfA): Bekannt ist die KüfA auch (immer noch) als Volxküche (VoKü), wenngleich der Begriff inzwischen umstritten ist. Es sind zumeist regionale oder auch temporäre und oftmals „offene" Kochgruppen, die in autonomen Zentren oder bei Aktionen/Demos/Kongressen/etc. für Aktivist*innen oder Anwohner*innen/Gäst*innen – zumeist gegen

kleine und/oder gebundene Spendenbeiträge – lecker kochen. Denn: Ohne Mampf, kein Kampf!

Laienverteidigung: der Versuch, sich vor Gericht nicht von einer*einem RA*in verteidigen zu lassen, sondern eine Person zu Gericht mitzunehmen und diese für sich sprechen zu lassen. Laienverteidigung muss beantragt und vom Gericht genehmigt werden.

Landfriedensbruch: Als „Landfriedensbruch" gilt die Teilnahme an Gewalttätigkeiten gegen Menschen oder Gegenstände oder die Androhung von Gewalttätigkeiten gegen Menschen, von einer Gruppe von Menschen ausgehend, in gemeinsamer Aktion. Voraussetzung ist eine damit verbundene Gefährdung der sogenannten öffentlichen Sicherheit. Als Landfriedensbruch gilt auch die Aufforderung oder das Agitieren mit dem Ziel, solche Verhaltensweisen bei anderen Menschen hervorzurufen oder zu fördern.

Masseningewahrsamnahme & GeSa (Gefangenensammelstelle): Insbesondere bei größeren Ereignissen wie Demonstrationen richten die Bullen oftmals sogenannte GeSas ein, die als „logistische Lösung" bei Masseningewahrsamnahmen dienen sollen. Wenn also zahlreiche Menschen durch die Bullen an einem Ort festgesetzt werden (siehe „Kessel") und zur erkennungsdienstlichen Behandlung in Polizeigewahrsam verbracht werden, bedienen sich die Bullen sogenannter GeSas. Dies sind Großraumzellen, oftmals eingerichtet in Polizeipräsidien oder Polizeikasernen, in denen große Gruppen von Menschen festgesetzt werden können.

Meldeadresse: jene Adresse, die dem Einwohnermeldeamt aktuell vorliegt. Sie ist nicht zwingend identisch mit der Wohnadresse (also dem aktuellen Wohnort!). Insbesondere bei Anrufen beim EA ist es wichtig, dass ihr die Meldeadresse der festgenommenen Person angebt und nicht deren Wohnadresse. Es kann sonst im ungünstigsten Fall, wegen Verstößen gegen das Einwohnermeldegesetz, zu Geldstrafen kommen.

Nacheile: Auf Grund von völkerrechtlichen Verträgen kann die Regierung eines Landes der Regierung eines anderen Landes gestatten, bei der Verfolgung von auf frischer Tat angetroffenen Verdächtigen durch die Polizei oder den Zoll diese Verdächtigen auch über die Landesgrenze hinweg zu verfolgen. In der EU ist die Nacheile durch das Schengener Abkommen geregelt.

Ordnungswidrigkeit: der Verstoß gegen eine gesetzliche Bestimmung, der als weniger schwerwiegend erachtet wird und nicht als „kriminell" definiert ist, wie z.B. falsches Parken. Wegen einer Ordnungswidrigkeit muss nicht ein Gericht tätig werden, sondern eine Verwaltungsbehörde kann ein Bußgeld verhängen.

Out of Action- & Awareness-Gruppen: Insbesondere bei „Großereignissen" organisieren inzwischen sogenannte Awareness Gruppen Unterstützung für Betroffene von sexualisierter Gewalt und sexistischer Diskriminierung. Out of Action-Gruppen arbeiten wiederum zu den psychischen Folgen von Repression und Gewalt. Zudem informieren sie über das Thema Traumatisierung im Kontext von linkem politischen Widerstand, bieten emotionale erste Hilfe an und kämpfen für einen solidarischen Umgang miteinander.

Pflichtverteidiger*in: In bestimmten Fällen ordnet das Gericht an, dass du durch eine*n RA*in vertreten werden musst. Zum Beispiel, wenn du in U-Haft kommst, wenn aus Sicht des Gerichtes zu erwarten ist, dass deine Strafe mindestens ein Jahr Haft betragen wird oder wenn die Hauptverhandlung vor dem Landgericht oder Oberlandesgericht stattfindet. Wenn du bereits eine anwaltliche Vertretung hast, kann diese zur*zum Pflichtverteidiger*in bestellt werden.

Platzverweis: ein Verwaltungsakt für den eine richterliche Entscheidung nicht nötig ist. Er kann schriftlich oder mündlich erteilt werden. Wegen eines Platzverweises können dir die Cops weder Straf- noch Bußgelder aufdrücken. Durch das Missachten kann es dann aber zur „Ingewahrsamnahme zur Durchsetzung des Platzverweises" kommen.

Polizeikessel: Häufig kesseln die Cops bei Großereignissen Demonstrant*innen in großer Zahl ein und halten sie über Stunden fest. Im Prinzip unterscheidet sich das nicht von einem Gewahrsam (teilweise wird es sogar „Freiluftgewahrsam" genannt), die Cops sparen sich aber den logistischen Aufwand, alle Betroffenen in die Gefangenensammelstelle (GeSa) zu bringen. Gleichzeitig vereiteln die Cops damit die Entscheidung über die Fortdauer des Gewahrsams durch eine*n Richter*in.

Polizeigesetze (der Länder): in Deutschland das Landesrecht für die Polizeien der Länder und die Landeskriminalämter. Jedes Bundesland hat sein eigenes Polizeigesetz.

Prozesskostenhilfe (PKH): damit kann einkommensschwachen Personen finanzielle Unterstützung bei einem Gerichtsverfahren gewährt werden. PKH ist vor allem bei Verfahren vor Zivil-, Verwaltungs-, Sozial- und Arbeitsgerichten relevant, denn als Angeklagte*r in einem Strafverfahren bekommst du keine PKH. Im Strafverfahren kannst du nur als Nebenkläger*in PKH bekommen.

Rasterfahndung: ein Verfahren zur vernetzten Durchsuchung von Datenbeständen. Dabei werden bestimmte Personengruppen aus öffentlichen oder privaten Datenbanken herausgefiltert, indem mensch nach Merkmalen sucht, von denen mensch annimmt, dass sie auch auf die gesuchte Person zutreffen. Ziel ist es, die Gruppe der zu überprüfenden Personen einzuschränken, da es im Gegensatz zu einer konventionellen Fahndung keine bekannte Zielperson gibt.

Rechtsanwaltsvergütungsgesetz (RVG): die gesetzliche Grundlage für die Bezahlung von RA*innen. Hier sind Honorarsätze festgelegt, nach denen die RA*innen bestimmte Tätigkeiten abrechnen dürfen und müssen.

Rechtsbehelf: ein juristisches Mittel, um deine Rechte gegen die Repressionsorgane durchzusetzen. Es ist der Oberbegriff für z.B. den Einspruch gegen einen Strafbefehl, den Widerspruch gegen eine präventive Maßnahme der Cops, den Antrag auf richterliche Entscheidungen bei einer repressiven Maßnahme der Cops, die Berufung im Strafverfahren, die Revision im Strafverfahren, die Feststellungsklage im verwaltungsgerichtlichen Verfahren.

Rechtshilfegruppen: in der Regel kontinuierlich arbeitende Gruppen, die sich mit dem Themenkomplex der staatlichen Repression beschäftigen. Hierzu gehört neben der Aufklärungsarbeit politischer Aktivist*innen auch die Begleitung und Unterstützung für von Repression betroffene Menschen in juristischen Auseinandersetzungen oder die Solidaritäts- und Öffentlichkeitsarbeit. Einige Rechtshilfegruppen (insbesondere die Rote Hilfe) verfügen über Solidaritätsfonds, um auch finanzielle Unterstützung zu leisten.

Rechtsmittel: Oberbegriff für alle Möglichkeiten eine gerichtliche Entscheidung anzufechten. Rechtsmittel gegen ein Urteil im Rahmen eines Zivil- oder Strafprozesses sind Berufung, Revision und Beschwerde.

Residenzpflicht: Asylsuchende und Menschen mit einer Duldung unterliegen der sog. Residenzpflicht. Das heißt, sie dürfen das zugewiesene Gebiet, in dem sie wohnen, nicht verlassen. Wenn sie es dennoch tun möchten, muss dies mit Begründung beantragt werden (und sie erhalten dann ggf. eine zeitlich befristete Erlaubnis dazu).

Revision: Mit diesem Rechtsmittel kann eine gerichtliche Entscheidung von einem höheren Gericht auf Verfahrensfehler hin überprüft werden. Im Unterschied zur Berufung werden dabei keine Beweise mehr erhoben. Für die Revision sind bestimmte Fristen einzuhalten. Sollte die Revision erfolglos bleiben, sind keine weiteren Rechtsmittel mehr möglich und das angefochtene Urteil wird rechtskräftig.

RFID-System: eine Technologie für Sender-Empfänger-Systeme zum automatischen und berührungslosen Identifizieren und Lokalisieren von Objekten und Lebewesen mit Radiowellen. Ein RFID-System besteht aus einem Transponder (umgangssprachlich auch Funketikett genannt), der sich am oder im Gegenstand bzw. Lebewesen befindet und einen kennzeichnenden Code enthält, sowie einem Lesegerät zum Auslesen dieser Kennung.

Schuldspruch: ein Urteil, das eine*n Angeklagte*n schuldig im Sinne der Anklage spricht.

Sondergesetze, rassistische: z.B. das Asylbewerberleistungsgesetz. In diesem wird festgelegt, welche staatlichen Leistungen Asylsuchende, Menschen mit einer Duldung oder einem unsicheren, befristeten Aufenthaltsstatus beziehen können. Des Weiteren werden unter dem Stichwort „rassistische Sondergesetzgebung" die gesetzlichen Auflagen wie die Residenzpflicht und die Wohnsitzauflage (zu finden im Aufenthaltsgesetz) gefasst und der eingeschränkte Arbeitsmarktzugang (Beschäftigungsverordnung).

Staatsschutz: eine Polizeiabteilung zur Bekämpfung „politischer Kriminalität".

Strafbefehl: Möglichkeit der Verurteilung im schriftlichen Verfahren ohne vorherige Hauptverhandlung und Beweisaufnahme.

Strafprozessordnung: die Vorschriften für die Durchführung von Strafverfahren. Sie ist Teil des formellen Strafrechts, während das materielle Strafrecht vor allem im Strafgesetzbuch (StGB) geregelt ist. Die Strafprozessordnung kommt nur bei repressiven Maßnahmen (Strafverfolgung) zur Anwendung. Bei präventiven Maßnahmen der Polizei gelten die jeweiligen Landesgesetze (Polizeirecht, Ordnungsrecht, Gefahrenabwehr).

Straftat: liegt vor, wenn drei Bedingungen erfüllt sind: 1. Die Tat muss im Strafgesetzbuch oder einem anderen Gesetz als verbotene Tat beschrieben und mit einer Strafe bedroht sein. 2. Die Person muss schuldhaft, also bei vollem Bewusstsein, gehandelt haben. 3. Die Person muss rechtswidrig gehandelt haben, also ohne Rechtfertigungsgründe (z.B. Notwehr bei einer Tötung).

Strafverfahren: siehe Ermittlungsverfahren

Vernehmung: soll vermeintlich der „Wahrheitsfindung" dienen und kann bei der Polizei oder im Rahmen eines Gerichtsprozesses im Status einer*s Beschuldigten oder Zeug*in erfolgen.

Vorführung: damit soll das Erscheinen einer Person (Angeklagte*r oder auch Zeug*in) im Gerichtsprozess erzwungen werden. Der Vorführungsbefehl erfolgt auf richterliche Anordnung und wird durch die Polizei umgesetzt. In Abgrenzung zum Haftbefehl wird die Person erst zu dem Zeitpunkt festgenommen, wenn es notwendig wird, um ihre Anwesenheit in der Verhandlung sicherzustellen.

Vorkontrollen: Polizeiliche Kontrollen von Personen, Taschen oder Fahrzeugen, die sich mutmaßlich auf dem Weg zu einer Demo befinden.

Vorstrafe: Eine Person gilt in Deutschland als vorbestraft, sobald gegen sie eine Strafe in einem Strafprozess ausgesprochen oder ein Strafbefehl verhängt wurde, diese Maßnahme rechtskräftig geworden und nicht getilgt worden ist. Auch eine Verurteilung auf Bewährung gilt als Vorstrafe.

Widerspruch: ein Rechtsbehelf (siehe dort). Mit dem Widerspruch kannst du dich gegen eine präventive Maßnahme der Cops (z.B. Platzverweis, Anordnung der ED-Behandlung, Ausreiseverbot) wenden. Der Widerspruch muss allerdings noch vor oder während der Dauer der Maßnahme eingelegt werden. Wirkt die Maßnahme länger als einen Monat, musst du innerhalb von einem Monat schriftlich Widerspruch einlegen.

Wohnsitzauflage: Asylsuchende, Menschen mit einer Duldung sowie Menschen mit einer Aufenthaltserlaubnis aus humanitären Gründen (Ausnahme: anerkannte Asylsuchende und Flüchtlinge nach der Genfer Konvention) müssen, wenn sie Leistungen nach dem 2. Sozialgesetzbuch (SGB II) beziehen, in einem bestimmten Landkreis wohnen bleiben.

Zeugnisverweigerungsrecht: das Recht auf Aussageverweigerung von Zeug*innen, die mit der*dem Beschuldigten verwandt (Verwandtschaft bis max. 3. Grades oder „in direkter Linie“) oder mit der*dem Beschuldigten verlobt, verheiratet, in einer Lebenspartnerschaft eingetragen bzw. geschieden sind. Auch aus beruflichen Gründen kann ein Zeugnisverweigerungsrecht bestehen (Ärzt*innen, Apotheker*innen, Anwält*innen, Seelsorger*innen, Geistliche). Letzte Möglichkeit, die Aussage „legal“ zu verweigern, ist die Berufung auf § 55 StPO, wenn du dich selbst (oder Verwandte von dir) mit der Aussage belasten würdest.

Zwangsmittel (oder auch unmittelbarer Zwang): der Versuch der Cops, eigene Gewalt als bürokratieförmige Maßnahme zu verharmlosen. Egal welche Begriffe sie dafür erfinden, es bleibt was es ist: Polizeigewalt!

Zuchtmittel: besondere Sanktionen im Jugendstrafrecht (Verwarnungen, Auflagen, Jugendarrest).

7_3_Index